7만교인
교육론

7만교인
교육론

| 한만봉 |

한국학술정보㈜

머 리 말

이 책은 기독교 신학에 입각하여 교인 배가운동과 전도비법을 소개하기 위해 작성되었다. 일반적으로 기존의 팸플릿 전도나, 신문광고, 전단지 전도, 또는 아파트를 일일이 찾아다니며 전도하는 그런 전도 방법으로는 7만 교인을 배가시킬 수 없다. 이에 알기 쉽고 이해하기 쉬운 7만 교인 전도와 교육에 대한 정보를 공유해 보기로 한다. 교회마다 새신자가 줄어들고 있고 평신도들조차도 교육받기를 꺼리며 깊이 알기를 싫어하고 신앙 또한 껍데기 신앙으로 행동하기 일쑤이다. 매주 주일이 되면 형식적으로 교회에 참석하고, 새벽기도와 수요예배를 참석하지 못하면 죄를 짓는 듯한 압박감과 죄책감으로 살아가는 신앙인들을 볼 때 잘못되어도 한참 잘못되었다는 것을 느낄 수 있다. 누가 그렇게 가르치고 신앙으로 길들여 놓았는가? 누구의 책임인가? 그러면 지금 우리는 어떤 일을 하여야 할까? 새신자가 들어오지 않는다고 불평만 할 것인가? 현 시대의 문제점으로만 치부하고 그대로 둘 것인가? 목회자는 각자 내 책임이 아니고 전에 있던 목회자들 탓으로만 돌리고 말 것인가? 이제 더 높은 의식의 발현이 필요하다. 아집과 우물 안 개구리식이거나, 폐쇄적이거나, 내 것만이 옳고 남의 것은 틀리다고 하는 즉 이단 삼단 논의만 할 것이 아니라 진정한 전도와 선교를 생각하여야 할 때가 왔다. 목회자들은 때로는 성경만 보고 주위 것은 보려 들지 않는 우매한 사람들도 있다. 사회를 무시하고 문화를 무시하고 과학을 무시하고 이웃을 무시하고 인접 학문을 무시하고 타인을 무시하는 그런 속에 갇혀 살아간다. 그리고 자기만 하나님의 선택받은 사람이라고 착각하면서 살아간다. 오직 신은 자기 뜻에 움직이는 로봇마냥 그렇게 생활하고 생각한다. 내가 기도해봤더니 이렇더라, 내가 영감을 받았더니 이렇더라, 내가 신학적으로 보니 이렇더라 등등 오직 자기중심적이다. 내것 중심, 내 생각 중심, 이것이 어떻게 올바른 신앙인이며 바른 신학이라고 할 수 있는가? 신의 뜻을 내 생각에 맞추어 무조건 예스가 되어야 한다고 생각한다. 그러나 신은 아니라는 대답을 하는데 no는 대답으로 인정하지 않는다. 목회자도 그렇고 그 목회자 밑에서 배우는 성도도 그렇다. 모두 똑같은 샘플이 되어 가고 있다. 이런 관계 속에서는 절대로 7만 교인이 만들어질 수 없다. 이 책에서는 신학에 기초를 두고, 성경에 기초를 두어, 구약, 신약, 목회학, 전도학, 선교학, 심리학, 교육학, 행정학 등 다양하게 7만 교인 교육비법을 파헤쳐 알게 하고자 한다. 즉 다원적인 교육학, 전도학, 목회학 책으로서의 역할이 될 것이다. 읽다가 힘들더라도 참고 끝까지 읽으시면 그 비법을 알게 될 것이다. 비법은 중간 중간에 숨겨 놓았다. 그것을 깨닫고 이해하고 얻어가길 바랍니다.

2007년 10월   저자 씀

~ 목 차 ~

이 책을 읽기 전에 우선 알아두어야 할 사항들을 보자.

첫째, In side Shepherd 교육과 Out side Shepherd 교육적인 조화를 이루어야 한다. 무조건 내가 목양하고 있는 사람들만이 중요한 것이 아니라 비목양의 대상에게도 동일하게 교육이 되어야할 것이다. 이것을 다른 말로 표현하면 교회적인 것과 대외적인 것과의 접목이라고 할 수 있다. 신앙의 편협성과 폐쇄성을 극복하여 본질적인 신의 뜻을 찾아 나가야 한다는 것이다.

둘째, 예수님처럼 바울처럼 모집으로부터 조직을 구성하고 이끌어 가야 한다. 즉 평화사도로서의 공동체가 필요하다.
모집을 하지 못하면 제자화가 이루어질 수 없다. 제자화가 되지 못하면 교육을 실행에 옮길 수 없다.

셋째, 구약과 신약의 기초 위에 교육이 시작되어야 한다.
교육과 행정, 선교, 전도, 신앙화는 목회의 중요한 포인트가 된다. 전략과 전술로 이루어져야 한다.
거짓선지자 적그리스도의 교역자들이 만연한 이때, 실용적인 프로젝트로 비본질을 타파하고 본질을 회복하여야 한다. 그러기 위해서는 교육이 절대적이다. 바르게 가르치고 바르게 깨닫게 하고 바르게 믿게 하여야 한다. 21세기 실용적일 수 있는 놀라운 계획들이 있어야 한다.

위와 같은 비법을 이해하면 7만 교인 교육이 제대로 될 것이다.

제1장

구약성경과 교육론

구약성경을 통해 우리는 7만 교인 교육을 시켜야 한다. 구약에 대한 줄거리와 내용을 간단히 살펴보면 다음과 같다.

창세기: 창조주 하나님(1:1)

1. 창세기에 나타난 일련의 사건은 인간과 세상의 기원을 설명해 주고 있다.
2. 목적: 선택과 언약을 맺게 된 배경; 구조: 두 개의 단락으로 전 족장 시대(1-11)와 족장시대(12-50)
3. 신학적 주제: 하나님의 천지 창조, 인류의 창조, 타락, 구원 계획, 언약 등

출애굽기: 구원자 하나님(6:6-7)

1. 이른 연대: 억압시기-투트모스 3세(1504-1450), 출애굽-아메노피스 2세(1450-1425); 늦은 연대: 억압시기-람세스 1세(1320-1318), 세티 1세(1318-1204), 출애굽-람세스 2세(1290-1224)

2. 목적: 이스라엘의 구원, 언약 주심, 거룩한 구별; 구조: 종살
   이하는 히브리인들과 그들의 구원을 위한 준비(1-12장), 출애
   굽과 시내산까지의 여정(13-19장), 시내산에서 이스라엘 백성
   들에게 주어진 법률(20-40장)
3. 모세의 사역, 열 가지 재앙과 유월절, 홍해에서의 구원, 시내
   산의 언약과 율법, 성막 등

레위기: 거룩하신 하나님(19:2)
1. 출애굽한 뒤 시내산에서 하나님이 주신 계명의 연속 - 시내산
   에서 언약받은 시대와 동일
2. 목적: 거룩한 삶; 구조: 제사법(1-7장), 제사장의 성별(8-10장),
   정결과 부정(11-15장), 대속일(16장), 의식법(17-25장), 약속, 경
   고 그리고 부록(26-27장)
3. 신학적 주제: 거룩, 정결, 대속; 율법과 은혜

민수기: 인도하시는 하나님(15:41)
1. 역사적 배경: 1445-1405년(출애굽 2년부터 40년까지 38년 9
   개월간의 광야 생활)
2. 목적: 하나님과 언약 관계 초기의 경험들을 보존; 구조: 시내
   산(1-10:10), 시내산 - 모압광야까지(10:11-21장), 모압광야까지
   (22-36장)
3. 신학적 주제: 광야를 통한 훈련, 하나님의 함께 하심, 하나님
   의 법, 인구 조사와 하나님의 보존, 불평과 징벌

신명기: 신실하신 하나님(7:9)
1. 역사적 배경: 요단 건너편에서 요단을 건너기 전이다.
2. 목적: 시내산 언약의 갱신과 하나님께 헌신; 구조: 서론(1:1-5),

역사적 회상(1:6-4장), 명령(5-26장), 축복과 저주(27-30), 증거 (31-34)

3. 신학적 주제: 하나님의 법, 하나님의 언약

여호수아: 땅을 주시는 하나님(21:43)

1. 역사적 배경: 40년의 광야 세월을 보내고(1406년) 여호수아의 인도 아래 가나안을 정복하게 되는 과정

2. 목적: 유대인들이 하나님의 목적에 따라 약속의 땅을 정복하는 것을 보여주는 것이다. 구조: 약속의 땅 진입(1-5:12), 정복 서술(5:13-12장), 땅의 분배(13-21장), 언약의 문제들(22-24장)

3. 신학적 주제: 언약의 성취와 신실성, 용사이신 하나님, 집단적 연대 책임

사사기: 사사가 되시는 하나님(11:27)

1. 역사적 배경: 주전 12-10세기

2. 목적: 백성이 하나님을 버리고 가나안 신들을 좇아갔으므로 (2.6-12) 심판을 받게 되나, 하나님은 구원을 보여 주신다. 구조: 가나안의 상황들(1:1-2:5), 사사들(2:6-16:31), 부록들(17-21장)

3. 신학적 주제: 사사이신 여호와 하나님이 사용하시는 사람

룻기: 고엘(회복, 구속)이신 하나님(4:14)

1. 역사적 배경: 정확히 추정하기 어렵다. 힐과 월톤은 여러 정황으로 볼 때 주전 12세기로 본다.

2. 목적: 다윗 왕 조상의 뿌리를 찾기 위한 노력이다. 구조: 피난과 비극(1:1-5), 베들레헴으로 돌아감(1:6-22), 룻이 보아스를 만남(2장), 나오미의 계획과 성공(3장), 결혼 그리고 아들의 탄생(4:1-17), 베레스의 족보(4:18-22)

   3. 신학적 주제: 자비로우신 여호와 하나님의 섭리, 기업 무를 자, 신앙의 결단

사무엘서: 상-기름을 부으시는 하나님(2:35), 하-주권자 삼으시는 하나님(7:8-9)
   1. 역사적 배경: 이 이름은 선지자 사무엘을 따르지만, 사울과 다윗이 중요하게 다루어지고 있다.
   2. 목적: 다윗 언약이 하나님에 의해 설립되었음을 보여주는 것이다. 구조: 사무엘의 탄생과 통치(삼상 1-7장), 사울의 통치·실패·버림받음(삼상 8-15장), 사울의 왕궁에서의 다윗(삼상 16-20장), 다윗의 실패와 비극(삼하 9-20장), 다윗의 말년과 솔로몬의 계승(삼하21-24장)
   3. 신학적 주제: 예언자, 종교개혁자; 기름을 부으시는 하나님, 순종; 다윗의 언약

열왕기: 상-언약으로 보호하는 하나님(19:34); 하-겸비하시기를 원하시는 하나님(7:14)
   1. 역사적 배경: B.C 971 / 70-562(다윗 통치의 말년에서부터 바벨론 침공으로 인한 예루살렘 멸망)
   2. 목적: 이스라엘 왕들의 역사를 완성; 구조: 솔로몬의 통치(왕상 1-11장), 분열왕국(왕상 12-왕하 17장), 남왕국에서 포로시대(왕하 18-25장)
   3. 신학적 주제: 전능하신 하나님과 책임 있는 백성들의 관계(솔로몬 평가, 왕국의 역사)

역대기: 겸비하시기를 원하시는 하나님(대하 7:14)
   1. 역사적 배경: 사무엘서나 열왕기서에서 다루어진 부분들을

보충하기 위해 기록한 책

2. 목적: 성전 건축 준비와 건축 그리고 보존; 구조: 족보적 자료(대상 1-9장), 다윗의 통치(대상 10-29장), 솔로몬의 통치(1-9장), 유다의 후대 역사(대하 10-36장)

3. 신학적 주제: 회복(회개의 중요성, 인간의 윤리적 책임, 하나님의 성전·하나님 나라)

에스라·느헤미야: 에서라-성벽재건을 원하시는 하나님(2:20); 느헤미야-성벽 재건을 원하시는 하나님(2:20)

1. 역사적 배경: 458(에스라 귀한)-445(느헤미야 귀환)-420?

2. 목적: 성전과 성벽 회복 기록; 구조: 성전회복(에 1-6장), 에스라의 개혁(7-10), 성벽 재건(느 1-6장)

3. 신학적 주제: 시대적 사명(성전, 개혁, 성벽), 심한 반대, 공동체의 정결

에스더: 섭리의 하나님(4:16)

1. 역사적 배경: 전통적으로 주전 5세기경

2. 목적: 부림절 경축의 근거; 구조: 에스더의 즉위(1-2장), 모르드게의 절하기를 거절(3장), 에스더의 구원 계획(4-5장), 하만의 최후(6-9:16), 부림절(9:17-32), 모르드개의 높아짐(10장)

3. 신학적 주제: 하나님의 주권적 섭리, 반유대주의

욥기: 의로우신 하나님(42:5-6)

1. 역사적 배경: 견해 다양-아브라함의 족장시대(2100-1999)에서 유다의 멸망까지(주전 6세기)

2. 목적: 고난 그리고 높임받는 이스라엘; 구조: 서론(1-2장), 변론(3-37장), 야훼의 말씀(38-42:6), 결론(42:7-17)

   3. 신학적 주제: 하나님의 자유와 주권, 중보자 그리스도를 소망

시편: 찬양과 기도를 받으시는 하나님(150:6)
   1. 역사적 배경: 주전 2천 년 중반－페르시아 왕정 시대
   2. 목적: 개인·전체가 삶의 경험하는 것을 하나님의 언약 속에서 찬양, 기도, 고백하는 신앙의 삶. 구조: 1권(1-41편), 2권(42-72편), 3권(73-89편), 4권(90-106편), 5권(107-150편)
   3. 신학적 주제: 하나님과의 교제, 메시아적 시편

잠언: 지혜를 주시는 하나님(8:33)
   1. 역사적 배경: 솔로몬~6세기 사이(완성된 형태는 6세기 경)
   2. 목적: 지혜를 가르치고 후세에 전달. 구조: 서론(1:1-7), 지혜의 강론(1:8-9:18), 솔로몬의 잠언(10:1-22:16; 25:1-29:27), 지혜자의 격언(22:17-24장), 아굴의 잠언(30장), 르무엘의 잠언(31장)
   3. 신학적 주제: 지혜인 그리스도, 하나님에 대한 경외, 인간의 말, 어리석은 자

전도서: 삶의 본분을 주시는 하나님(12:13)
   1. 역사적 배경: 지혜문학－히스기야, 문장－포로 후기, 따라서 587-200사이의 여러 견해가 있다.
   2. 목적: 인생은 하나님을 공경하며 신앙으로 사는 것이 가장 의미 있음을 보여주는 것; 구조: 교차구조－제목(1:1), 결론(12:9-14), 인생무상(1:2-11; 10:10-12:8), 삶의 의미를 찾음 실패(1:12-2장; 10:20-12:8: 지혜의 실패), 시간에 대한 시(3:1-15; 7:1-10:19), 중심점: 하나님을 경외하라(3:16-6:12)
   3. 신학적 주제: 하나님 중심의 삶(인생의 덧없음, 하나님의 주권과 은총)

아가서: 참사랑을 주신 하나님(7:10)

1. 역사적 배경: 주전 971-931 솔로몬 통치 기간 중 솔로몬과 술람미 여인의 사랑 이야기
2. 목적: 하나님의 주시는 복 안에서 결혼을 통한 결합. 구조: 제목(1:1), 구애(1:2-3:5), 결혼식(4:1-5:1), 사랑의 삶(5:2-8:7), 결론(8:8)
3. 신학적 주제: 정절, 결혼(하나님과의 관계에 있어서)

이사야: (구원을 주신) 위로의 하나님(40:1)

1. 역사적 배경: 주전 740-680(60년)으로 웃시야(792-740)에서 히스기야 시대까지
2. 목적: 언약의 하나님의 신실하심. 구조: 심판(1-39장), 구원(40-66장)
3. 신학적 주제: 이사야의 아들, 하나님, 여호와의 종, 성령

예레미야: 심판으로 새롭게 하시는 하나님(1:10)

1. 역사적 배경: 요시야(640-609) 13년(627)에서 시드기야(597-586) 11년 586년까지 40년간
2. 목적: 예언 그리고 멸망의 경고. 구조: 예언-유다와 예루살렘(1-25) 이방(46-51), 자서전(26-45), 역사적 추가(52장)
3. 신학적 주제: 하나님, 새 언약, 거짓 선지자와 예레미야

예레미야애가: 긍휼이 크신 하나님(3:22-23)

1. 역사적 배경: 예루살렘의 멸망하던 586-530년경
2. 목적: 이스라엘이 언약적 경험에서 비극적으로 전환을 맞게 된 심리적 고통; 구조: 예루살렘의 황폐(1장), 하나님의 심판(2장), 예레미야의 반응(3장), 하나님의 분노(4장), 남은 자들의

반응(5장)

3. 신학적 주제: 민족의 슬픔과 소망, 언약의 불순종으로 인한 여호와의 분노

에스겔: 영광으로 충만하신 하나님(37:7, 10)

1. 역사적 배경: 예루살렘의 훼파와 바벨론 포로(593-573)

2. 목적: 하나님은 우리와 함께 하시고 회복하신다. 구조: 운명의 메시지(1-24장), 희망과 회복(25-48장)

3. 신학적 주제: 하나님에 대한 환상, 하나님의 임재와 성령의 역사－소망

다니엘: 역사의 주인이신 하나님(2:47)

1. 역사적 배경: 605-536, 느브갓네살의 침공(여호야김 3년)에서 포로기

2. 목적: 앞으로의 역사를 보여주고 종국적 하나님 나라의 승리를 보여줌. 구조: 역사적 내용(1-6장), 이방인과의 관계 속에서 히브리인들의 운명(7-12장)

3. 신학적 주제: 영원한 하나님 나라

호세아: 사랑의 하나님(2:1)

1. 역사적 배경: 주전 753-715의 40년간, 웃시야－히스기야

2. 목적: 신명기의 언약, 즉 순종의 복과 불순종의 저주에 대한 약속의 확증. 구조: 이스라엘의 배신(1-3장), 이스라엘의 고소, 처벌 회복(4-14장)

3. 신학적 주제: 결혼 관계, 하나님을 아는 것, 언약의 갱신, 하나님의 긍휼 그리고 심판과 구원

요엘: 성령으로 충만케 하시는 하나님(2:28-32)

1. 역사적 배경: 주전 9-4세기까지 다양

2. 목적: 여호와의 날을 대비. 구조: 메뚜기 재앙(1장); 주의 날 (2:1-17); 주님의 대답(2:18-3장)

3. 신학적 주제: 주의 날, 종말론적 선물인 성령, 하나님의 언약 적 백성

아모스: 정의의(공의로우신) 하나님(5:24)

1. 역사적 배경: 여로보암 2세(793-753)의 임기 중이나 그의 통 치 말기

2. 목적: 이스라엘의 심판 임함을 알리려; 구조: 예언적 신탁(1-6 장), 예언적 환상(7-9장)

3. 신학적 주제: 유일신 하나님과 그의 주권, 우상 숭배, 사회 정의(하나님의 선), 심판과 소망, 다윗의 무너진 장막

오바댜: 역전의(뒤집기의) 하나님(1:21)

1. 역사적 배경: 600-400으로 다양함

2. 목적: 에돔의 최후와 하나님 나라의 승리; 구조: 에돔이 멸망 (1-16절), 유다의 구원(17-21절)

3. 신학적 주제: 신의론(＝하나님의 행동의 의로우심), 역전

요나: 자비로우신 하나님(4:11)

1. 역사적 배경: 여로보암 2세(793-753)－여로보암 통치 시대와 니느웨의 멸망 전까지

2. 목적: 거부할 수 없는 하나님의 뜻. 구조: 불순종의 요나(1-2 장), 순종의 요나(3-4장)

3. 신학적 주제: 하나님의 자비, 기독론적 해석

미가: 비교할 수 없는 하나님(7:18)

　　1. 역사적 배경: 750-722(아하스와 히스기야 시대)

　　2. 목적: 하나님이 하나님 됨. 구조: 심판과 구원(첫 번째: 1-5장, 두 번째: 6-7장)

　　3. 신학적 주제: 언약과 남은 자 사상, 예수 그리스도의 의와 소망

나훔: 용사 되신 하나님(3:19)

　　1. 역사적 배경: 664-612, 멸망을 예언한 니느웨와 관련

　　2. 목적: 앗수르의 멸망 선포; 구조: 주의 분노(1장), 니느웨의 멸망(2-3장)

　　3. 신학적 주제: 용사이신 하나님, 하나님의 공의와 사랑

하박국: 참 만족되신 하나님(3:17, 18)

　　1. 역사적 배경: 626-590(바벨론이 활동했던 기간 중)

　　2. 목적: 하박국의 질문에 하나님의 답. 구조: 하나님과 인간의 대화(1-2장), 바벨론의 멸망(3장)

　　3. 신학적 주제: 신앙의 신실한 삶, 신앙인의 질문과 하나님의 응답, 열방을 다스리는 하나님의 정책

스바냐: 주의 날에 임하실 하나님(1:7)

　　1. 역사적 배경: 640-609(요시아 시대, 므낫세의 통치로 인해 영적인 손실과 영향을 받은 시기)

　　2. 목적: 임박한 심판의 경고, 구원의 소망; 구조: 여호와의 날(1:1-3:7), 천년왕국 예언(3:8-20)

　　3. 신학적 주제: 여호와의 날

학개: 영광 받기 원하시는 하나님(1:8)

1. 역사적 배경: 대략 538년 이후 스룹바벨의 성전 사역 → 주전 520년 8-12경에 주어진 본문임
2. 목적: 성전 재건축 격려. 구조: 첫 번째 연설과 반응(1:1-15), 격려(2:1-9), 의식법 논의(2:10-19), 스룹바벨에게 주어진 특별한 약속(2:20-23)
3. 신학적 주제: 하나님의 성전, 나라, 하나님의 성령

스가랴: 종말의 회복과 심판의 하나님(10:9; 12:10; 13:2)

1. 역사적 배경: 520-480 학개와 동 시대 인물
2. 목적: 성전 건축하는 백성들의 실제적인 문제에 대한 대답과 미래의 유대. 구조: 건축 기간 중의 메시지(1-8장), 건축 후 메시지(9-14장)
3. 신학적 주제: 종말론, 메시아

말라기: 변함없으신 하나님(3:6)

1. 역사적 배경: 457－?, 느헤미야, 에스라
2. 목적: 새로운 시대에 대한 메시지. 구조: 하나님의 사랑(1:1-5), 제사장들에 대한 책망(1:6-2:9), 백성들에 대한 책망(2:10-4:3), 율법을 지키고 그리스도의 강림을 기다리라는 충고(4:4-6)
3. 신학적 주제: 만군의 여호와 하나님과의 언약의 관계

단순하게 성경의 내용과 해석만으로 전부를 알고 있다고 하면 그것은 오만에 가득 찬 말일 것이다. 21세기 문명을 함께 파악하고 이해하려고 하여야 할 것이다.

1. 신학적인 사관

신학적인 의미를 가지고 역사를 바라본다면 인간의 역사란 죄로 인한 고통과 그 고통으로부터 해방을 얻고자 하는 몸부림치는 과정이다. 한국사회는 크게 보면 봉건주의적 세계관에서 깨어나 더욱 근대화된 세계를 향하여 나아가고 있는 사회이다. 봉건주의 세계관은 오랜 역사 속에서 지연과 혈연을 강화하였으며 지연과 혈연의 강화는 사회의 지배계층과 피지배계층 간의 엄격한 거리를 유지하게 하여 모든 관계를 주종, 혹은 지배와 복종의 관계로 엮어 놓았다.

그리하여 긴 역사 속에서 사대부 자손들은 대를 이어 영화를 누리고 천민의 자식들은 대를 이어 빈곤 속에서 복종의 길을 걸어왔다. 또한 여성들은 삼종지도(三從之道)의 미덕을 예찬하는 덕목 아래 길들여지고 그 미덕을 숭상하여 자발적 복종을 실천하게 함으로써 한 인간이기보다는 한 여인으로 남게 하였다. 이에 반해 서구사회는 400여 년 전부터 계몽주의를 거쳐 봉건주의적 사회적 비윤리성을 비판하며 길들여진 우물 안의 개구리로 살 수 없다는 자기이해를 가진 비판적 대중을 형성해 왔다. 비인간적 복종보다는 더욱 인간다운 삶을 살아가는 것이 하늘의 뜻이라고 믿게 되었던 것이다. 곧 서구의 역사는 무려 400여 년 동안 봉건주의 잔재를 청산하기 위하여 루터의 종교개혁을 시작으로 산업혁명, 프랑스혁명, 볼셰비키혁명에 이르기까지 먼 길을 헤쳐 왔던 것이다. 그러므로 우리가 물려받고 있는 정신 유산은 수구적이며 우상 숭배적이고도 반(反)해방적인 것이었다는 사실을 우리는 인정해야 한다. 이러한 봉건적 잔재가 남아 있는 사회가 우리를 비인간화시키고 있는 것이다.

비인간화된 사회에 나타나는 결과는 폭력과 무질서이다. 우리는 바로 이 폭력과 무질서의 문화 속에 사로잡혀 있다. 힘 있는 이들은 역사의 진보란 자신들의 성취와 업적을 말하는 것이지 보편적 인간 해방을 진보로 믿지 않는다. 따라서 인간의 진정한 해방을 희망하지도 않는다. 이러한 사회 속에서 윤리학적 관심을 가진다는 것은 어쩔 수 없이 비판 문화를 일깨우고. 권력 숭배 문화를 비판하고, 약한 자들의 인간으로서의 권리와 존엄성을 옹호하는 일이 되어야 한다. 간혹 현실을 비판하는 말을 건네면 "부정적이며 냉소적이다"라고 폄하하는 이들이 있다. 이들의 주장에 귀기울이다 보면 비판능력이 상실되고 비판적 대중도 사라진다. 그 결과 역사에 대한 책임의식도 증발하고 만다. 사회의 변화는 비판적 대중의 힘이 없으면 이루어지지 않는다. 어떤 이들은 현존하는 무질서와 폭력의 원인을 일방적으로 서구의 영향으로 몰아세우며 더욱 아시아적인 것으로 회귀하려는 사람들이 있다. 사회를 이원론적으로 구분하여 무엇이 옳다, 그르다를 떠나 지금 우리에게 중요한 것은 내가 그리고 네가 인간으로 인간답게 사는가가 중요하다. 관념이 부족한 것이 아니라 평등과 자유와 정의가 결여된 현실이 문제이다. 그러므로 우리의 절체절명의 과제는 우리를 비인간화시키는 사고에서 탈출해 나오는 일이다. 결국 우리 사회가 요구하는 바람직한 교회는 교회라는 우물 안에서 신자들을 가두어 두는 종교가 아니라 우물 밖의 세계에 대한 책임, 그리고 모든 인간이 참된 자유와 평등을 누리는 하나님의 나라를 향하여 발걸음을 크게 옮기라고 재촉하는 그런 교회가 되어야 한다는 것이다. 그런 교회들만이 새로운 세기에도 인간을 역사 속에 해방시켜 오신 하나님의 뜻을 수행하는 교회로서 참된 존재 의미를 가지게 될 것이다.

한국 교회는 두 가지 점에서 서구교회와 다른 경험을 가지고 있다. 서구의 교회들이 성서와 예수의 언행에 대하여 역사마다 다양한 해석을 통하여 기독교 성을 형성해 왔다면 한국교회는 서구교회의 다양한 신학적 유산보다는 교회 유형의 신앙고백적 전통에 따라 기독교성을 형성해 왔다. 도한 서구교회는 기독교가 주류를 이루는 근 2000년에 이르는 역사를 유산으로 안고 있다면, 한국교회는 유불선(儒佛仙)으로 이루어진 종교적 유산 위에서 지난 100년의 짧은 역사를 가지고 있다.

우리 한국 사회가 처해 있는 현실은 독특하다. 안으로는 전통적인 전근대적 사유가 전통의 이름으로 그 주권을 행사하고 있고 밖으로는 그 억압적 가치를 존속시키고 있는 제도들이 버티고 있기 때문이다
트뢸취는 기독교 초유의 메시지는 사회 윤리적인 내용을 갖추지 못한 순수하게 종교적인 것이었으며 종교적 이상에 따라 이루어진 이상주의적 동기들을 가지고 있었다고 보았다. 따라서 기독교 메시지는 현실 세계를 살아가는 구체적인 방법보다는 이 세계를 살아가는 이들을 향한 하나님의 구원의 사역에 대한 관심과 하나님 나라를 기다리는 삶을 주요 내용으로 담고 있다. 이러한 기독교 메시지 속에서 트뢸취가 발견한 주요한 사회학적 기초 개념은 개인과 공동체, 혹은 개체와 보편이었다. 이어서 트뢸취는 기독교 교회의 역사를 세 가지로 유형화하였다.

기독교 신앙의 형성과정은 역사적 배태의 자리를 이해함 없이 바르게 이해될 수 없을 것이다. 교회 유형의 지도자들은 일면 사회 변혁을 위하여 사회질서를 흔드는 자들은 아니었다. 그들은 오히려 세속 권력을 선교적 도구로 삼고자 했기 때문에 사회의 근본적인 개혁을 요구하지 않았다. 즉 '사회 윤리적 변화의 요구'는 '사회 사상의 구조'를 초월해서 이루어질 수 없다는 사실이다.
역사적 우리의 한국 기독교 역사 속에서 기독교 복음 속에 담겨진 "위험한 기억들"을 강조하는 실천적 종파들을 찾아볼 수 없다는

점은 서구의 기독교 역사에 비하여 특이한 일이다. 유교의 가족중심, 혈연중심, 지연중심의 흐름을 그대로 한국교회에 수용하는 원인이 되었다. 기독교가 유교 윤리와 은밀하게 타협을 이루었다는 증거는 여러 가지 측면에서 입증될 수 있다. 그 첫째는 권위에 대한 이해이다. 유교는 하늘의 이치에 따라 정해진 질서에 대해서는 복종만을 요구할 뿐이다. 소위 유교적 질서의 논리는 기독교 신학의 질서 신학적 신분보다 더욱 강한 사회적 신분 제도를 낳았다. 이 질서를 종으로 횡으로 얽어내던 개념이 '충'과 '효'로 매어 놓은 조화의 이데올로기이다.

더 심각한 문제는 권위에 대한 검증적 사유가 결여된 유교적 세계 속에 들어온 기독교 지도자들이 그 자신들의 권위를 유지하고 강화하기 위하여 유교적 권위의 틀을 받아들이고 수용했다는 점이다.[1] 유교의 뿌리 깊은 질서 의식은 그들의 비인간적 정황을 운명적인 것으로 해석하게 하였다. 이러한 경제적 및 사회적 특권에 대한 불평등한 구조는 신분 사회를 조장하여 우리 역사 속에서 5백 년 동안 약한 자들의 한을 축적시켜왔다. 조선 5백 년 동안 신분적 차별을 지속시켰던 가장 커다란 용인은 사회적 및 경제적 불평등이었다. 이러한 구조 속에서 사회의 구체적인 문제는 도외시한 채 영혼구원의 복음과 회개 운동이 일어났다는 것은 죄의 개념을 사적 관계의 차원에서 협소하게 해석한 것에 지나지 않는다.

이러한 비역사적 신앙운동으로서의 기독교 역사는 1900년 초 선교사들의 전도정책[2]에 영향을 받은 바 크다.

그러나 이러한 비역사적이며 비사회적인 복음화의 결과는 기독교

---

1) 독일과 미국의 장로는 임기장로, 한국의 장로는 종신제, 서구교회의 구역회장과 당회장은 목사 아니다.
2) 선교사들의 선교적 야심은 한국의 전 근대적인 사회상, 그리고 한국의 정치적 비운을 비껴가게 하였다.

인들의 관심을 내면화시키고 사회 비판적인 능력을 약화시켜 기독교 지도자들로 하여금 심정윤리에 머무르게 하는 결과를 초래하였다. 권위주의와 불평등한 사회경제 제도를 받아들이는 맥락에서 형성된 기독교 공동체는 어떤 것이었는가? 결국 인간의 권리에 대한 진지한 이해가 결여된 집단은 그 집단의 이익을 위하여 개인을 희생시키게 된다. 이러한 경우에 속하는 사례는 크게 보면 다양한 전쟁이라고 말할 수 있으며, 적게는 이익집단들의 **불평등한 연대**이다. 불평등성의 예로 저자는 가족주의에 근거한 정의감을 상실한 혈연적 연대와 학연이나 지역연고와 출신을 따라 형성되고 있는 인맥주의, 그리고 이러한 가치에 스스로를 종속시키는 줄서기와 편짜기 문화를 들고 있다. 한국신학에 물들어 있는 오리엔탈리즘의 흔적은 보편적 가치를 어느 일정한 집단에게만 귀속시키는 습성이다. 이러한 현상은 이중으로 나타나고 있는데 그 하나는 아시아 혹은 동양적 혹은 한국적 선험성(先驗性, a priori)을 강조하여 동양적 특수성을 발견함으로 스스로 "동양적"이 되고 동양 속에서 자신을 규정하려는 것이다. 그런데 문제는 오리엔탈리즘의 역작용이 일어나고 있다는 것이다. 서구에 의하여 규정된 특수의 개념을 열등에서 우월로 바꾸려는 노력이 여실하기 때문이다. 여기서 우리는 보편에 바탕한 윤리적 사고의 결여를 지적하지 않을 수 없다. 보편과 특수를 대립시키는 것이 아닌, 보편이 없는 특수는 서양인들이 동양을 바라보면서 기이하고 진기한 무엇이 있을 것을 기대하는 그 기대에 적절한 것일 수 있으나 우리 한국 사회 현실에 깊이 참여하는 사유가 되기에는 역부족인 것이다.

특수한 것을 찾아 세계에 견주지 못하고 자기 위안을 삼는 습성은 일종의 지성적 기만 같기도 하고 우물 안의 개구리 격이기도 하다. 보편적 가치를 무시하는 특수의 위험도 포함된다.

초기 기독교 공동체의 선교이념은 한마디로 '문화에 적대적인 그리스도'였다(H. Richard Niebuhr). 그러다가 4세기 이후, 비로소 세계를 이해하려는 교회의 자기 이해와 선교 이해로 성숙해 나갔고(어거스틴) 20세기 중반에 들어서면서 선교의 중심이 교회의 협소한 틀을 벗어나서 하나님이 창조하시고 다스리시는 역사의 지평으로 선교개념이 확장되었다.

선교의 과제를 교회의 포로에서 해방시킨 변화는 1952년 독일 빌링톤(Willington)에서 모였던 국제선교회의에서 비롯되었다. **이 대회의 문서는 '우리의 선교가 아니라 하나님의 선교(Missio Dei)가 되어야 함을 주장하였고 선교의 시발점과 주체는 인간이 아니라 하나님이심'을 강조하였다.** 이때부터 교회는 하나님의 선교를 생각하면서 새로운 선교 지평을 삶의 현장에서 찾기 시작하였다. 그러나 우리의 형편은 이런 인식에 아직 도달하지 못한 것처럼 보인다. 예컨대 1960년대 이후, 산업선교, 도시선교 혹은 민중선교에 대하여 오히려 비목회적 존재로 간주하여 목회현장에서 기피의 대상으로 만들고 소외시키는 일이 있었을 뿐 아니라 아직도 그러한 편견에서 벗어나지 못하고 있다. 일찍이 **커크(J.A. Kirk)는 현대의 선교개념을 다섯 가지 범주로** 설명한 적이 있다. ① 창조세계를 관리하는 일 ② 인간을 구별하지 않고 섬기는 일 ③ 진리를 선포하는 일 ④ 사회 속에서 하나님의 정의를 실현하는 일 ⑤ 부패하고 분열된 세계에서 화해와 해방의 공동체를 건설하는 일이 그것이다(환경문제에서 비롯하여 사회윤리적 범주에까지 하나님의 선교가 미치지 않는 곳이 없다). 이 중에 세 번째 항목에 관해서는 한국교회들이 많은 관심을 기울여 왔으나 나머지 네 가지 항목에 대해서는 소극적인 관심을 가지고 있다. 이는 한국교회가 협소한 의미의 선교개념에는 익숙해 있으나 보다 광의의 선교이해에 대해서는 자신감을 갖지 못하고 있다는 사실을 말하는 것이다. 고로 오늘의 한국교회는 선교개념에 있어서 보다 폭넓은 이해를 도모함으로써 다가오는 세기를 향한 하나님의 거룩하시고 선한 뜻을 분별하는 일에 충실하도록 노력해야 할 과제가 있다고 본다. 한국교회의 선교이해에는 ❶ 선교의 주체들이 개교회라는 점 ❷ 선교신학적 토대가 취약하다는 점 등 두 가지 특징이 있다.

Ⓐ <u>개체교회 중심적 선교운동</u>은 한국교회의 부흥과 성장을 불러오는 원동력이 되는 장점을 가지고 있지만 최근 교회의 성장이 주춤하면서 다소 문제가 되고 있다(지금까지의 선교개념에 대한 한계 노출) 고로 개교회 중심적인 선교이해의 틀은 앞으로 다가오는 새로운 시대의 선교적 과제에 비추어 새롭게 논의되고 수정되거나 보완되어야 한다.

Ⓑ 한국교회는 3가지 측면에서 <u>선교 신학적 토대가 취약하다</u>. ① 기독교 선교를 지나치게 영혼구원에 맞추어 왔다(역사의식 부재) ② 탈역사적 선교개념 아래 피선교인의 구체적인 삶(정치, 경제, 사회적 현실)에 깊이 파고 들어갈 수 없게 된다. ③ 건전하지 못한 토착화를 수용하는 오류를 범할 수 있다는 점이다. 건전치 못한 토착화란 예를 들면 기독교의 유교화: 기독교적인 아닌 규범과 가치 수용, 샤머니즘적인 성직자의 권위주의, 교회의 집단 이기주의, 남성 우월적 성차별주의 등

기독교 선교에 있어서 선교신학적 토대가 취약한 데에는 여러 가지 요인이 있을 수 있지만 가장 커다란 요인은 ① 교회가 여전히 '교회를 위한 선교'라는 협소한 선교개념에 집착하고 있다고 본다(모든 선교의 기초를 교회성장으로 보는 견해): 변화하는 현대 세계를 진지하게 이해하려는 노력엔 실패 ② 하나님의 선교를 성령의 역사나 혹은 신비주의적 체험과 동일시하는 경우다. 즉 하나님의 선교가

혹은 성령의 역사가 교회 속에 갇히는 것이다. 고로 우리는 교회의 선교에 그치지 않고 나아가 하나님의 선교지평을 보다 적극적으로 수용할 과제를 가지고 있다. 교회의 선교는 인간 영혼 구원에 초점이 맞추어져 있지만 **하나님의 선교**(죄의 역사성과의 투쟁을 통하여 인간의 구원을 이루어 내는 과제를 가지고 있다)는 인간들이 담겨 있는 그릇과도 같은 <u>역사와 사회를 구원의 대상</u>으로 여긴다. 인간이 담겨 있는 그릇과도 같은 역사가 오염되었을 때 그 오염된 것을 치유하지 않고 인간을 구원할 수 있다는 것은 일종의 종교심리적 안위를 구원으로 착각하는 오류가 될 수도 있다. 고로 하나님의 선교라는 지평확대를 위해 우리는 일단 종교 안에 전승되고 있는 죄의 구조를 비판적으로 살펴보아야 한다(죄란 네 가지 차원에서 ① 사회적 ② 종교적 ③ 문화적 ④ 제도적). 이러한 과정을 통하여 왜 우리가 교회의 선교에서 하나님의 선교로 나가야 하는지에 대한 윤리학적인 해명을 얻게 되는 것이다. 성과 속, 기도와 정치, 교회와 세상, 영혼과 몸 등. 사실 기독교는 오랜 동안 이원론적 사유에 깊이 물들어져 왔다. 그 결과 교회는 지난 역사 속에서 현상유지를 선택하는 입장에 서서 자신을 존속시킬 수 있었던 것이다. 그리고 영성은 왜곡되어 이해되거나 현실과 유리된 것으로 여겨지기도 하였다. 결국 이런 영성에 대한 이해는 기독교 선교를 비정치적인 것이며 비역사적인 것으로 전락하고 만다. 나아가 더욱 문제가 되는 것은 이러한 이원론적 사유에 의존해 있는 영성은 현실 속에서 인간을 억압하고 있는 구체적 불의를 인식하거나 제거해 나갈 구체적인 능력을 결여하고 있다는 점이다. 고로 이러한 이원론적인 사유에 바탕을 두고 있는 영성이해의 오류를 극복해 나갈 적극적인 윤리 신학적 이해가 요구된다. 생명은 구약성서의 계약사상의 관점에서 본다면 하나님과 밀접하게 관련되어 있다. 존재하는 모든 것에 생명과 생존권을 부여하신 하나님은 창조의 하나님이시다. 따라서 하나님은 존재하는 모든 것 속에서 당신의 의지와 뜻을 가지고 계신다. 생명을 내실 뿐 아니라 생명 있는 것들을 사랑하시고 보호하시는 하나님이다. 또 약자를 보호하는 과제를 당신의 백성들에게 안겨 주셨다. 결국 하나님은 살아 있는 이들의 하나님이시되 인간만을 소중히 여기지 않으신다. 하나님 앞에서는 생명 있는 모든 것들이 구별되지 않는 피조물이다. 피조물들 간의 생명의 유대, 약한 생명에 대한 책임의 윤리는 여기서 일어난다. 생명계의 사슬이 무너지면 인간의 생명도 존속될 수 없는 것이다. 인간을 포함한 모든 생명들에 대한 생명신학적 이해는 현대 세계 속에서 구조적으로 작용하고 있는 인간의 이기적 욕망과 자본주의적 능력 위주의 사고가 가지고 있는 한계를 극복해 나갈 수 있는 윤리적 가치이다. 생명가치는 교회보다 넓으며 하나님의 선교의 구체적인 목적과 관계된다. 한국교회는 역사의식의 성숙이 요구되는 현장에 놓여 있다. 역사의식이란 시간과 공간에 대한 이해를 뜻한다. 시간적 거리와 공간적 이질성을 인식할 수 있다면 보다 명료하게 오늘의 선교에 충실할 수 있다고 믿는다. 시간적 거리와 공간적 이질성이란 교회 안에서 경험할 수 있는 ❶ 기존 세대와 새로운 세대 간의 갈등(과거의 가치와 현대적 가치의 충돌) ❷ 남녀차별의 원리(남성우월적 원리) ❸ 지성인들과 일반교인들 사이의 갈등(신앙과 역사에 대한 이원론적 이해)말한다.

교회들이 참다운 교회로 남고자 한다면 오직 하나의 길, **열린교회**로의 길이 있을 뿐이다(칼 포퍼). 오직 열린교회(밀려오는 새로운 변화에 대한 개방내지는 새로운 시대적 요구에 부응하는 교회)만이 이미 권위를 상실하고 몰락한 과거의 습성에서 벗어나 새로운 활로를 찾아나갈 수 있기 때문이다. 하나님의 선교는 열린 교회로의 이행을 요구하고 있다. ❶ 열린교회는 일정 부분 자기부정을 받아들임으로써 자기 우상화나 절대화에 빠지지 않는 장점이 있다. ❷ 또한 세계를 해석함에 있어서 규정적이고 정언적인 해석의 오류에 빠지지 않고 변화와 새로움을 향한 동기들을 받아들일 여지를 남기는 해석에 성실할 수 있다. ❸ 그리고 이러한 자기부정과 새로운 해석을 향한 개방성은 바로 생명을 사랑하고 인간을 존중하는 지평을 향해야 한다는 것이다.

따라서 교회의 선교에서 하나님의 선교로 그 축을 옮겨야 하고 하나님의 선교의 미래를 위하여 윤리적 가치의 수용이라는 과제를 더 이상 미루어 두어서는 안 된다. 이에 더하여 하나님의 창조세계 속에서 인간을 포함한 모든 생명에 대한 사랑과 경외의 사역보다 더 우월한 가치가 없다고 보아야 한다. 교회는 교회가 존립해 왔던 그 시대 시대마다 세계와의 관계 속에서 자신의 존재의미를 밝혀왔다. 어떤 때는 세상을 도외시하는 방법으로 혹은 세상에 대한 지배자의 입장에서 세상과 관계해 왔다. 오늘날 한국교회의 대부분은 제도화 되어 있으며 사회의 제반 제도적 요소들을 거부감 없이 받아들이고 협력하고 있을 뿐 아니라 간혹 세속적인 제도가 가지고 있는 장점들 을 교회 안에 수용하기도 하였다. 이러한 타협의 요인을 가지고 있 는 교회는 당연히 스스로를 점검해볼 수 있는 여지를 가져야 한다. 왜냐하면 하나님의 교회로서 이미 존재하는 것이 아니라 하나님의 교회가 되기 위한 과정 속에 있다고 스스로 여겨야 할 것이기 때문 이다. 이를 윤리적으로 표현하면 자기 비판적 능력을 강화해야만 도 덕적인 것과 비도덕적인 것을 구별해 낼 수 있다는 것이다. 새로운 밀레니엄이 열리는 이 시점에 서 있는 하나님은 그분의 뜻에 합당한 사역을 삼천 년대 속에서도 열어나가실 것이기 때문에 우리는 신학 적 사유의 지평을 윤리적 시각에서도 넓혀 나가야 한다. 이를 위해 다가오는 삼천년대에서는 교회에 열린 사고, 이원론적 오류의 극복, 그리고 적극적으로는 생명가치의 수용과 신학적 역사의식의 강화가 특별히 요청될 것이라고 본다. 구약의 예배는 하나님이 자기 백성 이스라엘과 만나며 교제하는 자리이다. 하나님께서 자기 백성과 만나시고자(출 25:22) 이스라엘에게 먼저 예배처소를 짓게 하셨다(출 251-9). 제사장은 하나님과 그 백성 이스라엘의 만남을 위해서 하나님이 세우신 목자이다.

그러나 제사장들과 레위인들에게 있어서 예배는 "하나님을 섬기는 일"이다. 예배는 제사장의 "목회"(ministry) 그 자체이다. 하나님이 제사장을 부르시고 세우신 것은 오로지 이 예배를 제대로 수행하게 하기 위해서이다. 구원 사건은 하나님의 말씀을 듣고 하나님과 언약을 맺는 삶(출 19-24장)으로 이어져야 한다. 궁극적으로는 예배를 통해서야 이스라엘은 하나님의 통치를 받는 백성이 되고 하나님의 뜻을 세상 속에 펼치는 신앙공동체가 되는 것이다. 이스라엘 자손은 아무 때, 아무 곳에서나 하나님께 예배하지는 않았다. 그것은 반드시 하나님이 정하신 특정한 때, 특정한 장소이어야만 했다. 구약 레위기는 이스라엘 자손들에게 공식적으로 안식일, 유월절, 칠칠절, 설날, 속죄일, 초막절 등에 성회를 열고 번제, 소제를 비롯한 각종 예물을 하나님께 드리라고 규정하고 있다.(레 23장) 이스라엘은 성소로 찾아가서 제사를 드려야 했다(신 12:4-7) 성소란 하나님이 자기 특성을 자기 백성들에게 계시하고자 선택한 장소로 받아들인다. 하나님이 자기 이름을 두시려고 선택한 장소가 바로 예배하는 자리이다(신 12:5). 하나님은 어디에나 계시지만 하나님께 드리는 예배는 아무 데서나 할 수 없었다. 그러나 기원전 587년 예루살렘 성전은 무너졌다. 예수는 하나님께 예배할 장소를 묻는 사마리아 여인에게 이렇게 말씀하신다. "아버지께서는 이렇게 자기에게 예배하는 자들을 찾으시느니라 하나님은 영이시니 예배하는 자가 신령과 진정으로 예배할지니라"(요 4:21-24). 기독교 신앙이 가르치는 참된 예배에서 소중한 것은 "어디서"가 아니라 "어떻게"이다.

구약의 예배는 희생제물을 드리는 제사이지만 이것들은 모두 하나님께 바치는 "예물(코르반, gift)이라고 부른다. 구약의 예배의 바탕에는 예물을 드리고자 하나님께 나아가는 정성이 깔려 있다. 히브리어로 "코르반"은 "가까이 나아간다"라는 뜻이다.

레위기가 제시하는 다섯 개의 코르반은 성격상 크게 둘로 구분된다. 하나는 예물을 불에 태워서 드리는 "화제"이다. 번제, 소제, 화목제가 여기에 속한다. 다른 하나는 희생제물의 피를 성소에 뿌리거나 바르고 나서 태우는 제사이다. 속죄제와 속건제가 여기에 속한다(레 4:1-6:7). 이런 까닭에 번제, 소제, 화목제를 예물로, 속죄제와 속건제를 제물로 구분해서 생각할 수도 있다.

번제(레 1:1-17)는 이스라엘 신앙에서 가장 보편적인 예배이다(창 22장; 출 18:11-12; 24:3-8; 왕상 18:38-39 등). 이스라엘 백성들은 삶의 중요 단계 때마다 하나님께 번제 예물을 봉헌하였다. 번제는 예배하는 자의 죄를 속한다(레 1:4). 번제물을 드릴 때 제물을 드리는 자는 맨 먼저 제물의 머리 위에 안수하게 된다. 이 안수는 제물을 드리는 자가 자기 자신을 하나님의 단에서 태워드린다는 것을 상징적으로 표시하는 몸짓이다.

그가 번제물의 머리에 안수할지니 그리하면 열납되어 그를 위하여 속죄가 될 것이다(레 1:4)

오늘 우리의 예배에서 번제는 나를 하나님께 온전히 바치는 정신으로 구현되어야 한다. 그것이야말로 예배의 시작이다.

소제(레위기 2:1-16)는 레위기의 5대 제사 중 유독 곡물로 드리는 예배이다. 소제는 땅의 소산물을 하나님께 드림으로 하나님의 은혜와 주권에 감사하는 예물이다.

소제의 예물은 기본적으로 고운 가루(솔레트)이다.

고운 밀가루는 추수한 밀을 부수고 갈아서 얻어진다. 하나님의 뜻을 이루기 위해서는 자기 자신이 부수어지고 깨지고 희생되어야 한다는 사실을 터득하게 되었으리라. 소제의 예물에는 그 속에 넣어서는 안 되는 것과 그 속에 반드시 넣어야 될 것이 있다. 소제물 속에

넣어서 안 되는 것은 누룩과 꿀이다. 누룩이나 꿀은 물질을 발효시키는 성격을 지니고 있는 재료들이다. 소제의 예물 자체를 엉뚱한 모습의 예물로 변질시켜 버린다. 그러기에 누룩과 꿀을 넣은 예물이란 하나님께 드리는 제물로는 온당하지 못하다(비교, 고전 5:6-8). 소제물에는 기름과 유향과 소금이 들어가야 한다. 기름은 땅의 곡물을 거룩하게 하는 물질이다. 유향은 제물을 향기 나게 하는 물질이다. 소금은 변하지 않게 하는 물질이다(민18:9). 하나님과 이스라엘이 누리는 교제가 변하지 않게 되는 언약관계를 지니고 있음을 상기시킨다.

화목제를 드릴 때 예물을 드리는 자는 하나님께 기름과 피를 바쳐야 한다. 피는 하나님이 주신 생명을 상징한다. 그러기에 피는 모두 하나님의 것이다. 피뿐 아니라 내장에 붙은 온갖 기름도 하나님께 드려야만 / 태워야만 한다. 화목제는 하나님과 이스라엘이 확인하는 화평한 관계를 표현하는 제사이다. 하나님께 예배를 드리고 난 후 하나님이 주신 예물을 먹고 나누면서 평안과 기쁨을 확인하는 예배가 바로 화목제이다. 속죄제(레위기 4:1-5:13)는 이스라엘 자손이 "여호와의 금령 중 하나라도 그릇 범하였을 때" 드려야 되는 제사이다. 고의적으로, 오만한 마음으로 지은 죄는 여기에 속하지 않는다. 그런 죄는 속죄제로도 해결할 수 없다.

속죄제는 히브리어로 "핫타트"이다. "핫타트"는 문자적으로 "목표를 빗나가다"라는 뜻이다. 죄란 "과녁을 빗나가는 것"이다.

히브리어 "핫타트"는, 그러나 "죄의 용서"를 나타내는 "속죄제"라는 의미로도 사용된다(출 29:36; 레 4:25) 등. "핫타트"는 하나님의 백성 이스라엘이 하나님의 뜻을 어기고 살면서 하나님의 백성다운 목표에 어긋난 삶을 살게 되었을 때 하나님과의 관계를 회복하기 위하여 드리는 제사이다. 중요한 것은 죄를 죄로 깨닫는 것이다. 죄를 깨달아야 속죄제를 드릴 수가 있다. 죄를 깨닫는 것 자체가 은혜이다. 오늘 우리 교회가 회복해야 할 예배의 영적 감각이 바로 이것이다. 예배를 통해서 죄에 대한 가책, 죄에 대한 고민, 죄에 대한 회개와 용서를 이룰 수 있어야 된다. 속건제(레위기 5:14-6:7)는 잘못을 저지른 자에게 변상의 책임을 묻는 제물이다. 하나님의 성소, 이웃 등에게 어떤 피해를 끼쳤으면 그 피해는 반드시 배상 / 벌금의 형태로 메워져야 한다. 속건제는 바로 이런 정신 속에서 봉헌된 제물이다. 속건제의 중요 개념은 두 가지이다. 하나는 잘못해서 저지른 허물을 보상으로 대신 "속"(贖)하는 것이다. 다른 하나는 죗값을 치름으로써 제물을 드린 자와 제물을 받는 자에게 모두 만족을 주는 것이다. 보상(compensation)과 만족(satisfaction)은 속건제를 지탱하는 핵심이라고 말할 수 있다. 구약의 예배는 하나님과의 만남이다. 이 만남을 이루는 수단은 희생제사(sacrifices)와 예물 / 제물(offering)이다. 이 만남에는 세 가지 요소가 있다. 첫째, 선물을 드리는 것, 둘째, 사귐을 갖는 것, 셋째, 속죄하는 것이다. 선물(gift), 교제(communion), 속제(atonement)야말로 구약 예배의 삼대요소이다. 예언자들은 제물을 드리는 삶이 이스라엘의 죄를 증가시키고 있다고 지적한다. 하나님이 원하시는 것은 제사가 아니라 상한 심령이요, 제물이 아니라 하나님을 아는 참사랑이라는 것이다. 에스라의 종교개혁(느 8장)은 이 점에서 이스라엘 신앙사에서 한 전환기를 이루는 사건이다. 에스라에게 시급했던 것은 성전 제사가 아닌 하나님의 말씀을 듣는 일이었다. 에스라가 읽은 모세의 율법은 에스라가 전한 설교라고 볼 수 있다. 하나님의 말씀을 읽고 풀이하고 깨닫고 회개하는 역사에서 이스라엘 공동체는 영적으로 새로운 전환기를 맞는다. 제사보다 말씀, 제단보다 강단을 강조하게 되는 종교사적인 개혁이 일어난 것이다. 오늘의 설교자는 예배 중에 설교를 통해서 하나님을 만나게 하는 다리 역할을 해야 한다.

구약의 말씀을 설교의 본문으로 삼는 데 방해가 되는 걸림돌은 여러 가지가 있다. 그중에서도 구약에 대한 설교자의 무관심이니 편견이 구약에 선포된 하나님의 말씀을 바로 듣지 못하게 만드는 비극을 낳는다. 구약에 대한 편견 중에는 신약을 이해하기 위한 배경 자료로 구약을 활용한다는 견해도 있다. 이런 시각에서 구약을 율법으로, 신약을 은혜의 말씀으로 간주하려고 한다. 그러면서 그리스도가 오신 이상 구약은 폐기되어야 한다고 말한다. 또 다른 이유 중에는 구약을 은유적이거나 우화적으로 또는 영적으로 "풀어서" 구약에서 무모하게 신약의 메시지를 들으려고 하는 시도가 있다. 구약의 말씀을 무조건 신약적으로만 해석해서는 안 된다. 그것은 차라리 성서적으로 해석되어야 한다. 설교자들이 구약의 말씀을 본문으로 삼아서 설교를 준비할 때 느끼게 되는 어려움 가운데에는 그 구약의 말씀이 낯설고 난해하다는 데 있다. 엄밀한 의미에서 하나님의 말씀은 쉽게 풀이해서는 안 된다. 할 수만 있으면 히브리어 원문을 해독할 수 있는 능력을 배양해야 한다. 성서 한두 구절들만 붙들지 말고 그 구절들이 포함된 문단 전체를 읽어 가는 습관이 요청된다. 그러면서 성서 지리, 이스라엘 역사, 구약 시대의 풍습과 문화에 대한 지식을 꾸준히 터득해야 한다. 구약 본문을 오해하게 되는 가장 심각한 경우는 구약 본문을 자의적으로 해석하는 경우이다. 그것은 말씀을 해석하는 목적을 이른바 "은혜를 받는 것"으로만 단정 짓기 때문이다. 구약 본문을 오해하게 되는 많은 경우는 구약의 말씀을 요절형식으로만 기억하고 있을 때 대부분 생긴다. 문맥을 떠난 성서 읽기가 본문의 뜻을 심각하게 훼손하게 된다는 것이다. 예를 들어 "네 시작은 미약하였으나 네 나중은 심히 창대하리라"(욥 8:7)라는 말씀을 내세운다. 이 구절은 결코 욥기를 대표하는 구절이 못 된다. 욥기 전체의 문맥을 파악한 사람이라면 "수아 사람 빌닷"이 한 말을 욥기의 요절로 삼게 되지는 않으리라. 구절 해석보다 소중한 것은 그 구절의 맥락을 파악하는 일이다. 구약을 해석하는 과제 중 첫 번째가 구약의 말씀에 대해서 마르시온적인 태도이다. 기원후 2세기경 마르시온이라는 자가 있었다. 그는 구약의 하나님을 조물주이자 진노하는 신으로, 신약의 하나님을 사랑의 하나님으로 간주하였다. 그리고 이 두 하나님 중에서 사랑의 하나님을 더 우월한 하나님으로 선택하였다. 결코 동일한 분일 수 없다고 생각하였다. 그러다가 몇 해 뒤 터툴리안(Tertullian)이 마르시온을 반박하는 논문을 발표하게 되면서부터 마르시온은 기독교 신앙에서 이단으로 규정되게 된다. 두 번째는 아이세제시스이다. 그것이 "엑세제시스"(exegesis), 곧 주석이기보다는 "아이세제시스"(eisegesis), 곧 인위적인 풀이이다. 본문이 그 본문을 읽는 독자에게 무엇을 전달하고 있는가를 듣기보다는 주석하는 사람의 생각을 본문 위에 포장시키는 결과를 낳아서는 안 된다. 설교자가 조심해야 할 구약 해석에는 구약의 말씀을 증빙서류식으로만 활용하려는 시도도 있다. 설교자가 구약의 말씀을 "참고문헌"으로 국한시킬 때 구약 본래의 메시지와는 상관없는 해석을 낳게 된다는 것을 기억해야 한다. 문맥을 떠난 구약 인용은 왜곡될 수 있는 여지가 충분하다. 설교자가 본문을 주석해야 할 이유가 여기에 있다. 주석의 과제는 본문의 증언을 듣는 일이다. 증언이란 본문의 뜻이다. 전통적으로 교회는 구약을 예수 그리스도에 대한 예언으로 신약을 그 예언의 성취로 읽어 왔다. 그렇지만 성서해석학적으로 볼 때, 구약의 말씀을 예언으로, 신약의 말씀을 그 성취로만 간주하고 끝나서는 안 된다. 구약은 구약의 맥락에서 우선 파악하고 살펴야 한다. 신약의 맥락에서 구약을 읽는 일은 그 다음에 가서야 할 일이다. 여기에서 대두되는 과제가 '구약의 말씀과 신약의 말씀을 설교자가 어떻게 연결지어야 하느냐'는 것이다. 구약과 신약 사이의 "케리그마상의 연결" 또는 "케리그마상의 비교, 대조, 보완"이 신구약의 연결에서 중요하다는 것이다.

구약의 말씀에는 구약에만 있는 문법적, 문학적 특징이 있다. 구약의 말씀을 본문으로 정하고 설교하는 자들은 무엇보다 이 사실을 염두에 두어야 한다. 구약은 동일한 주제나 사건 등을 때로는 여러 번, 시각을 달리해서 반복하거나 중복해서 증언한다. 특히 구약의 오경에 이러한 복수적인 증언들이 많이 등장하고 있다. 이런 까닭에 구약을 주석하고 설교하는 사람은 이런 다양한 증언들이 각각 어떤 목소리를 지니고 있는지를 그 배경에서 파악한 후 다양한 증언들끼리 어떤 해석상의 관계나 과제를 지니고 있는지를 주의 깊게 살펴야 한다. 또 구약은 어떤 한 본문이 다른 여러 본문들과 "서로 연결되는 특성"(intertextuality)을 갖고 있다. 따라서 본문과 본문 사이의 상호관계 속에서 본문과 본문이 서로 어떻게 지지해주거나 수정하는지 또는 확대하거나 적용하는지를 눈여겨보아야 한다.

구약의 말씀은 기독교 신앙의 유대성을 드러내고 있다. 유대교의 경전은 직선적인 역사관을 활용하고 있는 기독교 경전과는 크게 다르다. 유대교 경전에서 그 중심은 토라의 이상(ideal)이다. 이것은 하나님의 백성인 이스라엘 사회가 어떻게 조직되어야 하는지를 다루는 원칙이다. 토라는 중앙에 성소가 있는 사회를 이상적으로 제시한다. 이처럼 유대인의 타낙이 강조하는 것은 예루살렘과 성전이다. 이런 구조는 예수 그리스도의 오심과 다시 오심을 정경의 구조로 갖추고 있는 창세기–계시록의 흐름과는 차이가 난다. 기독교 신앙은 이런 유대인의 타낙을 구약성서라는 이름으로 우리 정경의 일환으로 공유하고 있다. 이처럼 구약의 말씀은 유대교적인 배경을 지니고 있다.

구약의 글자는 그것을 써 놓을 수밖에 없었던 증인들의 영성을 드러낸다. 야훼 하나님이 자기들의 운명일 수밖에 없으며, 그 하나님이 이스라엘 백성만 아니라 온 세계의 하나님일 수밖에 없다고 믿었던 자들이 바로 구약의 말씀을 기록해 갔던 자들이다. 바로 이 점에서 구약의 모든 글자는 야훼 하나님의 영감으로 충만한 말씀이다. 주석은 주해로 옮겨가야 한다. 주석의 열매를 회중의 실제 삶 속에 구체적 이로도 실제적으로 적용시킬 수 있는 말로 바꾸어서 표현해야 한다. 주석이 본문이 무엇을 말하고 있는지를 듣는 과정이라면 주해란 그것을 "입장을 바꿔 놓고" 생각하는 과정이다. 주석에서 주해로 이르는 과정에는 본문에 대한 명상, 묵상이 요청된다. 성령의 도우심이 있어야 한다.

구약의 말씀을 읽고, 주석 → 주해하는 과정에서 우리는 설교의 아이디어를 얻을 수 있다. 설교를 준비하는 자는 설교 본문으로 삼은 말씀의 세계, 본문의 음성, 말씀의 이미지를 주석 작업을 하면서 캐내야 한다. 그러나 설교의 스타일과 형식은 다양하다고 생각한다. 따라서 구약 본문을 가지고 설교를 한다고 해서 모든 설교의 형식이 반드시 주해식 설교나 강해식 설교일 필요는 없다. 어떤 주제를 선정하고 그 주제를 밝히는 본문을 구약에서 선정하고 난 뒤 설교문의 틀을 짤 수도 있다.

그 어떤 경우이든 본문을 주석하고 주해하는 과정이 설교의 형성에 기여하고 있으면 족하다. 이런 모든 과정 속에 성령의 도우심이 있어야 한다. 효과적인 설교는 성령께서 이루시는 역사이기 때문이다. 이스라엘이라는 공동체 / 민족 / 나라를 세운 모세도 본래 타고난 영도력을 지녔던 것이 아니고 오로지 하나님께서 들어 자신의 일을 수행하는 도구로 삼으셨기 때문에 지도자가 될 수 있었다. 출애굽기 3:1-12는 바로 하나님께서 어떻게 모세를 자기 일꾼으로 삼으시게 되었는지를 보도하는 이야기이다. 이 본문을 통해 모세의 지도력을 알 수 있다.

1) 모세의 지도력은 그의 소명으로부터 비롯되었다. 하나님이 맡기신 일거리를 거룩한 것으로 인식하고 그 일거리를 위해 자신을 불태우는 자리에 진정 지도력이 형성되는 것이다.
2) 모세는 앞장서서 길을 이끄는 적극적인 인도자였다. 그는 권위적이거나 독재적이 아니었다. 하나님이 모세에게 맡기신 일은 한 마

디로 길을 안내하는 역할이었다. 곧 지도자, 안내자, 길잡이였다.

3) 그의 지도력은 비전으로부터 왔다. 하나님은 모세에게 "너희가 이 산에서 하나님을 섬기리라"는 비전을 제시하셨다. 모세의 역할은 하나님이 자기에게 주신 이 꿈과 비전을 백성들에게 나누어 주는 일이었다. 그런데 여기서 주의할 점은 그 비전의 내용이 성서적이어야 하며 비전을 품은 지도자가 그 비전을 수행할 만한 자질이 있느냐 하는 것, 그리고 비전을 품은 지도자가 성실한 사람이냐 하는 점이 중요하다.

이사야 40-55장에는 종의 노래로 간주되는 본문이 4개(42:1-4, 49:1-9, 50:4-9, 52:13-53:12) 나온다. 특히 세 번째와 네 번째의 노래에서 이 종은 "사람들의 죄를 대속하는 종"이다.

이러한 종의 노래에서 배우는 지도력은 무엇인가?

1) 종으로서의 자기 정체성을 바로 인식해야 한다. 구약성서가 내세우는 지도자는 하나님의 일을 하는 사람이다. 하나님의 일을 대행하는 자는 종이 되어야 한다.

2) 공의를 수행해야 한다. 지도자는 하나님이 공의를 이루셨듯이 세상 속에서 공의를 이루어 가기를 애쓰는 자이어야 한다.

3) 마음은 여리고 섬세해야 한다. 상한 갈대를 꺾지 않고 꺼져 가는 등불을 끄지 않는 마음을 가리킨다. 성공이 주님을 기쁘시게 해 드리는 것이 아니라 신앙이 주님을 기쁘게 해드린다. 하나님이 기대하시는 지도력은 사랑할 수 없는 것을 사랑하는 마음에서 나온다. "사랑 / 연민으로 충만한 목회자의 마음"이 성서적 지도자의 토양이다.

느헤미야는 기원전 5세기 중반 이스라엘 포로기 후기에 역사에 등장한 평신도이다. 그는 페르시아 왕의 허락을 받고 유대 총독 자격으로 고향으로 돌아가 예루살렘 도성을 재건하고 사회적 개혁을 추구했던 지도자이다. 이런 느헤미야의 지도력은 어떤 것이었나?

1) 지도력과 행정력을 겸비했다. 느헤미야는 계획하고 조직하고 권한을 위임하고 감독하고 조정하고 사람을 뽑고 훈련시키고 평가할 수 있었던 지도자였다. 그리고 그는 다른 성향의 지도자였던 에스라와 "더불어" 일할 줄 아는 지도자였다.

2) 느헤미야의 지도력은 기도로 다져진 것이었다. 느헤미야의 사역에는 안팎으로 위험과 반대가 둘러싸고 있었다. 하지만 그는 잘 절제된 성품과 자기훈련이 갖추어져 있어서 쉽게 분노하거나 좌절하지 않았다. 이 모든 것은 그가 기도에서 얻은 하나님의 인도, 기도에서 발견한 성령의 인도하심이 있었기 때문에 가능한 것이었다. 이처럼 기도는 지도력의 일부이다.

3) 사역의 중심이 하나님이었다. 이 말은 자기의 사역을 하나님이 종내 성취하실 것이라는 소망과 확신이 있었다는 것이다. 그렇기 때문에 그는 사람들로 하여금 자기들의 모든 것을 하나님의 영향 밑에 두도록 촉구하는 가르침을 전할 수 있었다.

비난은 목회자들이 밟고 지나가야 할 땅이다. 비난에서 목회자는 배우고 성장한다. 이와 같은 비난을 어떻게 처리하느냐가 목회의 성공과 실패를 가르게 된다.

비난에는 잘못된 행실을 탓하는 비난이 있는가 하면, 하나님의 일을 수행하다가 듣게 되는 비난도 있다. 후자의 경우는 그 비난이 아픔으로 남지만 목회자들이 지고 가야 할 십자가임에 틀림없다. 유다가 망하지 않기 위해서는 지금 이 자리에서 회개하는 길밖에 없다고 외친 예레미야는 비난을 먹고 살았던 예언자였다. 그는 자기에게 쏟아지는 비난과 비방, 조롱과 위협 앞에서 그만 사명을 포기하려고 했지만 기도로 사명을 새롭게 인식하였다. 즉 그는 비난을 기도록 극복했던 것이다. 예수께서도 많은 비난을 받으셨는데 그는 때로 그 비난에 대해 분노로(막3:5, 마21:13) 응했지만 비난에 대한 그의 대답은 섬김과 헌신이었다. 곧 '종의 도'를 말씀하셨던 것이다. 바울은 비난 앞에 당당하게 맞서거나 눈물로써 호소하며 해결하고 있는 모습을 알 수 있다. 잘못해서 비난을 듣게 되는 경우 목회자는 그것을 약으로 삼아야 한다. 모세는 출애굽의 위업을 달성하는 과정 중에 많은 비난과 탄핵을 당했다. 그러나 그 대부분은 출애굽한 이스라엘 자손들이 하나님의 뜻을 오해하거나 알지 못한 데서 쏟아 놓은 것들이었다. 그러나 모세가 구스 여인을 아내로 맞아들인 사건(민12장)은 모세 스스로가 이스라엘 부족의 전통을 저버린 행위였음에 틀림없다. 사무엘의 경우는 빗나간 자식 사랑 때문에 봉변을 당한 경우이다. 무능력한 두 아들을 브엘세바의 제사장으로 세웠던 일로 말미암아 자기에게 쏟아진 비난을 고스란히 감수해야 했다. 다윗의 경우는 성의 유혹 앞에서 스스로 무너지고 만 경우이다. 하지만 그는 나단을 통해서 와진 비난을 수용하였다. 자기의 잘못을 확연히 깨달았다. 그리고 회개로 비난을 극복했다. 목회자는 비난을 수용하고 비난을 통해 자기를 반성하고 자기 마음을 살펴보며 기도해야 한다. 기도할 때 비난은 우리 목회자를 더 깊은 차원에서 주님께 대한 관계를 유지하도록 이끈다. 비난이 약이 되는 것이다. 거기에서 비난은 저주에서 축복으로 변한다. 단점을 강점으로 변하게 만든다. 목회자는 비난 속에서 은총을 캐는 심정을 가져야 한다. 초기에는 제사장은 성소에서 시중드는 자로 신의 계시를 전달하는 자이다. 히브리어 코헨은 어원상 서다, 절하다는 의미를 가진다. 즉 이들은 사람과 사귀기보다는 하나님과 사귀는 사람이었다. 초기에는 주로 특정한 성소를 지키는 일에 전념하였다. 하나님의 부름 받은 일꾼이다. 2가지의 의미를 지닌다. 하나는 공동체를 위해서 성소를 일터로 삼았던 전문가요 다른 하나는 하나님을 위해 성소에 묶인 사람, 곧 종이었다. 이들은 하나님 말씀에 비추어서 신앙공동체가 바로 걸어가고 있는지를 판단해 주어야 한다. 하나님 말씀에 정통한 사람들이다. 그들은 돈을 받고 하나님의 말씀을 가르쳐서는 안 된다.(미3:11) 하나님을 위한 봉사와 함께 세상을 위한 봉사가 있었다. 또한 희생의 제사를 드리는 일에 전문가이다. 그리고 중재자이다. 더 나아가 백성을 축복하는 사역도 감당했다. 결론적으로 5가지의 기능이 있다. 성소를 지키고 하나님의 뜻을 알게 하고 말씀을 가르치고 제의와 예배를 관장하고 백성을 축복하는 일이다. 제사장에는 여러 분파가 있다. 위의 3파가 눈여겨보아야 할 파이다. 아론계는 광야 유랑시대에, 사독계는 이스라엘 왕국시대에, 레위계는 지파시대에 나타난다.

아론계는 족보상 레위 자손 아론의 후손들이다. 제사장의 원조이다. 그러나 왕국시대에는 아무 역할도 못하고 결국 예루살렘에서 쫓겨난다.

사독계 제사장은 사독과 그 후손들로 솔로몬 왕 때부터 시작해서 예루살렘 멸망기까지 예루살렘 제사장직을 독점한다. 역사적으로 다윗시대에 아비아달과 함께 이스라엘의 제사장이 된다. 그러나 솔로몬 왕 시대에는 사독은 아비아달을 제치고 제사장이 된다. 사독계보에 대해서는 논란이 있다. 그는 이스라엘 제사장 정통 가문이 아니라고 한다. 레위계 제사장은 신명기에서 제사장으로 등장한다. 이 책에는 오로지 레위사람이 제사장이다. 이들은 가나안 정착 이후 왕국시대 이전 언약궤를 나르거나 지방 성소를 지키면서 제사장의 직무를 보던 자들이다. 그러다가 자파들이 하나로 뭉치면서 숫자가 증가하자 모든 레위인들이 중앙성소에서 제사장 일을 볼 수가 없었다. 그래서 이들은 여러 지방으로 흩어진다. 이런 그룹들이 구약 안에서 서로 적대적인 관계를 띤다. 이런 충돌이 어떠하든 역사적으로 이스라엘에서 제사장은 사독계가 주도권을 잡았던 것이다.

① 레위라는 이름

레위라는 이름은 창세기에서 야곱의 셋째 아들이요 맏아들 대신 하나님이 뽑아서 세운 하나님께 드려진 사람들이다. 레위라는 어근에는 3가지의 의미가 있다. (1) 빙빙 돌다. 이는 황홀경에 빠져서 춤을 추는 사람이 된다. 제의에 빠져서 황홀경에 빠지는 경우가 있다. (2) 누군가에 매인다는 의미이다. 하나님께 매인 사람이다. (3) 서원으로 들여진 것을 의미한다.

② 레위 사람 모세

모세는 제사장 직제의 창시자이다. 시내산 계시의 수령자이다. 야훼 전승에서 으뜸가는 제사장은 모세이다. 이런 맥락에서 레위 사람은 성막을 섬기라고 구별된 사람이다. 이들은 특별대접을 받았다. 병적 조사의 대상이 되지 않았고 땅의 기업도 없었고 십일조를 기업으로 받았다. 다른 지파사람들이 유산으로 떼어 주는 성읍을 차지했다. 그리고 도피성도 레위지파에 소속이 된다.

③ 제사장 레위 사람

신명기에는 레위지파에 속하는 사람이면 누구나 제사장 레위사람으로 불린다. 실제적으로 레위 자손 모두가 예루살렘 중앙 성소에서 제사장의 직무를 수행할 수 없었다. 심지어 가난한 자들이 있었다. 이로 인해 예루살렘에 거하는 제사장과 지방에 거하는 제사장들 간에 갈등과 대립이 있었다.

이스라엘 역사는 예루살렘 멸망으로 새로운 전기를 맞는다. 왜 망했는가? 여러 가지의 이유 중에 종교적인 타락을 꼽는다. 이에는 제사장의 책임이 있다. 자기들에게 주어진 사명과 과제를 망각하고 직업적으로 감당했기 때문이다. 봉사하기보다는 군림했고 거룩을 가장한 세속을 즐겼고 종이기보다는 지위 높은 관리로 나섰던 것이다. 왕국의 멸망에 대한 반성은 구약의 이곳저곳에서 발견된다.

아론 제사장은 상처받은 치유자이다. 성전이 무너지는 역사의 아픔 속에서 그것이 정치 사회의 탓이기 전에 자기들과 같은 종교인들의 탓임을 각성하였다. 나라를 잃은 백성들이 당했던 아픔을 그들도 똑같이 당했다. 그러면서도 망가진 이스라엘의 종교의 나락에서 이스라엘 전통의 파편들을 추슬러서 하나님이 다스리는 나라에 대한 새로운 청사진을 제시한다.

구약의 제사장은 예루살렘 성전의 멸망이라는 비극의 샘에서 신앙 공동체로 생존하는 치유의 물을 길어 올렸다. 그 치유의 물은 그들이 증거하는 야훼 하나님으로부터 온다. 예수 그리스도가 대제사장이 되신다는 히브리서의 말씀은 바로 이런 제사장적인 자세, 비전, 희생에서 이해해야 한다.

제사장은 하나님 앞에 서서 하나님을 섬기는 사람이다.(신10:8, 17:12, 18:5) 하나님을 위한 하나님에 의한 하나님의 봉사를 전문적으로 맡은 자들이다. 하나님의 상에서 시중을 드는 자이다. 백성들 위에 군림하기보다는 섬겨야 한다. 제사장의 권리는 하나님이 세우신 언약에서 비롯된다.

제사장은 섬김이라는 단어로 풀이한다. 시중드는 자가 되기 위해서는 특별한 의식을 거쳐야 한다. 이것이 위임식이다. (출28-29장, 레8-9장) 출28장의 통과의례는 특별한 예복을 걸치고 둘째 기름부음을 받게 하고 셋째 특별한 제물을 바친다. 이 위임식은 아론과 아들들을 성결케 하는 의식이다. 씻고 입히고 띠우고 하는 것은 거룩하게 하는 과정이다.

이들은 누구인가? 처음에는 공동체를 떠나고 그 다음에는 하나님과 함께 하고 그러고 나서는 다시 공동체로 돌아가서 공동체와 하나가 되는 사람들이다. 이들은 공동체 앞에서는 하나님의 거룩함을 대표하고 백성들 앞에서는 더러움을 두 어깨에 걸머지고 서 있는 자이다. 성과 속 사이에 서 있는 자이다. 섬기기 위해 세속을 떠나고 섬기기 위해 하나님과 깊이 교제하고 섬기기 위해 다시 세속으로 돌아가 백성들과 함께 자리하는 사람이다.

제사를 집례하는 제사장은 맨발이다. 이는 거룩한 땅에 서 있다는 표시이다. 성전이란 히브리 말로 헤칼인데 이는 큰 집이라는 뜻으로 야훼의 집, 하나님의 집으로 불린다.

종교현상학적으로 성전을 크게 3가지의 기능을 갖는다.

(1) 우주창조의 질서를 재현하는 곳이다. 산꼭대기에 위치한다. 즉 하늘의 힘과 접촉하는 통로이다.
(2) 현상세계의 축으로 땅에 사는 인간은 하나님과 접촉함으로 자신을 거룩하게 한다.
(3) 도피처이다. 일상생활에서 구별된 곳으로 범할 수 없는 공간이요 숭고한 영역이다.

성전의 부속물들도 하나님께 희생의 제사를 드리기 위한 필수적인 요소들이다.

주전 587년에 예루살렘 멸망으로 변화가 일어난다. 이로 인해 제사장 제도의 추락과 예배와 제사의 패턴이 달라진다. 동시에 유대이즘이 형성된다. 이 변화의 중심에 회당이 있다. 회당은 말 그대로 집회처였다. 교제를 나누고 배우고 사귀는 장소이다. 구경꾼이던 자가 예배하는 자가 되고 손님이 주인공이 되고 성전이나 제단이 하나님의 말씀으로 제사장이 랍비로 바뀌게 된다. 이 시대를 반성전적 경건(anti-temple piety)이라 부른다.

오늘날의 목회자는 제사장은 아니다. 그러나 제사장 유산을 물려받은 그 이상이다.

오늘의 교회의 예배, 목회자의 제도는 구약의 이스라엘 전통에서보다는 포로기 이후의 유대주의에 그 뿌리를 두고 있다. 따라서 교회는 결코 성전이 아니다. 예루살렘 성전은 없다. 오늘날 아무런 구별 없이 구약적인 용어를 사용하는 누를 범해서는 안 된다.

회막전승이 강조하는 신앙은 시내산의 하나님이 시내산 아래로 내려오신다. 즉 이스라엘의 천막으로 내려오신다. 이는 말씀이 육신이 되어 우리 가운데 들어오시는 예수님으로 발전한다. 이것을 회막신앙의 인카네이션이다.

1) 구약의 헌금 - "민하", "코르반", "쩨박흐"

구약성서에 나타나는 헌금에 해당되는 말 - "민하", "코르반"

"민 하": 사람에게 주는 예물, 윗사람에게 바치는 공물
"코르반": 하나님의 제단에 자원하여 바치는 "예물"의 통칭(동물, 곡물, 금, 은의 패물 등)
"쩨박흐": "짜박흐"(짐승을 잡는다)라는 동사에서 파생된 명사, 희생제물을 지칭하는 구체적, 전문적 용어.(속죄제, 속건제, 번제, 소제, 화목제가 모두 희생제물의 범주에 포함)

2) 구약의 십일조("마아세르", 동사 "아사르")

"지극히 높으신 하나님"의 제사장 멜기세덱에게 아브라함이 준 십일조(창14:17-20)와 야곱이 서원하면서 작정한 십일조(창28:12-22)로부터 시작. → 자원으로 드리는 예물

원래 왕에게 바치는 조세형식의 십일조는 가나안 문화의 제도, 이것이 언제 종교적 목적으로 토착화되었는지에 대해서는 불확실.

십일조의 두 의미: 종교적으로 바치거나 드리는 헌금(창28;22, 신14:22; 26:12)

사회경제적 제도 속에서 "강제로 뺏는 공물이자(삼상8:15, 17), 의무적으로 '거두는' 세금(느10:38).

오경에 나타나는 규정: 이스라엘이 마땅히 드려야 할 예물, 그러나 자원의 예물이 아님.

① 이스라엘 백성들이 하나님의 성소에서 먹는 "예전적 식사(.sac-rifice meal)"(신명기)

② 레위사람들, 제사장들에게 보상으로 주어야 하는 제도적 장치. (레위기, 민수기의 제사법)

　　- 신명기의 규정에서 볼 때 십일조의 정신은 "드림"과 "나눔". 하나님께 드리고 하나님 앞에서 나누고 하나님과 더불어 한 식구임을 확인하고 고백하는 예물. 어떻게, 얼마나 드리느냐보다 '어떻게 나누느냐'가 더 중요.

3) 절기와 헌금

이스라엘 백성들이 하나님께 예물과 제물을 드리는 때는 "절기"("야훼의 절기"나 "성회")를 지킬 때이며 이스라엘은 시간, 장소를 선별해서 하나님 앞에서 공공 모임을 가져야 한다.

구약에서 이스라엘 신앙의 예배생활을 일정한 틀에 맞추어 가르치고 있는 본문은 오경에서 네 번, 출23:14-17(비, 출34:17-26), 레23, 민28-29, 신16:1-17이다.

출애굽기: 모든 남성들에게 3대 의무 절기, 무교병의 절기, 맥추절, 수장절

신 명 기: 3대 절기에다 유월절을 연결(신16:1-8), 칠칠절을 지키라고 명시(신16:1-8), 수장절의 이름을 초막절로 개칭하고 이 절기를 칠 일 동안 지키라고 명(신16:13-15).

레23장은 다음 몇 가지 점에서 신명기 규정과 다르다.

① 모든 성회의 기본을 안식일로 삼는다(레23:3).
② 유월절 / 무교병의 절기, 칠칠절, 초막절의 규정을 언제, 어떻게 지켜야 되는지 구체적으로 밝힌다(레23:5-9-14, 15-21).
③ 이스라엘의 절기에 "나팔 부는 절기"(레23:23-25), "속죄일"(레23:26-32)을 첨가.

레23장은 숫자, "7"을 중요하게 다룬다. 1년에 한 차례씩 이스라엘이 지키는 절기는 모두 "일곱" – 유월절, 무교절, 초실절, 칠칠절, 나팔절, 속죄일(7 / 10), 초막절이다. 이 축제절기 동안 일곱 번의 안

식일이 있고 중요한 절기가 연중 일곱 번째 달(새해)에 집중되어 있다. 또 매 일곱 번째 해는 안식년이며 49(7 × 7)년 이후에는 최고의 안식년인 희년(레25:8이하)이 있다. 일 년의 일곱째 달이 신년인 것은 일주일의 일곱째 날(안식일)이 새 주간인 것과 마찬가지. 일곱째 날처럼 일곱 번째 달에는 모든 노동을 쉬고 성회로 모여 각종 절기를 지켜야 한다.

민 28-29장은 이 레위기의 규정을 자세히 풀이, 농사력에 따른 예배력. → 예물은 하나님이 받으시는 방식대로 드려져야 한다.

이스라엘 신앙은 헌금으로 두 가지를 확인.
① 하나님 앞에 서 있는 예배자가 하나님께 고백하는 신앙의 관계.
② 거둘 땅이 없는 자와 맺어야 할 사랑의 관계.
→ 하나님의 은혜를 생각하며 궁핍한 자에 대한 배려를 적극적으로 실천하는 이스라엘 신앙.

4) 십일조와 이스라엘 종교

구약성서의 십일조는 예루살렘 성전 종교의 움직임과 함께 종교적인 면보다 사회경제사적인 측면에서 요청되는 헌금으로 뿌리내리게 되는데 제사장과 레위인의 사역을 지원하는 거룩한 부담금의 일종으로 평신도들이 감당하게 되는 십일조이다(민18"8-12; 대하 31:2-12).

제사장과 레위인이 성전 사역에서 얻게 되는 수입은 제사장에게 할당된 제물(민18:8-20)과 레위인이 받는 십일조(민18:21-24)로 구분되며 레위인들은 자기들이 거둬들인 십일조의 십일조를 다시 제사장에게 주어야 한다(민18:25-32).

십일조를 사이에 두고 이스라엘 신앙에서 제사장, 레위인, 이스라엘 백성들은 서로 역동적인 관계를 맺고 있다. 제사장과 레위인이 하나님을 모시고 섬기며 공동체를 영적으로 지키는 사역을 감당할 때 백성들은 이런 제사장과 레위인을 후원하고 지지하며 돌봄을 받게 된다. 이스라엘 신앙에서 성직자는 회중을 위해 존재, 이것이 진정한 목회

레위기와 민수기의 제사법이 가르치는 십일조 정신은 사역과 후원, 돌봄과 베풂이다. 베푸는 자는 풍성해야 하고 일하는 자는 청빈해야 한다. 성전에 바친 십일조가 성전 안에 머무르지 않고 죽어가는 세상을 살리는 "생명의 물"(겔47)이 되게 해야 한다.
말라기, 하나님께 돌아가는 길로써 십일조와 봉헌을 드리는 삶을 강조.

십일조는 십계명에 속한 것은 아니나 이스라엘 사회를 구조적으로 떠받치던 관습이자 이스라엘의 성전종교를 본질적으로 지탱하던 신앙적 표현이었다.

물질은 신앙을 연결해주는 중요한 역할을 한다. 물질이 있는 곳에 마음이 있다라는 성경 말씀처럼 물질로 관심을 갖게 하는 중요한 수단이 된다.

2. 재세례파(현실을 거부하면 전도에 장애가 된다)

1) 재세례파의 기원

재세례파(Anabaptist) 신자들의 특징은 성서에 나타난 예수의 명령을 철저히 실천하려는 데 있다. 재세례파는 1525년부터 1600년 사이의 시기에 가톨릭과 개신교 신앙의 세속적 삶의 제 양태에 대한 타협적인 태도에 대하여 비판적인 이견을 가진 이들에게 그 뿌리를 두고 있기 때문이다.

그 기원에는 세 가지 관점이 있다.

① 1524년 토마스 뮌처를 중심으로 일어났던 농민전쟁을 효시로 보는 견해[3]
② 1525년 취리히에서 츠빙글리를 중심하여 성경연구를 하던 형제단 신앙운동에서 기원을 찾는 견해[4]
③ 라인강 하류주변에 자리 잡았던 천년왕국설을 신봉하던 종말론자들로서 호프만(Melchior Hofmann)을 중심으로 모인 이들에서 그 기원을 찾는 견해[5]가 있다.

---

3) 뮌처는 루터와 동 시대를 산사람으로 철저한 성서적 원리에 근거한 개혁을 주장, 천년왕국적 희망을 교회의 희망으로 삼고 세속적인 공직과 정치적 이유에 의한 전쟁을 반대했으며 부모의 의지에 따라 행해지는 유아세례를 거부했다. 이러한 특징이 재세례파와 유사성을 보인다.
4) 트릴취의 견해로 이러한 관점은 교회사적으로 폭넓게 수용되고 있는 견해이다. 교회의 진정한 모습은 자기 부인과 십자가를 지는 삶을 사는 고난의 공동체임을 강조하였다.
5) 호프만 이후의 재세례파 운동은 그 종말론적인 과격함을 벗어 버리게 되었고, 메노 사이몬에 의해 주도되었고, 그 이름을 본 따 메노나이트(Mennonite)라는 이름으로 불리게 되었다.

루터는 산상설교에 근거한 윤리를 진정한 기독교 윤리로 이해하였지만 그 윤리의 실천에 대해서는 이룰 수 없는 것으로 보고 현실주의적 윤리의 형태로서 세속 정치권력의 정당성을 인정하였는데 재세례파는 그리스도의 법 이외에 다른 법은 인정하지 않고 겸손(Demut)과 방기(Gelassenleit)의 힘을 믿고 살아갔다. 이들은 세례의 의미를 대단히 강조하였으며 자발적 의지가 수반되지 않는 유아세례는 효과가 없다고 주장하고 성인이 되어 진실하게 그리스도의 말씀을 따라 살기로 작정한 이들의 세례만을 강조하였다. 이러한 신앙관에 대해 적대자들이 그들은 가리켜 '재세례자들'이라 칭하였다. 이러한 전통은 메노나이트, 아미쉬, 후터리안 형제단에게서 이어져 오고 있다.

2) 윤리신학적 전제

재세례파는 신학과 윤리, 믿음과 행위는 분리될 수 없다고 생각하며 신학과 윤리, 신앙과 행위를 나누어질 수 있는 것으로 생각하는 가톨릭이나 개신교와는 다른 입장을 취한다. 그렇지만 신앙과 행위를 일치시키는 전통에 위배되지 않는 한도에서 개신교의 근본 교리적 특징을 받아들이고 있다.[6]

또 이들은 성서주의적인 특징을 보이는데 신약성서의 예수의 말씀을 신학과 윤리를 위한 청사진으로 받아들이므로 신학과 윤리 간의 갈등은 받아들이려 하지 않는다. 일면에서 보면 이들은 중세 수도원주의적 성격을 지니는 면이 있으나 수도원주의가 이중적 윤리적 규범을 가지고 선택된 자들의 삶과 일반인의 삶이 다른 것으로 인정하는 반면, 재세례파는 소명이란 모든 신자들의 보편적인 의무로 여겼

---

6) 성서로만(Sola Scriptura), 사도신경, 두 가지 성례, 행위가 아닌 믿음에 의한 구원, 청교도적인 금욕, 의지의 자유 등.

으며 이들의 윤리는 개인의 생활과 사회적 관계들과 관련된 특별한 권고들로 이루어진다. 이러한 권고와 지시는 이상적인 신앙 공동체의 구조를 필요로 하였고 공동의 신앙고백에서 일치를 찾기보다는 공동적인 순종에서 일치를 이루어 나가려 했기 때문에 순종을 강조하는 그들에게 있어 순종과 결단과 실행을 가능하게 하는 인간 의지의 자유가 중요한 전제사항이었다. 이런 면에서 칼빈의 노예의지나 예정론은 단호히 거부되었다.

뿐만 아니라 "의인이며 동시에 죄인"이라는 루터의 실존적 의미조차도 이들에게는 이해될 수 없는 것이었으며 따라서 죄성을 지닌 인간을 얽어매기 위한 하나님의 도구적 방편으로서의 강제력을 용인하였던 루터의 입장을 재세례파는 거부했다.[7]

재세례파의 신앙 속에 담겨진 특징들은 종합하면 다음과 같다.

첫째, 재세례파의 윤리신학적 특징이 하나님 나라의 윤리적 성격을 강하게 가지고 있다고 볼 수 있다. 철저히 성서적 원리에 의존하는 타협을 거부하는 완전주의적 하나님 나라의 윤리를 지향한다.

둘째, 세속적인 삶과 크리스천의 삶의 철저한 분리를 주장한다는 점에서 이원론적 세계관의 요소를 지닌다.

셋째, 이들의 신앙운동은 16세기의 정황에서 종말론적 신앙의 회복을 강력하게 요청하는 것이었다. 회개하고 세례를 받으며 세상의 악을 본받지 말라는 것이 이들의 표어였다.

넷째, 기독교가 값싼 은총의 종교로 전락하고 있는 것은 예수의 복음을 타락시키는 것이며 세상과의 타협이라고 보았다.

---

7) 어떤 종류의 강제력을 동원하는 권력구조에 참여하지 않았고, 결혼도 그리스도의 충성을 막는다면 이혼을 허락했으며, 배타적인 권리로서의 사적 소유에 대한 권리반대, 이자 취득과 여하간의 소득을 얻기 위한 행위는 비난받았으며, 탐욕은 원죄와도 같은 것이었다.

다섯째, 기독교 복음의 개인주의적 특성이 약화된 공동체적인 신앙의 특질을 지닌다. 신자는 공동체적인 삶을 통하여 구원에 이른다고 보았다.

여섯째, 신앙인의 회복이란 윤리적 능력의 회복을 뜻하는 것이라고 간주하였다. 이러한 윤리적 능력의 회복이란 성서적인 윤리적 규범이 통용되는 공동체에 의하여 후원받아야 한다고 보았기 때문에 공동체적 삶의 원리들을 중시하였다.

1942년에 나온 "우리의 신앙의 유산"이라는 일곱 가지 항목은 재세례파의 윤리신학적 특징을 잘 나타낸다. 그 내용을 간추리면 다음과 같다.

① 그리스도의 주권과 의지에 대한 복종의 삶이 제자됨의 규준임을 강조하였다.

② 성서적 규준을 따라 사는 삶은 개인적이거나 공적인 차원에서 동일하게 적용되어야 하므로 루터의 이중적 삶의 구조를 부인하였고, 하나님의 사랑과 거룩함을 따라서 폭력사용 거부, 무저항의 실천, 전쟁거부 등의 평화주의적인 삶을 선택하였다.

③ 교회 공동체에 속하는 이들은 다섯 가지 기준에 적합해야 한다는 입장인데 그것은 죄의 회개, 믿음에 의하여 그리스도를 구주로 받아들임, 중생, 믿음의 고백에 따라 받는 세례, 그리고 하느님의 은총에 힘입어 거룩하고 사랑이 넘치는 그리스도의 삶을 따라 사는 일이라고 밝힌다.

④ 교회는 형제애를 뜻하므로 개인주의적 경쟁의 관계를 배제하고 서로 협력하고 섬기는 사랑의 공동체로써 존속되어야 한다.

⑤ 그리스도의 신부인 교회가 받은 하나님의 거룩한 소명은 교회 자신을 위하여 신자들을 관리하는 것뿐 아니라, 세상에 대하여

하나님의 뜻을 증거하는 것이다.

⑥ 그리스도를 위하여, 그리고 그의 복음을 증거하며 그의 가르침을 전하는 것은 모든 신자들의 의무이자 특권이다.

⑦ 세상에서 고난을 당할지라도 하나님의 신실함은 변치 않을 것이며 우리의 수고도 헛되지 않을 것이다.

3) 재세례파의 윤리적 특성

재세례파의 신학적 특징은 윤리사상이 신학사상과 밀접한 연관이 있다는 것이다. 이들은 예수 그리스도의 십자가에서의 죽음이 인간의 현실에 깊이 배어 있는 원죄의 문제를 극복했다고 보았기 때문에 죄의 현실을 살고 있는 세상으로부터의 탈피를 중요한 신앙실천의 과제로 삼았다. 원죄의 고리에서 벗어난, 자유로운 삶을 바라보던 이들의 입장에서는 죄로부터의 자유로움을, 그리고 중생을 뜻하는 세례의 의미가 강조될 수밖에 없었던 것이다. 따라서 윤리적이고 도덕적 판단을 할 수 있는 이들만이 죄를 범하는 것이기 때문에 유아세례란 무의미하며 신성모독적일 수 있다고 보았다.

예수 그리스도를 통하여 회복된 인간은 그가 산 삶, 또한 살 수 있다고 확신한 재세례파는 그 어느 신앙운동보다도 강한 윤리적 실천을 요구하였다. 그 특성을 보면 다음과 같다.

첫째, 이들은 강한 제자직의 윤리(Nachfolge Christi)를 지향하고 있다는 사실이다. 재세례파는 예수의 산상설교의 핵심 메시지를 사랑의 법으로 이해하고 삶 속에서 사랑의 법을 신자들에게 주어진 명령으로 받아들이며 실천하는 윤리를 강조하였다. 이들은 사랑의 정언적 명령을 수납하여 무저항의 윤리를, 그리고 염려와 근심을 하나님께 맡기고 살아가는 방기의 삶을, 나아가서는 이기적인 삶의 원리들을 버리고 거의 절대적인 희생적 사랑의 원리를 실천의 과제로 삼았던 것이다. 그 결과 이들이 취한 사회 윤리적 원리들은 폭력 없는 삶, 곧 평화주의 윤리였으며, 그리스도의 권위 외의 세속적인, 인간이 만든 권위에 대해서는 기독교인의 복종의 범주로 여기지 않았다.

둘째, 재세례파의 윤리적 특성들 가운데 하나는 완전주의적 윤리의 성격이다. 이들은 인간의 삶의 구조 속에서 죄의 구조와 동기들이 극복될 수 있다고 보았기 때문에 신자들의 삶에서는 하나님의 형상을 회복한 궁극적 사랑의 실천이 이루어져야 한다고 이해하였다. 이러한 삶은 세상과의 구별이 선행된 삶의 범주를 요구하는 완전주의적 윤리였고, 이런 점에서는 앞서 언급했듯이 수도원주의와 유사하나 수도원이 계층적 질서를 중시한 복종 등 타율적요소가 강하다면 재세례파는 하나님의 말씀에 근거하지 않은 질서 자체를 비판적으로 보았기에 수도원보다 훨씬 민주적 방식에 의존하였다.

셋째, 이들의 완전주의적 윤리는 철저한 비타협의 윤리적 성격을 가져와서 내면적으로는 영적 지복의 윤리를 불러오는 한편, 외면적으로는 고난과 고통의 수납을 강조하는 십자가의 신학이 병행되었다. 수도원주의가 그들의 이상을 특정 소명인에게만 적용하고 이상적 실천가능성을 포기하고 세상과의 관계구조를 가진 것에 비해 재세례파는 세상과 분리된 공동체의 완전주의를 추구했다.

이들이 지니고 있는 완전주의적 윤리는 종교개혁자들이 성서에 근거한 진정한 교회를 외쳤음에도 당대의 정치와 타협한 것에 대한 실망감으로 인해 종교적 이상을 강화시키려는 신앙의 형태로 이해될 수 있다.

넷째, 재세례파의 윤리는 일종의 성인(聖人)의 윤리를 지향하였다. 그들은 크리스천의 삶이 그리스도를 통하여 성숙해짐으로써 윤리적 능력을 회복할 수 있다는 가능성을 보았음으로 기독교인은 더 이상 죄의 의지 아래 있지 않다는 자유를 강조하였다. 자발적인 사랑의 공동체를 그들의 삶의 자리로 보는 한편, 미성숙한 도덕적 주체가 아니라 성숙한 신앙인들의 자발성을 강조하였다. 그러므로 이들은 사랑과 고난의 삶을 신자들의 공동체가 함께 나누어야 할 과제로 받아들였다.

다섯째, 이들의 윤리사상은 철저히 공동체적인 성격을 지닌다. 그들은 신자들의 공동체가 함께 하나님과 관계된다고 보았다. 그래서 그들은 윤리적인 공동체의 실천을 강조하였고 기독교인의 사랑의 실천은 공동체 안에서만 가능하다고 보았다.

여섯째, 제도적 삶에 대한 사회이론을 거부하는 입장에서 사회 윤리적 특성이 나타나고 있다. 그들의 신앙과 실천 속에서 초대교회의 영성을 회복시키려는 동기를 가지고 있었으므로 세상을 본받지 않은 원리에 그들의 사회 윤리적 관점들이 기초되고 있다. 그래서 그들이 택한 행동원리가 비참여의 원리였고 이것은 결국 세상을 향한 그리스도의 주권에 대하여 그리고 이웃사랑의 과제를 외면하는 종족적 연계에 연연하게 되고 말았다.

재세례파적 신앙 공동체의 운동은 16세기 이후에 많은 어려움 속에서도 현존하는 역사적 신앙운동이다. 이들의 비정치적 성격과 이원론적 세례관은 기존질서체제를 부인하는 집단으로 여겨졌으며 이들의 신앙이 종말론적 묵시에 사로잡혔을 시기에는 가톨릭이나 종교개혁자들의 질서 신학과 대립할 수밖에 없어서 많은 순교의 피를 흘리기도 했다.

이들이 지닌 윤리적 성격에서 우리는 소위 은총의 종교로서의 성격이 강한 종교들이 기존 세력과 결탁하여 은총의 이름으로 죄를 은 익해 준 사실 등에 대해서는 비판의 시각을 제공해 주기는 한다. 서 구의 기독교가 정치적 의미에서의 적을 하나님의 적으로 규정하고 정당전쟁론이라는 폭력구조를 용인하여 온 것은 예수의 정신에 입각 한 평화주의적 신앙은 아니기 때문이다.

그러나 16세기 이후 퍼져 나간 그들 신앙운동의 성격이 종교 공 동체의 내적인 윤리를 지향함으로써 사회, 경제적 현실 참여를 철저 히 포기하였다는 것은 심각한 문제로 제기될 수 있는 것이며 16세기 의 정황에서 1세기적 세계관으로의 복고는 퇴행적이라고 할 수밖에 없다. 또 이원론적인 도식 속에서 자신들만을 구원의 공동체로 여기 고 철저한 완전주의적 윤리를 따라 살려 했던 것은 하나의 공동체적 영웅주의를 구현하려는 노력이었으며 이러한 성격은 다수의 생명들 을 윤리적 실천주체로 불러들이지 못하게 되므로 역사적 소수 공동 체에 머물 수밖에 없었다. 세상을 적대적으로 여기는 윤리를 구성하 는 한, 기독교 윤리는 세상을 향한 봉사와 책임의 지평을 적극적으 로 찾아 나설 수 없다는 사실을 재세례파적 신앙과 윤리를 살펴보면 서 확인할 수 있다.

3. 시편 15편을 통해서 본 선교의 방법

시 15편은 내용과 형식으로 보아 교훈적인 의도를 지닌 '의식시 (liturgical psalm)'의 일종이며 보다 구체적으로 말하자면 '성소출입 문의식(Entrance Liturgy / Tempeleinlassliturgie)'으로 그 양식을 분류 할 수 있다. 시 24:3-5와 사 33:14-16과 같이 시 15편은 다음과 같이

세 가지 형식을 갖고 있다

첫째, 예배자가 제사장이나 성전 문지기에게 성소에 들어갈 수 있는 자격을 묻는다(1절).

둘째, 여호와의 중개자와 대리인의 역할을 하는 제사장이나 성전 문지기는 이에 대해 구체적인 요구사항을 제시한다(2-5a절).

셋째, 제사장이나 성전 문지기가 결론적인 말을 한다(5b절).

'진정으로 하나님 앞에 담대히 나아가 예배할 자가 누구인가(1절)?'라는 질문은 바꾸어 말하면 '하나님이 과연 어떤 사람의 예배를 기쁘게 열납하실 것인가?'가 될 것이다. 이는 실로 형식적인 종교 생활에 습관이 되어버린 우리들에게 충격적인 도전이 아닐 수 없다. 그리고 '너희의 무수한 제물이 내게 무엇이 유익하뇨 …… 기뻐하지 아니하노라'(사1:11)고 격노하시는 주님의 음성을 듣는 듯하다.

우리는 예배와 삶이 서로 일치하지 않는 괴리된 생활, 즉 이웃을 향해서는 선은커녕 도리어 포악을 행하면서도 하나님 앞에서는 거룩한 모습으로 꾸며 예배하는 가식되고 위선된 생활에 무감각하게 젖어 버리지나 않았는지 돌아보아야 할 것이다. 그리고 하나님 앞에 예배드리러 나아갈 때, 그리고 보다 궁극적으로는 재림하신 그리스도 앞에 설 때 책망할 것이 없는 흠 없는 자들이 되기 위하여 우리는 자신에 대한 성결은 물론 이웃을 향한 선행에 더욱 힘써야 할 것이다.(롬 13:11, 12; 고전 1:8)[8]

시 15편은 이러한 형식을 틀로 하여 다음과 같이 그 짜임새를 구성해 볼 수 있다:

---

8) 『그랜드 종합 주석』, (서울: 성서교재 간행사, 1995).

  1) **1절**: 성소 앞에선 예배자의 질문

     "여호와여 주의 장막에 유할 자 누구오며"

  2) **2-5a절**: 제사장(혹은 성전 문지기)의 대답

     ① **2절**: 포괄적인 대답

        ㉠ 정직하게 행하며

        ㉡ 공의를 행하며

        ㉢ 마음에 진실을 말하며

     ② **3-5a절**: 구체적인 대답

        ㉠ 3절 – 이웃과의 관계

        ㉡ 4절 – 두 집단에 대한 태도

        ㉢ 5절 – 금전관계

  3) **5b절**: 의로운 삶에 대한 약속

     "영영히 요동치 아니하리이다":

다윗이 지은 이 시에는 이 시가 기록된 상황을 알려 주는 머리말이 나타나 있지 않다. 그러나 이 시는 시 24편과 매우 유사한 점이 있는데, 이 두 편의 시는 언약궤를 예루살렘으로 옮기던 것과 관련하여 지어졌을 가능성이 매우 높다. 누가 언약궤를 옮겨야 하느냐는 매우 중요한 문제였다. 다윗은 처음 시도에서 이 일에 적합하지 않은 사람에게 이 일을 하도록 했다가 언약궤를 예루살렘으로 옮기지 못했기 때문이다. 이제 두 번째 시도에서 다윗은 더 조심스럽게 행하고 있다. 언약궤를 옮기는 데 여호와께서 명한 레위족으로 책임을 지게 할 뿐만 아니라(대상15:2), 여호와께서 복을 주신 오벧에돔과 여호와의 집에서 섬기는 그의 많은 아들들로 이 일을 행하도록 했다.(대상 26:8-12). 여기에서 우리는 하나님의 교회에 있는 그분의 독생하신 아들과 여호와의 집에서 영원히 거하실 분에 대한 모형을 본다. 그분은 일차적으로 온전하신 예수시며 또한 그 안에서 은혜로

그분의 형상을 닮아 가는 모든 사람을 말한다.[9]

시편 15편의 기자는 누가 하나님 성소에 들어갈 수 있는지를 질문한다(1절). 하나님이 계시는 성소에는 아무나 들어갈 수 있는 곳이 아니다. 일정한 자격을 갖춘 자만이 들어갈 수 있다(2~5절). 악인과 경건치 못한 자들에게 하나님은 '사르는 불'과 '꺼지지 않는 불덩이'(사 33:1)로 나타나신다. 그러므로 그들에게 성전은 축복의 자리가 아니라 오히려 화를 당하는 자리이다. 성전출입의 가능성의 여부를 결정하는 분은 오직 하나님 한 분이시다. 하나님의 허락 없이 그분의 성전에 발을 들여놓을 수 는 없다. 그렇다면 감히 하나님의 성전에서 예배를 드릴 수 있다는 것은 하나님의 자격심사를 통과했다는 것을 입증한 것이며 하나님의 은혜의 날개 아래서 보호받을 수 있는 사람이 되었다는 것이다. 성전에서 예배를 할 수 있다는 것, 그 하나만으로도 이미 하나님의 큰 축복을 입고 있는 셈이다.

오늘의 한국교회는 예배의 홍수 속에서 살고 있다. 이러다 보니 대부분의 예배에 습관적으로 참여하게 되는 경우가 다반사이다. 예배의 소중함을 다시 한 번 깨우쳐야 한다. 하나님 앞에서의 예배는 아무에게나 주어진 것이 아니다. 성전 문 앞으로 들어가기 전 스스로에게 "나는 오늘 주의 성소에 거할 자격이 있는 자인가"라며 매번 자문해 보아야 한다. 자기반성이 없는 예배자는 예배의 소중함도 모르고 예배의 감격도 경험할 수 없기 때문이다. 하나님의 전에 올 때마다 나같이 부족한 사람을 예배자로 초청해 주신 하나님의 은혜를 감사할 수 있어야 한다. 시편기자는 2절에서 책망할 것이 없이 온전하게 살고 하나님의 계명을 그대로 실천하며 마음이 진실한 자가 하나님의 성전에서 예배할 수 있는 자격이 있는 자라고 설파한다. 하나님의 예배에 합당한 자는 예배규정대로 준비하고 따르는 사람이

---

9) 찰스 스펄전, 『시편 강해』(서울: 생명의 말씀사, 1997).

아니라 예배 이전의 삶이 윤리적이어야 함을 강조하고 있다. 예배(Kultus)보다 윤리적 삶(Ethos)이 더 우선한다. 하나님은 예배의 자리에서만 계시는 것이 아니라 하나님의 백성들의 일상적인 삶의 한 복판에도 현존하신다. 하나님은 예배자의 예배 때의 모습만 보시는 것이 아니라 평상시의 모습도 관찰하고 계신다. 예배드릴 때는 누구나 경건한 모습으로 자신을 포장할 수 있다. 그러나 하나님은 예배 이전의 모습을 더 주목하신다. 그때가 더 진솔한 모습이기 때문일 것이다. 예배 이전의 삶이 예배에 합당한 윤리적인 삶이 아니면 그 사람은 하나님을 예배할 자격이 없다. 그런 사람의 예배는 하나님이 받으실 수 없다.

우리가 사랑하는 한국 교회들은 자주 모여서 예배를 열심히 드리고 있다. 많이 모이기를 힘쓰고 찬송과 기도소리가 크고 열정적이다. 그러나 이제는 교회 안에서의 예배만을 강조하고 가르치는 수준에서 벗어나야 한다. 교회 밖에서의 예배인 삶의 문제를 더 많이 강조하며 가르쳐야 한다. 주일성수(主日聖守)와 십일조 헌금만 강조할 것이 아니라 매일성수(每日聖守)와 정직하게 돈을 벌고 사용하는 방법도 가르치며 더불어 강조해야 한다. 성도들이 주일용 그리스도인(Sonntag-Christen)으로만 머물게 해서는 안 된다. 매일 그리스도인(Alltag-Christen)으로 살 수 있도록 훈련시켜야 한다. 하나님이 원하시는 윤리적인 삶이 결여된 예배는 하나님과 무관한 무의미한 인간의 행사에 지나지 않기 때문이다.

시편기자는 하나님의 성산에 거할 자의 조건으로 3절에서 이웃과의 관계를 거론한다. 하나님의 성전에 거하기를 원하는 자는 남의 험담을 늘어놓아서는 안 되며 말로써 남에게 해를 주지 않으며 남에 대한 비방을 쉽사리 받아들이지도 말아야 한다. 다시 말하면 이웃을 험담이나 조소의 대상으로 삼지 않으며 이웃의 불행을 달가워하지도 않아야 한다. 이스라엘 공동체는 한 하나님을 모시고 사는 한 백성이다. 하나의 공동체를 형성하고 있는 그들에게 이웃은 공동 운명체의 일원이지 상호 경쟁의 대상자는 아니다. 한 가족과도 같은 이웃과의 관계가 원만하지 못하면 그 가족공동체의 주인이신 하나님과의 관계도 매끄러울 수 없다. 공동운명체를 이루고 있는 이웃과의 샬롬 없이는 모두의 주(主)되시는 하나님과의 샬롬도 없다. 그렇기 때문에 시편기자는 이웃들과의 관계를 살펴서 그것을 하나님과의 관계형성의 조건으로 내세우고 있다.

오늘의 사회는 경쟁사회요, 적자생존의 원리가 판을 치는 사회이다. 각자의 경쟁상대를 정해 놓고 그를 넘어뜨려 그보다 앞서는 것을 인생의 성공적인 모델로 부각시킨다. 또한 동료의식을 강조하며 함께 일하던 산업화 사회에서 상대적으로 홀로 일하게 되는 정보화 시대로 들어서면서 개인주의와 이기주의가 더욱 더 팽배해지고 있다. 우리 사회는 이제 '자기'라는 개인만 있지 '우리라는 공동체를 상실해 가고 있다. 우리는 자기와 자기가족만 존재하지 더 이상 이웃이 없는 삭막한 사회에서 살고 있다. IMF의 경제 위기 속에서 혼자만 살겠다고 사재기를 한 것도 이러한 병리적인 현상의 한 단면이 드러난 것뿐이다. 자신과 이웃은 더 이상 경쟁 상대자가 아니라 공동운명체의 일원으로 이 땅에서 서로 도와가며 더불어 살아가야 할 없어서는 안 되는 소중한 벗이다. 오늘날은 한 개인과 이웃 그리고 겨레와 나라라는 공동체의식의 회복이 급선무이다. 교회는 한 개인과 하나님과의 관계만 치중할 것이 아니라 이웃과의 관계까지도 포괄적으로 고려해야 한다. 하나님이 원하시는 것은 한 개인만의 구원이 아니라 개인과 이웃 모두의 구원이다. 교회는 이러한 이웃의 소중함을 깨닫고 이점을 가르쳐야 한다.[10]

---

10) "시편 15편 연구", 『나무와 차준희』, 1999, 8
    <http://jhcha.hansei.ac.kr/study/thesis/시편/psalm15.htm>

이상과 같이 시편 15편을 연구하면서 그 말씀을 통해 오늘날 우리에게 보여주시는 하나님의 음성을 들을 수 있었다. 말씀을 하나하나 구슬을 꿰매듯이 연구해 나갈 때 우리의 맑음 심령에 주님께서 놀라운 은혜의 음성으로 들려주시는 줄 믿어야 할 것이다.

4. 팀목회에 대한 단상－송제근 교수가 말하는 팀목회

1) 성경 속에서 찾아보는 팀목회

요즈음 한국교회 속에 통용되는 일반론이 하나 있다. 한국사회와 정치계 지도자들의 정치의식이나 한국교회의 지도자들이 가진 목회와 교회정치 의식 간에 별 차이가 없다는 것이다. 다시 말하면 한국사회의 정치의식이 독재적이었을 때 한국교회의 목회철학도 독재적이었다는 것이다. 그런데 사람들은 현재 소위 문민정부가 들어서고 난 뒤 한국의 정치적인 상황이 획기적으로 발전되는 방향으로 변화되고 있다고 생각한다. 독재적이고 권위적인 지도자 대신 민중에 의하여 선정되고 민중을 위하여 일하는 지도자를 선정할 수 있는 여건이 마련되었다고 생각한다. 현재의 정치의식에 대한 이러한 관찰이 어느 정도 옳다고 한다면 우리가 이것과 비교해 보아야 할 것은 한국교회의 목회의식이다. 한국사회나 정치에 나타난 이러한 발전에 비하여 한국교회의 목회와 교회정치는 얼마나 발전했는가를 질문해 볼 때 일반적으로 그 대답은 부정적이다. 여전히 한국교회에서는 한 교회에서 한 지도자가 전체를 주관하여야 하고 그 지도자를 중심으로 모든 것이 일사불란하게 이루어져야 한다는 식의 목회철학이 지배하고 있는 것 같다.

　이런 한국교회의 상황을 타개하기 위하여 요즈음 많은 사람들이 소위 '팀목회', '팀 사역', 혹은 '공동목회'라고 (Team Ministry) 불리는 것을 생각한다. 즉 교회의 한 지도자가 모든 것을 관장하는 것이 아니라 다양한 지도자들이 지도권을 나누는 것에 대하여 관심을 가지게 되었다. 쉽게 말하면 교회 목회의 민주화를 생각하게 된 것이다.

　그러나 여기에 심각하게 고려해야 할 문제가 있다. 물론 지도권이 한 사람에게 집중된 교회가 독재적 목회의 원리를 가지고 있으므로 생긴 폐해에 대해서 반성하는 것은 옳다고 할 수 있다. 그러나 그렇다 하더라도 과연 나이브하게 목회의 민주화를 지향하는 것 자체도 과연 성경적인가 하는 질문도 해 볼 수 있을 것이다. 이런 질문을 다루고자 하는 것이 바로 이 글을 쓰는 중요한 목적이다. 우리는 과연 성경은 팀목회를 어떻게 생각하고 있는가를 살펴야 한다. 구약과 신약은 팀목회의 원리를 어떻게 제시하고 있는가? 그리고 그 실제는 어떻게 나타났는가? 그리고 한국교회의 현실은 팀목회를 적용하기에 어떤 문제를 안고 있는가?

　그러므로 우리는 이 글에서 먼저 팀목회에 대한 올바른 정의를 찾고자 한다. 그리고 나서 구약과 신약을 통하여 팀목회의 원리가 무엇이며 실제로 역사적인 인물들이 어떻게 팀목회를 이루었는가를 알고자 한다. 마지막으로 한국적인 상황 속에서 이 팀목회를 적용하려고 할 때 발생할 수 있는 문제가 무엇이며 그 문제를 극복하고 난 뒤에 팀목회를 이룩할 가능성을 살피고자 한다.

2) 팀목회란 무엇인가?

팀목회를 정의할 때 신학교에서 전문적인 훈련을 받은 사람들이 같은 사역의 현장에서 협력하여 사역하는 것을 의미하는 것으로 생각할 경우가 많다. 독자들은 이 글에서 이런 정의하에서 팀목회의 문제가 다루어질 것을 기대할 수도 있고 또 전문 목회자들끼리의 팀목회는 실제로 중요한 것이기도 하다. 그러나 이러한 좁은 의미의 팀목회 개념은 그 자체로서 한계를 가질 수밖에 없다. 그 이유는 목회 전문가들이 팀목회를 완전하게 하려다 보면 반드시 자신들만이 아닌, 여러 면에서 천부적인 달란트를 가지거나 후천적으로 하나님으로부터 은사를 받은 소위 '평신도'들이 교회를 함께 세워가는 일을 생각하게 되기 마련이기 때문이다. 다시 말하면 교회 공동체가 가진 그 최선의 가능성을 실현하기 위하여 그런 전문적인 훈련을 받지 아니하였어도 여러 면에서 잘 훈련된 헌신된 평신도들이 교회 목회에 참여하는 것을 생각해야 하기 때문이다. 그런 의미에서 필자는 팀목회라는 용어가 전문적인 목회자들만이 하나님의 공동체인 교회를 세워나가는 일에 봉사할 수 있다는 어감을 주기 때문에 이 용어보다 '팀 사역'이라는 용어가 더 적당하다고 생각한다. 그러나 이 시리즈가 팀목회라는 용어를 사용하기로 하였으므로 이 용어를 앞으로 사용할 것이다.

팀목회를 이렇게 넓게 정의할 때 우리는 문제를 더 근본적으로 생각하게 될 수밖에 없다. 즉 팀목회를 고려한다는 것은 사실상 하나님의 공동체인 이스라엘과 교회의 '직분'에 대해서 생각한다는 것을 의미한다. 다시 말하면 팀목회는 정확한 의미에서 교회에 존재하는 모든 섬기는 직분들이 서로 협력하여서 교회를 섬겨가는 것을 의미한다. 한국교회 안에는 제일 하부층에 서리집사가 있고 그 위에 안수집사가 있고 그 위에 장로가 있고 그 위에 목사가 있다는 피라미드식의 지도체제에 대한 인식이 팽배해 있다. 이런 인식을 가지고는 하나님께서 교회를 세우기 위해서 골고루 나누어 주신 은사로서의 직분들을 정당하게 이해하기는 힘들다. 그러므로 팀목회를 생각할 때 항상 목회전문가들만의 상호 협력만을 생각하고 평신도들은 단지 그 명령을 듣는 정도로만 생각하는 것이다. 그러나 이럴 때 우리가 평신도로 부르지만 모든 면에서 준비되었으며 열심 있는 사람들이 교회를 세우는 일에 소외될 수 있다. 평신도들은 수동적으로 명령을 듣고 순종하던 입장에서 적극적으로 목회의 실제적인 작은 부분을 능동적으로 담당하는 데까지 발전할 수 있다는 사실을 고려하지 않는 것이다. 물론 이러한 전통을 만들어 낸 한국교회의 역사, 사회, 종교적인 상황들이 있었음은 분명하다. 어떤 지도체제가 단지 우리가 현재 그 속에서 익숙한 체제이고 그 속에서 우리가 편안함을 누리므로 그것을 지키려는 보수적인 경향이 일반적으로 우리들 속에 있는 것은 사실이다. 그러나 이런 보수적인 경향을 따르면 교회가 온전하게 발전할 것을 기대할 수 없으므로 이런 전통을 상대적인 것으로 생각해야 한다. 더욱이 성경이 직분에 대해서 어떻게 말하는가를 생각하는 것은 한국교회에서 팀목회의 중요성이 부각되는 이 시점에서 가장 먼저 해야 할 일이다.

다시 말하면 팀목회를 목회전문가들만의 협력을 의미하는 좁은 의미에서 더 나아가서 하나님께서 교회에 부어주신 여러 은사들을 가진 사람들이 협력하는 것으로 간주하는 것이다. 더 본질적으로 팀목회는 구약의 이스라엘과 신약의 교회에서의 직분론을 생각하는 것이다. 물론 팀목회를 행한 구체적인 성경의 인물들을 연구하는 것이 이 팀목회 연구 시리즈의 중요한 부분으로 생각할 수 있다. 그러나 사실상 더 중요한 것은 여러 직분들이 어떻게 원리적으로 이스라엘과 교회를 섬기도록 세워졌는가에 대하여 성경이 말하는 것을 듣는 것이다.

그러면 신구약 성경은 이스라엘과 교회를 섬기기 위하여 세워진 직분을 근본적으로 어떻게 정의하고 있는가? 이것을 위하여 먼저 우리는 잘 알려진 일반적인 내용을 재확인하지 않을 수 없다. 신구약은 교회의 직분들이 하나의 목표를 가지고 있다고 말한다. 그것은 하나님의 언약 공동체인 구약에서는 이스라엘, 그리고 신약에서는 영적인 이스라엘인 교회가 하나님의 백성으로서의 충만한 삶을 정상적으로 사는 것이다. 이 목표를 위해서 신구약의 직분들이 존재한다. 다시 말하면 하나님이 역사를 통해서 이루기 원하시는 것은 당신이 통치하시는 하나님의 나라다. 이 나라는 먼저 하나님과 그 백성인 (영적) 이스라엘 사이에 언약이 수립됨으로 골격이 갖추어졌다. 하나님께서 당신의 나라에 직분들을 허락하신 이유는 이 언약이 정상적이고도 충만한 모습을 늘 유지하도록 하기 위한 것이다. 즉 이 '거룩하고 영광스러운' 하나님 나라를 이룩하기 위하여 직분들을 세우신 것이다. 그러므로 팀목회가 가진 목표는 단순히 효과적으로 교인들을 관리한다든지 교회를 수적으로 성장시키는 것이 아니라 이런 거룩하고 영광스러운 교회를 만드는 것이다. 이 목표를 분명히 할 때 우리는 지금까지의 전통적인 교회 지도체제를 상대적으로 여길 수 있게 되고 더 훌륭한 체제를 발전시킬 수 있을 것이다.

3) 구약이 말하는 팀목회

이제 구체적으로 성경이 말하는 팀목회에 대해서 알아 볼 때가 되었다. 먼저 구약이 말하는 팀목회는 무엇인가를 생각하고자 한다. 구약은 하나님 나라의 직분에 대해서 어떻게 생각하는가? 그리고 구체적으로 구약역사 속에서 인물들을 통하여 이런 원리들이 어떻게 시행되었는가? 이런 질문들을 여기서 다루어 보고자 한다.

(1) 직분에 대한 원리

① 제사장 직분(출 25 – 민 10)

앞에서 언급하였지만 구약의 직분들은 하나님의 언약 공동체인 이스라엘이 하나님과의 언약 속에서 정상적이고 충만한 상태에서 살기 위해서 주신 것이다. 그중에서 가장 최초로 주어진 직분은 제사장직이다. 하나님께서 이스라엘과 언약을 맺으시고(출 19-24) 난 뒤에 바로 이스라엘이 하나님과 만나는 장소인 성막을 운영할 제사장 제도를 제정하셨다(출 25-31). 그리고 난 뒤 레위기에서 민수기 10장까지 거의 모든 내용은 제사장들이 실제 어떻게 제사를 수행할 것인가를 자세하게 설명한다. 이렇게 하나님께서 이스라엘과 언약을 맺자마자 바로 제사장을 통한 사역을 자세하게 명령하시는 이유는 다음과 같다. 이스라엘 백성들이 살아가면서 범죄할 경우들이 생기고 그 결과 하나님과의 언약관계가 깨어지게 된다. 이 경우를 대비하여 하나님은 이스라엘과 세우신 언약을 다시 회복하게 하기 위하여 제사장 제도를 마련하셨다.

② 모세가 가진 언약의 중보자로서의 직분, 그리고 그 직분의 分化 (출 19-24, 25-31, 신 17:14-20, 18:15-22)

모세라는 인물은 하나님 나라의 역사에서 특이한 위치를 차지한다. 무엇보다도 시내산 언약에서 그는 하나님과 이스라엘 사이에서 언약수립의 중보자로써 역할한다. 모세가 가진 이 언약의 중보자라는 직분과 역할은 유일하게 주어진 것이지만 그 역할은 나중에 分化되어 나타날 직분들 속에 계속된다. 그리고 모세가 이렇게 언약의 중보자라는 직분을 행하는 유일한 위치를 점하였던 것은 그리스도께서 새 언약의 중보자로서의 유일한 직분을 가진 것과 같다. 즉 모세의 직분은 사실상 장차 그리스도의 중보자로서의 직분에 대한 예표이며 그림자와 같은 것이다.

신명기에서 이미 모세는 자신의 직분이 分化될 것을 예고한다. 이미 시내산 언약에서 제사장 제도는 수립되었다. 그리고 언젠가는 왕 제도가 허락될 것이며(신 17:14-20) 또 선지자 제도도(신 18:15-22) 미리 예견되었다. 이렇게 하여 이 三重職務는 이미 수립된 하나님과 이스라엘 사이의 언약 관계를 정상적으로, 그리고 풍요롭게 만들기 위한 조치가 되었다.

이렇게 하여서 이미 수립된 제사장제도와 함께 왕 제도와 선지자 제도는 이스라엘이 하나님의 언약백성으로 계속 머물 수 있는 제도적인 방편이 되었다. 중요한 것은 이 제도들이 서로 상하관계나 지배와 복종의 관계를 이루는 것은 아니라는 점이다. 어느 제도도 최상의 우월성을 주장할 수 없다.

그러나 사실상 왕 제도가 수립되고 난 뒤에 이스라엘은 주위의 국가들의 영향을 받아서 왕들이 다른 직분들을 관장하는 전통을 계속 만들어 갔다. 원리적인 면에서 보면 이스라엘은 신정국가로서 왕에게 소극적인 권위를 허락한 것과는 정반대의 방향으로 발전한 것이라고 할 수 있다(신 17:14-20).

③ 언약의 중보자로서의 여호수아와 사사(여호수아서, 사사기)

모세의 수행자였고 제자였던('모세의 시종' 출 24:13) 여호수아는 여러 면에서 모세의 역할을 그대로 수행하는 모세의 복제(複製)였다

('모세의 시종' 수 1:1, '여호와의 종' 24:29). 이 사실은 단순히 한 개인이 그 스승을 이어 받았다는 것 이상을 의미한다. 즉 모세가 하나님과 이스라엘 사이에서 언약의 중보자로써 가졌던 역할을 여호수아가 그대로 이어 받았다는 것을 의미한다(수 8:30-35, 24:1-28). 다시 말해서 모세는 첫 언약인 시내산 언약을 수립하고(출 19-민 10), 이어서 이스라엘이 가나안에 들어가면 갱신해야 할 모압언약(신 29:1)의 기초를 마련하였다. 이제 여호수아는 이 언약을 세겜에서 완전히 수립하고(수 8:30-35) 또 죽기 전에 언약을 새롭게 하는 일을 하였다(수 24:1-28).

여호수아 후의 사사들도 사실상 같은 맥락에서 생각해 볼 수 있다. 즉 그들도 언약공동체인 이스라엘에 대한 총괄적인 지도권을 발휘하였다. 그들의 활동의 가장 중요한 목적은 이스라엘이 하나님과의 언약 속에 머물러 있게 하는 것이었다.

④ 三重職務의 형성과 그 상호 관계(삼상 8)

사사시대의 마지막에 드디어 예기되었던 삼중직무가 뚜렷이 드러나기 시작했다. 이것은 마지막 사사이자 동시에 선지자였던 사무엘을 통해서 이루어졌다. 즉 사무엘은 왕 제도를 세우고 동시에 선지자 제도를 세운 사람으로 볼 수 있다. 사사시대라는 한 시대를 마감하고 전혀 새로운 시대를 연 것이다. 이렇게 하여서 이미 있던 제사장제도와 함께 삼중직무가 형성된 것이다.

그러면 이 삼중직무의 상호관계는 무엇인가? 이 질문이 바로 구약에서의 팀목회의 원리에 대한 문제라고 볼 수 있다. 우선 제사장들은 이스라엘이 언제든지 하나님과의 언약의 관계를 깨뜨릴 수 있으므로 그것을 회복하게 하는 기능을 가졌다. 왕들은 하나님의 백성들이 현실의 삶을 언약법 아래서 온전하게 영위하도록 인도하는 역할을 하였다. 선지자들은 이스라엘 종교를 시작한 사람들은 아니다. 그들은 세습적으로 세워졌던 제사장들과 왕들과는 다르게 하나님의 권능과 카리스마에 의하여 불규칙적으로 세워졌던 사람들이다. 그래서 간혹 이스라엘이 외부의 공격을 받아서 위기에 봉착하거나 또 주로 내부적으로 왕들과 제사장들이 타락하여서 언약공동체로서 유지될 수 없을 때에 세워진 직분들이었다.

이 세 직분들은 이스라엘이 하나님의 언약공동체로써 유지되고 발전되는 것을 향해서 봉사하는 하나의 목표를 지향하고 있다. 어느 직분 자체를 더 혹은 덜 중요하게 생각할 수 없다. 여기서 주목할 것은 이 세 제도 중에서 왕 제도는 하나님의 적극적인 뜻에 의하여 된 것이 아니라 인간들의 적극적인 요구에 의하여 허락된 것이었다. 하나님이 인간들의 이러한 요구를 허용하여서 시작된 왕 제도는 결과적으로 보면 흥미롭게도 이스라엘을 파멸에 이르게 하였다. 물론 제사장들과 거짓 선지자들의 타락도 백성들의 범죄와 함께 이스라엘이 멸망한 원인이 되었지만 왕들의 타락이 이스라엘 멸망의 주요 원인으로 묘사된 것을 우리는 역사서에서 발견한다. 그러나 하나님의 역설적인 은혜가 거두는 승리는 바로 이 왕 제도의 최후의 인물인 다윗의 한 후손인 예수 그리스도를 통해서 나타난다. 그리스도는 인간들의 요구에 의하여 소극적으로 허락된 제도인 왕 제도의 모든 부족을 완전하게 하시고 역사를 새롭게 하시는 분이다.

⑤ 일반 평신도들이 지도자의 직분을 나눔: 구약의 장로(출 19:7, 24:1, 9, 신 31:9), 천부장, 백부장, 오십부장, 십부장(출 18:13-27)

이렇게 세워진 三重職務뿐 아니라 보통의 이스라엘 백성 중에서 이스라엘을 다스리기 위하여서 세워진 직분들이 있다. 그것이 바로 장로와 모세의 재판을 실제적으로 도우기 위해서 만들어졌던 천부장, 백부장, 오십부장, 십부장이다. 그중에서도 장로들은 백성의 대표자로서 언약을 맺는 데 참여하고(출 19:7, 24:1, 9), 매 칠 년마다 열리는 언약축제를 제사장과 함께 주관할 기능이 주어진 것이(신 31:9) 특이하다. 이렇게 구약시대에는 세습적인 제사장이나 왕도 아니고 또 하나님의 카리스마로 세워진 선지자도 아닌 보통 사람들이 이스라엘의 지도권의 일부를 채웠다.

(1) 구약의 지도자들이 팀목회를 한 구체적인 경우들

이제 구약의 인물들이 이러한 원리적인 직분을 나누어 팀목회를 한 경우들을 살펴보아야 할 것이다. 앞에서 말한 것처럼 역사가 정상적으로 발전했을 경우에는 직분의 分化에 따라서 직분들이 그 역할을 충실히 수행하였다고 볼 수 있다. 그러나 사실상 역사서나 선지서에서 볼 수 있는 팀목회의 구체적인 사례들은 예외적이나 특별한 경우에 해당한다고 할 수 있다.

① 모세, 아론, 미리암(출 4:14, 28:1, 출 15:20, 민 12)

언약의 중보자로서 모세는 언약을 유지하는 기능을 하는 제사장으로서의 아론과 함께 그 당시에 효과적으로 팀목회를 하였다. 형과 동생이라는 개인적인 친분 때문에 팀목회가 유지된 것이 아니라 각자가 하나님께로부터 받은 은사로서의 직분에 충성했다. 아론은 모세의 대변자로서 출발하였다가(출 4:14) 언약이 수립되면서 제일 먼저 요구된 제도인 제사장으로서의 첫 직분을 행한 사람이 됨으로써(출 28:1) 팀목회의 첫 예를 보였다. 그리고 미리암은 선지자로 소개되었는데(출 15:20) 그 구체적인 모습은 잘 알 수 없다. 그러나 이 두 사람이 동생인 모세의 권위에 도전하였다가 하나님의 징계를 받은 사실은(민 12) 권위에 있어서 명확한 질서가 있어야 함을 나타낸다. 이것은 언약의 중보자로서 총체적인 역할을 감당하던 모세가 차지하였던 역할이 매우 중요함을 분명히 보여준 예이다.

② 모세와 여호수아(출 24:13, 신 31:3, 7, 34:9, 수 1:1, 24:29)

모세와 여호수아가 팀목회에서 서로 동등한 차원의 동역관계를 이룬 것은 아니다. 그렇지만 여호수아는 모세의 충실한 조수였으며 이 관계는 모세가 죽을 때까지 계속되었고 또 그것 때문에 여호수아는 제2의 모세가 될 수 있었다. 따라서 이 사례는 한국교회의 현실 속에서 한 세대에서 다음 세대로 하나님 나라의 역사가 이어갈 때 이루어야 할 발전을 위한 팀목회의 중요한 모본이다.

③ 드보라와 바락(삿 4)

사사로서 이스라엘을 다스린 여선지자 드보라는 하솔왕 야빈의 공격을 막기 위하여 바락에게 하나님께서 그를 부르신 사실을 알렸다. 그러나 바락은 이 소명을 받았을 때 자신의 부족함을 인식한 듯 드보라도 같이 전쟁에 나갈 것을 요구하였다. 바락은 하나님의 명령에 대하여 어떤 조건을 제시하였으므로 전쟁에 이겼어도 승리의 영광이 다른 사람에게 돌아가고 말았다. 여기서 우리는 이미 존재하는 영적인 권위인 드보라를 존중하는 것은 좋지만 하나님으로부터 받은 자신의 새로운 권위가 그 나름대로 독자적인 중요성을 가진다는 것을 알 수 있다. 그래서 우리는 기존의 권위에 대하여 지나치게 혹은 인간적으로 의존적이 될 필요가 없다는 사실을 배운다.

④ 왕과 선지자의 팀목회

㉠ 이 관계의 최초의 인물들은 사무엘과 사울이다. 사무엘은 왕제도를 세우고 최초의 왕으로서 사울의 머리에 기름을 부었다(삼상

11:15). 사무엘은 왕 제도가 잘 시행되고 모든 권력이 왕에게 집중되어서 이스라엘이 정치구조적으로 튼튼하게 되는 것이 아니라 언약 공동체로써 유지되고 발전되는 것을 위하여 노력하였다. 즉 절대권력을 가진 왕을 세우기 위하여 노력한 것이 아니라 이스라엘이 언약의 백성으로 남아 있게 하기 위하여 노력한 것이다. 그러므로 사무엘은 사울의 불순종에 대한 하나님의 심판과 사울 대신 다른 왕이 세워질 것을 선언할 수 있었다(삼상 13:14, 15:22-28). 그렇지만 사무엘은 사울 개인을 위하여 슬퍼하며 기도하는 열심과 성실을 보이고 있다.

㉡ 그 다음으로 다윗 왕과 선지자 나단과의 관계를 생각해 볼 수 있다(삼하 12). 하나님은 다윗이 범한 결정적인 범죄에 대하여 선지자 나단을 보내시고 준엄한 책망과 심판을 선언하셨다. 이에 대해 다윗은 사울과는 달리 근본적인 회개에 이르게 되었다. 그 결과 다윗이 밧세바에게서 낳은 아들에게 하나님은 선지자 나단을 통하여서 여디디아라는 이름까지 주셨다(삼하 12:25). 선지자 나단은 다윗의 마지막 일인 왕위 계승을 순조롭게 하는 일에 결정적으로 공헌했다(왕상 1).

㉢ 아사 왕과 아사랴는 또 다른 사례다(대하 15). 아사 왕은 등극하면서부터 종교개혁에 대하여 열심이었다. 그러던 중에 하나님은 선지자 아사랴를 보내어서 종교개혁의 근본적인 원리를 세우고 격려하셨다. 그 결과 아사 왕은 더 완전한 종교개혁을 할 수 있었고 아세라 목상을 세운 친어머니의 태후의 위를 폐하기까지 하였다.

㉣ 하나의 특이한 예를 우리는 아합 왕과 선지자 엘리야에게서 볼 수 있다(왕하 17). 이 두 사람은 개인적으로는 적대관계에 있었지만 하나님 나라의 차원에서는 동역을 한 것으로 볼 수 있다. 한 사람은 왕으로서 역할을 했고 다른 한 사람은 선지자로서 악한 왕에 대하여

회개를 외치고 심판을 선언하였다. 그러므로 이 두 사람은 동 시대에 이스라엘의 공적인 직분자로 세워졌으므로 역설적인 의미에서 팀목회를 한 것이라고 볼 수 있다. 사실 아합이 왕으로 등극한 것과 엘리야의 등장은 동시적으로 기록되었다(왕하 16:29, 17:1). 아합 왕은 前代의 이스라엘의 왕과는 다르게 시돈 왕의 딸인 이세벨을 아내로 데려와 이스라엘로 하나님을 더욱 떠나 다른 신을 섬기게 하였다. 하나님은 엘리야를 연단하신 후에(왕하 17), 비를 내리지 아니하시리라는 선언으로 아합에게 도전하게 하신다(왕하 18). 엘리야는 갈멜산에서 바알의 선지자들과의 전쟁에서 승리한 후에 하나님의 자비로 그동안 오지 않았던 비를 내리게 하고 그 사실을 아합에게 예언함으로써 하나님의 관심이 왕에게 있음을 나타내었다(왕하 18:41-46). 그럼에도 불구하고 아합이 나봇의 포도원을 강제로 탈취하였을 때 엘리야는 다시 그를 만나서 하나님의 심판을 선언했다. 이것은 예상치 못한 결과를 가져왔다. 아합 왕은 적어도 외적으로는 회개하는 모습을 보였고 하나님은 그것을 가상하게 여기셨다(왕하 21).

㉢ 시드기야와 예레미야는 이스라엘 역사에서 마지막으로 볼 수 있는 왕과 선지자가 행한 팀목회의 전형이다. 예레미야는 그 이전 왕들의 통치기간에도 예언 활동을 하였으나 유다의 마지막 왕인 시드기야와 중요한 팀목회를 하였다. 그러나 우유부단한 왕 시드기야를 격려하여 하나님의 말씀을 듣게 하려는 예레미야의 모든 노력이 수포로 돌아갔다(렘 37-39). 하나님의 나라를 회복케 하려는 예레미야의 처절한 노력은 수포로 돌아갔지만 공의로우신 하나님께서 심판을 행하시는 것을 분명히 보인 것은 그의 공적이라고 할 수 있다.

⑤ **왕, 제사장, 선지자의 팀목회**
㉠ 여호사밧 왕과 선지자 예후 그리고 제사장 아마랴(그리고 레위

인 야하시엘)의 경우는 삼중직무가 행한 팀목회에 관한 중요한 모본이다(대하 19-20). 선지자 예후는 아합 왕과 연합한 여호사밧의 잘못을 용감하게 지적하는 동시에 그의 잘한 일도 말해 주었다(대하 19:2). 그 결과 여호사밧 왕은 브엘세바부터 에브라임을 순행하면서 백성들을 열조의 하나님 여호와께 돌아오게 하였으며(대하 19:4), 원래의 언약제도에 충실하게 살 수 있도록 하였다(대하 19:5-11). 그때에 닥쳐온 외적인 위협에 대하여 하나님은 레위인 중에서 야하시엘을 일으켜 확신의 메시지를 주셨다. 그리고 레위인들의 찬송 중에 전쟁이 승리로 돌아간 특이한 역사가 벌어졌다(대하 20).

ⓛ 히스기야 왕과 제사장들과 선지자 이사야도 이스라엘 역사에서 가장 중요한 종교개혁이라는 결과를 낳은 삼중직무의 팀목회의 전형이라고 할 수 있다. 우선 히스기야 자신이 종교개혁에 대한 열정이 있었고 또 그 열정에 제사장들과 레위인들도 적극적으로 동참하였다. 그 결과 이스라엘은 유월절 축제를 오랜만에 즐길 수 있었다(대하 28-31). 그러나 이러한 내적인 종교개혁이 마무리 되었을 때 나타난 산헤립이라는 외부의 적에 대하여 하나님은 선지자 이사야를 허락하셨고 두 사람이 같은 마음으로 하나님께 간구한 결과 전무후무한 승전보를 거두었다(왕하 19, 대하 32). 그 후 히스기야는 중병이 들자 간절히 하나님께 간구하였고 그것에 대하여 이사야는 하나님의 치유를 선언하였다(왕하 20:1-11). 또 바벨론의 사절들에게 모든 시설을 다 보였을 때에 이사야는 장래에 있을 하나님의 심판을 선언한다(왕하 20:12-21).

ⓒ 왕 요시야, 제사장 힐기야 그리고 선지자 훌다의 팀목회는 이스라엘의 마지막 역사에 빛나는 금자탑과 같은 것이다(왕하 22). 모압언약에서 언약의 책인 '토라'는 제사장과 장로들에게 맡겨졌다(신

31:9). 따라서 이 책을 백성에게 가르칠 책임이 주로 제사장들에게 있었다. 그동안 분실되었던 이 책이 성전을 수리하는 중에 발견하였다. 제사장 힐기야를 비롯한 신하들은 요시야 왕에게 그것을 가져감으로써 이스라엘의 종교개혁을 가능하게 하였고 여선지자 훌다도 이 개혁에 참여하였다(왕하 22). 이 세 직분이 행한 놀라운 팀목회의 결과 이스라엘 역사에서 전무후무한 차원의 종교개혁이 일어났다.

4) 신약이 말하는 팀목회

이제 우리는 신약이 말하는 팀목회를 보고자 한다. 신약에 대한 연구 역시 신약의 직분관과 신약의 지도자들이 행한 구체적인 팀목회를 함께 생각해 볼 것이다.

(1) 신약의 직분의 원리

① 그리스도의 중보자로서의 직분

그리스도는 하나님과 영적 이스라엘 사이에 있는 언약의 가장 완전하며 유일한 본래의 중보자이다. 특히 구약에서 나타난 언약의 삼중직무인 제사장, 왕, 그리고 선지자 직분을 가장 본래적인 의미에서 수행하신 분이시다. 그는 제사장이시지만 동물들로 희생을 드리는 보통의 제사장과는 다르게 당신 자신을 제물로 영원히, 그리고 단번에 드리심으로 구약에서 드려진 모든 그림자와 같은 제물들이 실제적인 의미를 가지게 하셨다. 또한 섬김을 받는 보통의 왕과는 본질적으로 다르게 만왕의 왕이시지만 모든 사람을 섬기는 종으로써 자신을 보이셨다. 그리고 그는 진리에 대해서 말하고 그 진리를 받아서 선포한 선지자들과는 다르게 어떤 특정한 사실이 진리라고 말하기보다 자신이 진리이심을 보이신 선지자의 원형이셨다. 이런 의미에서 그리스도는 구약의 중요한 삼중직무를 완성하신 분이시고 그것을 신약교회에 적용하고 계시다. 그러므로 신약교회의 모든 직분은 구약적인 의미에서 말하자면 근본적으로 그리스도의 삼중직무를 나누어 수행한다고 보아야 한다.

② 신약이 말하는 직분들의 팀목회의 원리

우선 신약의 직분을 총체적으로 살펴보면 다음과 같다. 신약에서는 직분을 초자연적인 성령의 은사로 말하고 있다(고전 12-14). 초자연적인 성령의 은사를 주시는 근본적인 목적은 하나님의 교회를 세우기 위함이다. 이 초자연적인 은사 중에는 직분과 관계없이 주어지는 것들이 있는데 그것은 지혜의 말씀, 지식의 말씀, 믿음, 영들 분별함, 능력, 병 고치는 은사, 돕는 은사, 다스리는 은사, 각종 방언하는 은사, 통역하는 은사, 예언의 은사들이다(고전 12: 롬 12:4-8). 여기서 직분이 초자연적인 은사로 주신 것으로 설명하고 있다는 점이 흥미롭다. 그 직분으로써 주신 것은 초대교회 수립 초기에는 선지자와 교사로 표현되기도 하고(행전 13), 사도, 선지자, 교사로 나와 있기도 하고(고전 12:28), 후대에는 사도, 선지자, 복음 전하는 자, 목사, 교사로 나누기도 한다(엡 4:11).

③ 신약의 직분을 개별적으로 살펴보면 다음과 같다.

㉠ 집사: 초대교회에서 가장 최초로 나누어졌던 직분은 집사이다(행전 6). 사도직을 가진 사람들이 거의 모든 교회의 일을 관장하다가 말씀과 기도에 전념하기 위하여 구제를 전념하는 직분으로써 집사를 세웠다. 그러나 이렇게 해서 세운 집사 중에서 말씀의 은사를 받은 스데반과 빌립 같은 사람들이 사도들의 말씀 사역을 보충하게 될 정도로 교회는 발전했다(행전 7-8).

ⓛ 교사: 이런 말씀 전파의 사역이, 특별히 이방인에게 복음이 전파됨으로, 긴급히 확대되었다. 이 일을 위하여 바나바가 다소에 있던 사울을 안디옥에 데려와 함께 가르쳤고 여기서 교사라는 직분이 생겨난 것 같다(행전 11:26, 13:1). 칼빈은 자신을 이 초대교회에서 말하는 교회의 교사(doctor)의 직분을 가진 것으로 생각하였는데 이것은 성경의 깊이를 잘 가르치는 직분이 교회에 얼마나 필요한가를 말해준다.

ⓒ 선지자: 흥미롭게도 칼빈은 의도적으로 사도와 함께 이 직분이 언급될 때 순서를 바꾸어서 선지자와 사도라고 함으로써 선지자는 구약의 선지자로서 옛 언약의 대표로, 사도는 새로운 약속의 대표로 해석하였다. 그러나 초대교회에서 신약적 의미의 선지자의 직분은 명확하였다. 안디옥 교회에 이 직분을 가진 자들이 모여 들었고, 이미 교사로 활동을 하던 바나바와 사울과 함께 그 교회의 중요한 지도권을 형성하였다(행전 11:27, 13:1, 15:32, 21:10).

ⓔ 장로: 이 직분이 처음 소개된 것은 첫 예루살렘 공회에서였다(행전 15:2, 5, 22). 단순히 사도들만이 예루살렘 교회를 지도하던 데서 발전하여 장로들도 지도권에 참여하였다. 바울은 에베소 교회와 같이 이미 굳건하게 선 교회에서 장로들을 세웠던 것 같다(행전 20:17).

ⓜ 목사: 이 직분은 교회가 더 발전하고 난 뒤에 생겨난 것 같다(엡 4:11). 신약에서 한 번 쓰인 이 단어는 교인들을 목양한다는 개념을 가진 직분을 나타내는 것 같다. 이외에 감독과(빌 1:1) 복음 전하는 자와(엡 4:11) 같은 직분이 있으나 그 구체적인 것을 자세히 알 수 없다.

④ **이렇게 해서 생겨난 신약의 직분들에는 네 가지 특징이 있다.**
㉠ 사도직을 제외한 나머지 직분들은 교회가 확장될 때마다 생긴

실제적인 필요성을 따라서 만든 것이다. 집사와 교사가 그 대표적인 사례라고 볼 수 있다.

ⓛ 신약의 직분은 구약에서 정해진 삼중직무와는 달리 다양화되었다. 그럼에도 불구하고 이 직분들은 구약에 나타난 세 직분을 더욱 현실적인 신약의 상황에 반영하여 다양한 모습으로 세분화한 것이다.

ⓒ 이런 다양함에도 불구하고 어느 정도의 질서가 유지되는 것을 알 수 있다. 사도와 선지자와 교사는 고전 12장과 엡 4장에서 같은 순서로 기록되었다. 이는 집사를 세울 때에 사도들이 표현한 대로 (행전 6:4) 말씀과 기도하는 일에 전무하는 것이 중요하므로 이러한 말씀과 관련된 직분들이 가장 중요한 것으로 먼저 언급된 것이라고 볼 수 있다.

ⓔ 구약에서의 왕과 제사장의 두 직분과 같은 세습적인 직분은 신약에서는 없고 모두가 하나님이 위에서 부어주신 것으로 채워졌다. 이것은 신약교회의 영적인 원리와 일치한다. 그러므로 교회는 보이는 외적인 제도에 의해서 유지되고 통일되는 것이 아니라 보이지 아니하는 성령의 인도하심에 의존한다는 것을 더 분명하게 보여준다. 이것은 평신도들이 교회를 세우는 직분에 참여하는 기회가 많이 생기게 되었다는 것을 의미하기도 한다.

(2) 신약의 지도자들이 팀목회를 한 구체적인 경우들

① 베드로와 열한 사도들(행전 1-15)

신약교회가 초기에 수립되는 데 결정적인 역할을 한 사람들은 베드로를 비롯한 사도들이다. 예수님과 함께 있을 때부터 발휘된 베드로의 지도력이 이때도 발휘되었으며 그것이 자연스럽게 가룟유다 대신에 다른 사도를 뽑는 일을 제의하는 데 나타났다(행전 1:15). 오순절의 첫 설교도 그가 했으며(행전 2), 성전의 앉은뱅이를 일으키는 일도 요한과 함께 그가 하였다(행전 3). 또한 첫 핍박이 일어날 때에도 베드로가 요한과 함께 대변자로 나섰다(행전 3:11-26, 4:8-12, 19-20). 그 이후의 초대교회의 거의 모든 사역에 베드로가 관여하였다. 행전 10장과 행전 15장은 하나님께서 베드로를 통하여 이방인들이 이스라엘에 들어오는 것을 신학적으로 준비시키시는 것을 보고하고 있다. 예수께서 계실 때부터 자연스럽게 형성된 베드로와 요한과 야고보의 지도권은 초대교회 시대에도 이어졌으며 다른 사도들과 함께 그들은 하나님 교회의 기둥들이 될 수 있었던 것이다.

② 안디옥 교회의 5인의 지도자들(행전 13:1)

안디옥 교회에서 섬긴 바나바, 니게르라 하는 시므온, 구레네 사람 루기오, 분봉왕 헤롯의 젖동생 마나엔, 그리고 사울은 선지자와 교사로 불렸다. 이 교회에서 중요한 직분으로서 선지자들이 먼저 소개된 것이 특이하다. 선지자들의 왕성한 활동을 통하여 우리는 교회의 구체적인 상황 속에서 하나님께서 자신의 뜻을 많이 알려 주셨다는 것을 알 수 있다. 그리고 교사들이 언급되었는데 이 일은 아마도 바나바와 바울이 담당했을 가능성이 많다. 이 지도자들이 금식하면서 교회를 섬겨 나갔고 그 결과 이들은 이방인 선교역사의 중요한 전환점을 마련하였다.

③ 바나바와 바울(행전 13:2-15:35)

바나바와 바울의 팀 사역은 신약교회의 대표적인 예로 꼽을 수 있다. 그들은 팀목회를 하기 전부터 오랫동안 관계를 맺어 왔다. 바울이 회심하자 예루살렘의 제자들이 바울을 만나기를 두려워하였지만 바나바는 바울을 그들 중에 용감히 천거하여 그들과 사귈 수 있도록 하였다(행전 9:26-30). 후에 바나바는 안디옥에서 사역을 할 때 큰 무리가 더하므로 다소에 있던 바울을 데리고 와 안디옥에서 가르치는 사역을 같이 하였다. 이 사역은 엄청난 파급효과를 가졌고 그 결과 그곳에서 예수를 믿는 사람들은 그리스도인이라는 별명을 얻을 정도가 되었다(행전 11:25-26). 성령께서는 이 두 사람이 팀 사역에 적합하다는 것을 아시고 이방인 선교를 본격적으로 감당할 도구로 이 두 사람을 지정하셨다(행전 13:1-2). 그러므로 일차 전도여행은 성공적으로 마칠 수 있었다(행전 13-14). 그들이 안디옥에 되돌아와서도 첫 예루살렘 공회에 안디옥 교회의 대표로서 둘은 함께 참여하였고 또 돌아와서도 함께 가르치는 일을 하였다(행전 15). 이 두 사람이 결정적으로 갈라지게 된 것은 일차 전도여행 시에 중도하차한 마가라 하는 요한을 다시 데려갈 것인가 하는 문제에 대해서 서로 다른 의견을 가지고 있었기 때문이다. 물론 나중에 바울은 마가를 자신에게 아주 중요한 인물로 생각하게 되었지만(딤후 4:11) 이때는 적어도 바나바와 갈라지는 중요한 원인이 되었다.

④ 바울 전도대(실라: 행전 15:40, 디모데: 행전 18:5, 소스데네: 고전 1:1, 아굴라와 브리스가: 행전 18:2-3, 고전 16:19, 누가: 딤후 4:11)

바울은 자신의 전도대에 필요한 사람을 선택할 줄 알았다. 실라와 디모데 그리고 소스데네, 아굴라와 브리스가, 누가 등은 바울의 놀라운 동역자들이었다. 이들의 헌신적인 도움으로 바울은 그 많은 교회 사역을 감당할 수 있었다.

5) 성경적인 팀목회의 원리를
한국 상황 속에 적용함에 대하여

이제 우리는 위에서 말한 팀목회에 대한 성경적인 원리를 한국적인 상황 속에 적용하고자 한다.

(1) 한국교회의 현실적인 문제들

한국교회 상황 속에 팀목회를 적용할 때 구체적으로 드러날 수 있는 여러 가지 문제들은 다음과 같다.

① 가장 근본적인 문제로서, 목회의 목적과 방향에 대한 깊이 있는 고려가 없다는 것이다. 우리는 한국사회의 현실은 사람들이 너무나 모든 것을 빨리 성취하려고 하고 또 무슨 목적으로 그 일을 하는가를 깊이 고려하지 않고 남이 하기 때문에 내가 따라서 하는 경향이 많다는 것을 잘 알고 있다. 동일한 현상이 한국교회 속에서도 나타나는 것 같다. 현재 한국교회가 물량주의에 오염되었다는 사실을 많은 사람들이 인정한다. 이런 상황 가운데서 성경이 말하는 목회원리 대신 그 물량주의적인 목적을 이루는 것이면 무엇이든지 다 합법화되는 것이 현실이다. 목회에 있어서도 목적이 수단을 정당화한다는 생각이 은연중에 팽배되어 있다.

② 한국 목회자들 중에서 팽배해 있는 또 하나의 의식은 내 양은 내 것이라는 생각이다. 목회자들이 원리적으로는 예수 그리스도의 교회를 섬기지만 실제에는 한 교회에 속한 성도들은 내 양으로 머물러 있어야 한다는 생각이다. 그러나 우리는 목회를 통하여서도 인간의 지배욕이 발휘될 위험이 있다는 사실을 명심해야 한다. 일반적으

로 한 사람이 다른 사람을 말로 설득하여 어떤 행동을 하게 할 경우는 일단 그 사람을 사상적으로 지배한 것이라고 볼 수 있다. 이것은 세상에서 언제든지 일어나는 현상이다. 그러나 하나님의 나라에서 이루어지는 설명과 설득과 선포가 근본적으로 세상의 그것들과 다른 것은 모든 무릎을 예수의 이름에 꿇게 만드는 것을 최종의 목적으로 삼는다는 점이다. 그러므로 사람들이 예수와 직접적인 관계를 맺고 나면 전도자는 그 사이에서 물러나야 함에도 불구하고 지도자로 남아 있으려는 것 자체가 사실상 인간의 뿌리 깊은 지배욕의 발휘라고 할 수 있다. 목회자가 아무리 성경을 정확히 깊이 있게 가르쳐 그 결과 많은 변화가 일어났다고 하더라도 자신이 다른 사람을 다스린다는 사실에 은밀히 만족을 누린다면 인간이 인간을 지배하는 또 하나의 예가 교회 속에 나타난 것이다. 그래서 한 교회 속에 인간 지도자는 하나가 되어야지 둘이 되어서는 안 된다는 세상적인 목회관이 어느새 우리 목회자들의 머리를 정복하게 된 것이다. 한 인간 속에 교묘하게 숨어 있는 개인적 지배욕이 모든 목회자들의 마음에 있는 한, 한국교회 속에서 팀목회는 근본적으로 불가능할 것이다.

③ 교회의 직분자들 사이에 직분을 하나의 계급으로 이해하려고 한다. 그래서 한국교회에서 어떤 경우는 장로들 스스로 자신을 목사들에 대한 하나의 견제세력으로써 생각하고 있고 그것이 하나의 전통이 되어가고 있는 것 같다. 이런 전통이 있는 곳에서 어떤 형태로든지 팀목회는 불가능할 가능성이 많다.

④ 한국교회 목회의 또 하나의 문제는 전문 목회자와 소위 평신도를 너무 지나치게 구분한다는 것이다. 목회전문가들은 목회를 자신의 전문영역으로 생각하기 때문에 평신도들이 참여할 수 없다고 생각하고 평신도들 역시 자신을 수동적으로 받기만 하는 존재로 인식하고 있다는 것이

다. 이럴 경우에 평신도의 폭넓은 참여를 통한 팀목회는 불가능할 것이다.

(2) 한국교회 속에서 팀목회를 이루기 위한 실제적 제언

이런 한국적인 부정적인 목회 현실들을 극복하면서 팀목회를 이루기 위한 제언은 다음과 같다.

① 이미 언급하였듯이 팀목회론은 근본적으로 하나님의 공동체인 교회를 섬기는 직분론이다. 하나님께서 영적 이스라엘인 공동체를 세우기 위하여 여러 가지 직분의 은사를 주셨는데 신약뿐 아니라 구약에서도 이 직분들 중에서 우월한 권위를 가진 것이 없다. 다만 하나님의 교회를 세우는 일에 가장 중요한 요소가 하나님의 말씀이기에 이 일을 담당하는 직분이 중요하다는 것을 알 수 있다. 그러나 신약시대에 엄청나게 다양한 직분들이 교회의 현실적인 요구에 맞게 주어졌고 그에 따라서 은사들이 부어졌다는 것을 알 수 있다. 그래서 이 직분들을 가진 사람들이 자신의 영역의 독특성을 잘 알고 그것을 충분히 개발하도록 서로 돕는 일이 중요하다.

② 직분들은 이스라엘과 교회라는 언약의 백성을 세우기 위해서 주셨다는 사실을 근본적으로 고려해야 한다. 구약에서의 언약관계는 여호와는 이스라엘의 하나님이 되시고 이스라엘은 하나님의 백성이 되는 것으로 표현되었다. 신약에서는 언약관계는 신랑이신 그리스도와 결혼을 하는 신부로서의 교회로 표현되었다. 이제 교회를 이런 유기체로서의 언약공동체라는 점을 고려하면 한 특정한 인간 지도자가 교회의 머리가 되는 것이 아니라 각 지도자들이 어떻게 자신의 영역에서 머리되신 그리스도를 향하여 하나의 유기체로서 연합할 것인가를 생각하는 것이 당연할 것이다.

③ 구약에서 백성들을 다스리는 직분은 말씀을 가르치는 직분인 제사장이나 선지자가 아닌 왕이 수행하였던 것을 생각하면 지배욕을 발휘하는 수단으로써 말씀의 직분을 생각해서는 안 된다.

④ 하나님께서 개인적으로 주신 선천적인 달란트들과 초자연적인 은사들을 인정하고 개발하며 그것들이 교회 속에서 충분히 드러나도록 하여야 한다. 우선 선천적으로 주신 달란트에 대한 인정이 있어야 한다. 그러나 어떤 사람에게 이것이 있다고 해서 바로 하나님 나라에 쓰일 수 있다고 생각하는 경우가 많으나 사실 선천적인 달란트들이 예수 그리스도의 피로 할례를 받지 않을 경우는 오히려 그것이 하나님 나라의 진행을 방해할 수 있다는 사실을 알아야 한다. 또 교회를 섬기기 위하여 하나님께서 성령으로 부어주시는 은사들을 개발하는 것이 중요한 것이다. 일단 부어진 은사들이 자연스럽게 교회 공동체 안에서 인정되며 다른 은사들과 합하여 유기체로서의 교회를 이루는 것을 목표로 하여야 할 것이다.

⑤ 전문적인 신학교육을 받은 목회자들끼리 같이 사역을 할 경우에 바로 위에서 언급한 문제를 더 구체적으로 생각해야 한다. 즉 각 목회자가 가진 하나님께로부터 받은 천부적인 달란트가 무엇인가를 알고 개발할 뿐 아니라 각 목회자가 그 공동체를 섬기기 위하여 하나님께 후천적으로 받은 은사들이 무엇인가를 알고 확인하는 일이다. 하나님이 어떤 목회자를 그 공동체 속에서 같이 사역하도록 보내신 사실이 확실하다면 그가 공동체를 섬기기 위하여 하나님께로부터 받을 은사가 있다는 것을 믿고 그것이 충분히 드러나도록 같이 간구하는 것이 필요하다. 그럴 때에 우리에게 현재 익숙한 담임목사, 부목사 제도가 과연 성경적인가 하는 문제를 다시 고려할 수 있을 것이다. 현재의 나이가 든 담임목사 중에서 교회를 전체로 관장할

능력이 없는 대신 특정한 사역에 탁월한 능력을 발휘할 수 있고 또한 젊은 부목사 중에서 정반대로 교회 전체를 관장할 탁월한 능력을 가질 수도 있을 것이다. 현재의 한국교회는 이런 경우를 반영하여 지도체제를 개선할 여지가 없다는 생각이 든다.

⑥ 목사와 교사를 하나로 보는 전통에서 칼빈이 엡 4:11을 해석한 것과 같이 교회를 목양하며 섬기는 목사와 성경의 깊은 진리를 가르치는 성경박사(doctor)로서의 교사라는 직분을 별도의 직분으로 나누는 것도 생각해 볼 만한 것이다.

⑦ 목회의 현실적인 상황을 고려하여서 그것에 맞는 직분의 개념을 발전시킬 수도 있다. 물론 말씀을 가르치는 직분을 중심으로 하여 성경이 말하는 항구적인 직분들은 그 중요성이 인정되어야 하지만 다른 직분들을 새로운 현실에 맞게 개발하는 것도 생각해야 할 것이다.

⑧ 현재의 한국교회의 장로들이 단순히 치리하고 교회의 중요한 결정을 내리는 기구로만 생각하는데서 나아가 목회의 일선에 목사와 같이 서야 한다. 화란 개혁교회의 장로들은 정기적인 교인들의 심방을 담당함으로써 목사들의 목회를 적극적으로 도와준다. 그렇게 하려면 장로들이 심방할 때마다 짧은 설교와 권면을 할 수 있어야 하고 목사와 마찬가지로 말씀에 대한 권위를 어느 정도는 가져야 한다. 장로에 대하여 고려할 수 있는 또 하나의 중요한 사항은 장로가 교회의 치리와 결정권을 행사하는 것 외에 교회를 실제적으로 섬기는 일을 하여야 할 것이다. 물론 한 교회 안에 여러 가지 실제적인 일을 하는 위원회가 있을 수 있고 특별히 교육에 장로들이 적극적으로 참여할 수 있다. 그러나 단순히 장로들이 각종 위원회의 위원장이 되는 것으로 충분하

지 못하다. 그 분야의 전문가로서 오랫동안 훈련받고 실천한 경력이 있어야 하는 것이다. 그러므로 바람직한 팀목회를 위하여 앞으로 교회에서 장로를 선정할 때 반드시 고려해야 할 사항은 인격이나 영적인 능력뿐 아니라 그 장로 후보가 과연 자신이 평생 봉사할 특수한 영역에 대하여 아마추어로서 훈련을 잘 받았느냐는 것이다. 아마추어가 오랫동안 한 영역에서 잘 훈련받으면 프로를 빰칠 능력이 있을 것이 사실이 아닌가! 자기가 전공하여서 봉사할 영역을 가지며 그 영역에서 탁월한 식견과 영적인 권위를 가진 것으로 인정된 사람들이 장로로서 선정이 되는 시대가 와야 할 것이다. 예를 들어 청년 사역을 전공하는 장로는 그 분야에 대한 책들을 많이 읽고, 그 분야 세미나나 야간 교육에 참석하여 정기적인 훈련을 받아서 청소년들의 영적인 상태와 현실과 그들의 심리를 잘 알고 그들과 모든 면에서 대화가 가능하고 그들의 영적인 문제를 해결할 수 있는 능력을 가져야 할 것이다. 그래야 다른 평신도들도 자신들이 교회에 봉사하기 위하여 자신의 전문영역을 가져야 한다는 것을 알고 열심히 훈련을 받으려고 할 것이다.

⑨ 한국적인 상황 가운데서 신학교에서 신학교육을 정식으로 받지 아니한 소위 평신도들을 교회 목회의 지도권에 포함시키는 것을 고려해야 한다. 교회 내의 실제적인 문제들에 대해서 영적인 훈련과 함께 전문적인 훈련을 받은 평신도들이 목회를 실제적으로 도운다면 목회에 활기가 넘치게 될 것이다. 어느 교회 목회자가 피력한 바와 같이 잘 훈련된 평신도가 작은 목사의 역할을 한다는 것은 잘 알려진 사실이다. 잘 훈련받은 평신도는 목회에 결정적인 도움을 줄 수 있다. 이것을 위하여 우선 영적으로 기본적인 소양이 있는 평신도가 실제적인 교회사역을 하기 위하여 잘 훈련되어야 할 것이다.

7만교회인 교육을 위해서는 개혁신학을 제대로 알아야 한다.

제 2 장

부흥을 위해서 알아야 할 부분

1. 개혁신학[11]이란 무엇인가?

　20세기 초 개혁주의 신학에 있어서 중요한 인물들인 H.Bavinck와 K.Barth가 자신의 신학의 기초를 세울 때, 17세기 개혁신학으로 돌아가 시작하였다는 것이 특징이다. 그러나 17세기 개혁신학에 있어서 어떻게 돌아가고 누구에게 돌아가느냐가 중요한 차이가 있었다. H.Bavinck는 17세기 개혁신학의 오랜 교과서와 같은 『순수신학통론』(Synopsis Purioris Theologiae)을 재편집하였고 K.Barth가 궤팅겐 대학에서 처음 강의할 때 17세기 개혁신학에 대해서 편집한 H.Heppe의 책(Die Dogmatik der evangelisch-reformierten Kirche)으로 돌아가서 강의하였다. 그 당시 Ernst Bizer가 재편집할 때 K.Barth가 그 머리말을 썼다. 문제는 그의 신학은 로마서 주석을 통하여 잘 알려져

---

11) 이해를 돕기 위해 인터넷 자료를 기재하였다. 개혁신학에 대한 깊이 있는 이해 파트가 될 것이다.

그런 명성 때문에 궤팅겐 대학에서 처음 교의학에 대해서 강의할 수 있게 되었다고 볼 수 있다. 즉 그가 17세기 개혁신학을 공부하기 전에 이미 그의 신학이 있었다는 말이다. 그 당시 17세기 개혁신학을 공부하여 교의학을 강의하려고 했을 때, 비록 그가 성경이 그 교의학(eine evangelische Dogmatik)에 있어서 성경이 그의 교사가 되어야 한다는 신념을 가지고 있었을지라도 그가 자기의 신학으로 17세기 신학을 평가하고 있었다고 보는 것이 정당하다. 이런 칼 바르트의 시작은 세 가지 점에서 의미가 있다. 첫째로 종교개혁자들을 통하여 바로 성경으로 가는 프로테스탄트 교의학에 도달하는 것이 아니라 이런 목적에 이르는 도상에 정통주의라는 한 정거장이 있다는 사실을 인식하였다는 점이다. 둘째로 정통주의로 돌아가는 것(ein Zurückgehen auf die Orthodoxie)은 그에게 그 안에 머물러 있고 그것과 동일하게 행하고자(um bei ihr stehen zu bleiben und es ihr gleich zu tun!)는 뜻이 있었다는 점이다. 셋째로 H.Heppe의 정통주의 참고자료에 대해서 비판적이었다는 점이다. 즉 Heppe의 역사적 관점은 칼빈을 개혁주의의 아버지로 돌린 것이 아니라 후기 멜랑히톤을 개혁주의의 아버지로 돌린 셈이 되었다는 점을 비판하였다. 더구나 Heppe에게 데카르트주의와 결합된 코케이우스와 그의 추종자들의 언약신학의 돌입이 깊은 문제로 여기고 있지 않다는 점에서 그는 19세기 정신에 종속함을 표한 것이라고 논평하였다. 그러나 그런 비판은 놀랍게 H.Bavinck의 유산이었다는 점이다. 그럼에도 불구하고 이 두 교의학자들 사이에 이루어 놓은 신학적인 차이는 후진들에게 많은 것을 깨닫도록 한다. 즉 종교개혁자들에게 돌아가든 17세기의 정통주의로 돌아가든 돌아가는 자의 신학적 근본이 문제라는 것이다. 지금 우리가 17세기로 돌아가는 것은 17세기로 그대로 돌아가는 것이 아니라는 사실은 분명하다. 여기에서 17세기로 돌아가도 많은 길들이 있다는 점이다. 칼빈의 기독교 강요에 대한 어떤 이해를 통하여 돌아가느냐가 가장 문제이고 17세기의 어떤 신학, 어떤 인물로 돌아가느냐가 중요한 문제라는 것이다. 정통주의로 돌아가는 것은 지금 돌아가고자 하는 자에게 가장 좋은 개혁주의 신학으로 돌아가는 것이다. 여기에서 피할 수 없는 그런 우리의 참여가 있다.

1) 한국교회와 정통개혁신학

한국 초기 선교사들이 퓨리탄형의 인물들이었다. 춤추는 것, 담배 피우는 것, 카드놀이하는 것을 죄로 여기고 주일을 엄밀하게 지키는 것 등이 그런 퓨리탄형을 상징하고 있었다.[12] 공동성경번역사업, 합동찬송가를 만드는 작업에서 증명되듯이 1907년 장로교 독노회가 갑자기 형성되기 전후의 선교정책의 분위기는 복음주의 교회(one eva-ngelical Church)라고 할 수 있는 '한국 그리스도교회'(the Church of Christ in Korea)를 만들려는 분위기였다.[13] 이런 합동운동에는 이미

---

12) Harvie M.Conn, Studies in the Theology of the Korean Presbyterian Church: An Historical Outline, Part 1, Seoul Korea.

13) "······ was unanimously adopted that the time is ripe for the establishment of one Korean Protestant Church, to be called 'The Church of Christ in Korea'. Events, however, proved that this resolution was a little ahead of time. ······ The question of a creed for the one Korean church, formulated and agreed upon by the representatives of two churches, whose own creeds express widely different views on important points of doctrine, is one that will have to be squarely faced und solved, if solved at all, as only honest and conscientious men, loyal to the convictions and traditions of their respective churches, can solve it. Meenwhile the council of Presbyterian Missions at its meeting in September adopted a resolution to the effect that, until the General Council of all the Missions is ready to form one evangelical Church in Korea, the Presbyterian Council, while seeking in everyway to encourage and facilitate this union, would proceed with the organization of the Independent Presbyterian Church in Korea, in accordance with the plans and princiles previously established and agreed upon. When this Independent Presbyterian Church is established, if it

몇 년 전부터 감리교의 집회운동이 장로교회 안에서 일어난 이후 한
국교회부흥의 모범이 되었고 크게 영향을 끼쳤다[14])는 사실은 잘 알
려진 사실이다. 그 말은 실제적으로 한국교회의 신학적 근저에는 감
리교와 장로교는 구별이 되지 않았다는 것을 의미한다. 역시 선교사
들을 보낸 교회에서 한국에 일어나는 일련의 분위기를 1901년 이후
미국에서 발생하기 시작한 오순절운동과 같은 운동으로 판단하고 있
었다.[15]) 이런 분위기에서 시작된 교회연합운동이 실패할 경우를 대
비해 장로교 선교회(영어공의회)에서 1908년에 독립적으로 장로교를
세우려고 하였던 것인데 그 계획과는 달리 그보다 먼저 1907년 9월

---

should grow as rapidly as now seems probable, by the year 1908, the native
minsters and elders will be largely in the majority into Presbyteries of its
organization, it will be an independent and autonomious Church"(Thieteenth
Conference Foreign Missions Boards: United States and Canada, New York
1906, 21).

14) 김양선 목사에 따르면, 평양 장대현 교회에서 집회되었던 형태의 사경회가
부흥회의 효시이고 그 사경회가 농촌교회에까지 전국에 확대되고 오랫동안
교회의 가장 중요한 연중행사가 되었다고 평가하고 있다. 또한 그 명칭과
형태와 내용에 있어서 다양화되어 부흥회, 수양회, 연합사경회 혹은 도사경
회, 제직사경회, 여자 도사경회로 발전되었다는 점을 지적하였다. 그리고 또
하나는 장로교뿐만 아니라 감리교에서도 전도국이 생겨 외지선교가 시작되
었고 선교사를 파송하기 시작하였다는 점을 지적하고 있다(金 良善, 韓國基
督敎史硏究, 1971, 88-89).

15) Thirteenth Conference Foreign Missions Boards, New York 1906, 25: "that
the atmosphere in Korea had been so pentacostal that the Churches might be
led to movements not practicable. I raise the question whether the atmosphere
with us is not so unpentecostal that our movements are too extremely
practical. The pentacostal spirits is the spirit to trust in. The Holy Spirit
movement ist the one that we can trust for guidance, and as I look at the
creed that has been adopted by the Presbyterian Churches of India and look
at the creed that has just been proposed by the Congregationists, Mothodist.
Protestants and Disciples in this country, and see how the unessentials are
buried out of sight, I believe we ought not to hold back those native
Christians as they want to get together. It is a instinct in the face of
heathenism. They want to act solidly together, and we ought to say to them,
'God speed you' ".

17일 독노회가 생긴 것이다. 이것은 하나님의 특별한 역사였다. 그렇게 갑자기 독노회가 세워질 때 임시로 신경과 정치에 의해서 세워졌다는 사실이 주목된다. 1907년에 임시로 채용된 신경과 정치가 1908년에 신경과 정치를 위한 특별위원회(한 석진과 Samuel A.Moffett)로부터 보고받아 완전히 채용되었다.[16] 여기에서 채택된 신경이 바로 12개조 신경인데, 그러나 예정론에 있어서 유기론에 대한 고백이 없고 그리스도의 제한된 속죄에 대한 고백이 분명하게 나타나지 않은 고백이었다. 그것은 일반적인 선교지 신학의 한계이면서 사실 아르미니아누스주의가 빠졌던 같은 사고위험성을 허용하는 성격이 다소간 있게 된 것이다. 또한 교파를 가릴 것 없이 단일교회 형성에 대한 요구가 그 당시 모든 그리스도인들의 요구였고 우리 교회는 유아기 교회로서 역사적인 개혁교회 고백득의 입장에 대한 분별력이 없는 교회였다. 다행히도 부흥운동이 갖는 단점을 정확하게 파악하고 있었던 그 외국선교회로부터 장로교를 세우고자 하는 의지가 있었기 때문에 우리나라에 처음 그런 12개 신조정도의 개혁주의신학이 정착될 수 있었던 것이다.

그러나 선교사들의 모교회들은 공의회시대로부터 영향을 행사했던 이눌서 박사의 모교회인 남장로교회를 제외한 선교사들의 모교회들은 웨스트민스터 신앙고백서를 고백하면서도 교회부흥과 선교운동으로부터 요구되는 온건하고 진보적인 입장을 수용하는 분위기였다. 특별히 북장로교의 경우 1902-3년에 웨스트민스터신앙고백서를 개정

---

16) 김양선 목사는 1910년에 정식 채용되었다고 하나, 1935년에 발행된 곽안연 (Charles Allen Clark) 선교사의 '장로교회사전휘집'(Digest of the Presbyterian Church of Chosen)에 의하면, 1907년에 '임시 채용한 신경과 정치는 별위원 한석진, 마포삼열씨의 보고에 의하야 노회가 완전히 채용하얏난대 서기가 회록에 등록하지 못하얏다'고 기록하고 있다. 그리고 1910년에는 '신경과 정치를 부록발간하기로 결정하다'라고 기록하고 있다(장로교회사전휘집, 곽안연 편집, 북장로교회선교회발행 1935. 6. 9).

하면서 성령에 대해서와 하나님의 사랑과 선교에 대해서 각 34장과 35장으로 첨가하였고, 16장과 22장, 25장을 수정하였는데,[17] 맹세거절에 대한 죄를 부정하고 가톨릭 입장을 적그리스도로 고백하지 않고 비성경적이라고 고백하였고 이방인들에 선이 있음을 인정하되 웨스트민스터신앙고백서처럼 무시해서는 안 된다는 입장을 찬양할 가치가 있고 유용하다는 식으로 수정하였다. 이것은 가톨릭교회와 이방세계의 종교와 대화하고 수용하고자 하는 준비로서의 수정이었다. 더구나 웨스트민스터 신앙고백서 3장과 10장에 관한 해석으로써 선언문을 첨가하였는데, 이 선언문이 바로 그 당시 미국 장로교회의 예정론에 대한 입장이었다고 볼 수 있다. 그 선언문에서 웨스트민스터 신앙고백서의 영원한 작정교리는 온 인류에 대한 하나님의 사랑, 온 세상의 죄를 위한 그리스도의 유화, 구원의 은혜가 만인에게 미친다는 교리와 조화한다는 선언이었고 따라서 하나님은 어떤 죄인의 죽음을 원치 않으신다는 것, 하나님은 역시 그리스도 안에서 모든 이들을 위한 충분한 구원을 제공하셨고 그 구원을 모든 이들에게 적용하시며(adapted to all) 복음 안에서 값없이 모든 이들에게 제공하셨다는 선언이었다. 웨스트민스터 신앙고백서 10장 3항에 대해서 유아로 죽은 자는 누구나 은혜의 선택 안에 포함되며 그리스도로 말미암아 성령을 통하여 그가 기뻐하신 때와 장소 및 방법에 의해서 중생되고 구원받는다는 선언이었다. 비록 해석의 차원에서 선언한 것이었지만, 아르미니우스보다 더 진보적이고 웨슬레주의에 가까운 선언이었다. 가장 근본적인 교리에 있어서 감리교와 장로교는 구별되지 않는 입장이었고 이것이 선교지의 분위기와 잘 맞는 실제적인 고백이었다고 할 수 있다. 이런 상황에서 고백된 인도 장로교회의 12개 신조는 선교지의 분위기를 반영할 뿐만 아니라 선교사들의 모교

---

17) The Constitution of the Presbyterian Church in the United States of America, Philadelphia 1915, 4(Historical Summary).

회의 분위기를 반영한 고백이었다고 할 수 있다.

그러나 한국장로교회의 축복은 그런 선교사들의 강한 보수주의 경향에서 나온 이런 정도의 신앙유산도 있었지만 1930년부터 평양신학교에 가르쳤던 박형룡 박사의 신학적 입장의 특이성에 있었다. 김양선 목사는 박형룡 목사에게 "평양 숭실대학의 창설자 방위량 박사, 마포 삼열 박사 등의 가장 철저한 보수주의 신학자에의 사사와 한국 최대의 보수신앙가 길선주목사의 신앙적 도야와에서 기초된 것이었다"고 지적하고 있으나,[18] 사실 그의 유학시절의 배움에 있었다고 봄이 더 타당하다. 한국에서 자유주의 신학문제가 발생한 1920년대 이전에 한국 선교사들 사이에 자유주의 신학입장을 가진 자들이 있었다는 것은 1919년에 출판된 A.J.Brown의 책에서 알려져 있었다.[19] 그러나 본격적으로 한국 유학생들이 돌아오는 시기인 1920년에 그런 자유주의적인 입장이 교회 안에 나타났고 역시 다른 물결들 즉 마르크스주의운동, 사회 복음주의, 다른 현대사상들이 현저하였다. 더구나 그가 돌아오기 전에 한국교회에 일부 선교회에 변화가 있었다. 즉 캐나다 선교회의 모교회가 1925년 감리교와 회중교회와 연합하여 연합교회를 형성하고 한국에 있는 캐나다 장로회 선교회를 캐나다 연합교회 선교회로 바꾸고 이미 한국에 와 있었던 선교사들 중 장로교 신조를 고수하려는 선교사를 제15회 총회가 단절시켜 버린 사건이 있었다. 그러나 그 같은 해 봄에 새로 온 서고도 선교사의 자유주의 사상이 알려졌다. 즉 서고도 선교사가 성경학교 학생들에게 성경에 다수의 역사적 오류가 있음을 가르쳤다는 사실이 알려졌고 다시 같은 선교사가 그해에 미국에 돌아온 김관식 목사와 조희담 목사 등의 응원을 얻어 교역자회를 소집하여 자유주의 신학을 유포하고자 기도

---

18) 김양선, 한국 기독교 해방 10년사, 대한 예수장로회 총회 종교교육부, 1956, 188.
19) Harvie M. Conn, op.cit., 3-4.

하였는데, 거기에서 조희담 목사 역시 성경의 문학적 오류는 물론 역사적 과학적 오류가 있음을 주장하여 큰 혼란이 일어났던 적이 있었다. 그러나 직접적으로 박형룡 박사가 그런 강의들과 출판되거나 출판되지 않은 논문들을 모아 편집하여 『신학난제』를 출판하였던 시기는 창세기 저자문제와 여권문제에 대한 평양신학교 교수진 중심으로 구성된 연구위원들의 보고서를 작성하였던 시기와 동일한 시기였다.[20] 물론 1935년 가을에 출판된 박형룡 박사의 평양신학교 강의들과 논문들은 그의 학위논문의 내용과 밀접히 관련되었다고 할 수 있으나 그가 한국에 처음 정통신학과 자유주의 신학 사이의 대립양상을 강하게 소개하였다는 점에서 의미가 크다. 이 대립양상이 바로 그 한국 보수장로교회의 신학적 특성을 결정하였기 때문이다.

이 대립과 관련하여 『신학난제』의 서문에 '세계의 기독교 전체가 사상적 혼란으로 인하여 수난하는바' 그 '사상의 무정부시대'로부터 '불과 50년의 짧은 역사를 가진 소년교회로서' 조선교회가 '적지 않은 이사상의 가지가지가 유혹의 촉수'에 움직이고 있다고 진단하고 그의 책을 출판한다고 기록하고 있다. 즉 세계의 사상적 혼란이 지금 한국에도 나타난 것에 불과하고 이제 한국의 소년교회에도 '천태만상의 이사상은 바야흐로 정통신앙의 존속을 위협하려 한다'고 진단한 것이다. 문제는 여기에서 표현된 정통신앙 혹은 정통신학과 자유주의 신학의 대립의 성격이 무엇이냐이다.

이런 신학적 틀에 대해서 세 가지 가정을 할 수 있다.

첫째로 박형룡 박사의 유학시절쯤에 두드러지게 보수주의 기수의 역할을 하였던 메이천의 정통신학과 자유주의 신학을 대조시킨 그런

---

20) 김양선, op.cit., 178-188.

틀이 그의 틀과 같은 것일 수 있다는 점이다. 박형룡 박사가 1928년 미국에서 돌아온 이후, 곧 1929년에 메이첸 박사의 『신앙이란 무엇인가?(What is Faith?)』가 Floyd Hamilton에 의해서 번역되었고,[21] 그가 친히 자유주의 신학과 전통신학을 대립하여 다양한 신학적 조류들을 비판할 때 메이천의 1921년 작품인 『바울종교의 기원(The Origin of Paul's Religion)』과 1923년 작품인 『기독교와 자유주의(Christianity and Liberalism)』를 중요하게 사용하고 있기 때문이다.

둘째로 그의 대조는 근본주의와 자유주의의 대조와 같은 대조일 가능성은 있었다. 이 문제는 중요한 의미를 가지고 있다. 왜냐하면 자유주의와 대립하여 싸우되 역시 근본주의와 싸우는 Louis Berkhop의 틀과 박형룡 박사의 틀과 비교해야 하기 때문이다. 비록 L.Berkhop가 근본주의자들과 똑같이 모세오경저작설 문제와 성경무오설의 변호를 위해 Janssen과 싸웠지만 언제든지 전 천년설을 부정하고 현실에 대해 적극적인 무천년설의 입장에 서 있었다.[22] 박형룡 박사의 후기 신학발전과 조직신학 체계에 있어서 L.Berkhop의 『조직신학(Systematic Theology)』과 떼어놓을 수 없는 관계이라면, 박형룡 박사의 양 대립 현상은 이런 정통개혁주의 입장에서의 자유주의 신학의 비판으로 보아야 할 것이다. 그러나 『신학난제』를 출판할 당시 근본주의 신학적 입장을 대변하고 1910년 이래 5년 동안에 출판된 『근본교리들(The Fundamentals)』의 입장들을 자신의 입장으로 사용하고 있다. 더구나 박형룡 박사가 싸워 오고 있었던 대표적인 자유주의 사상들은 근본주의자들이 싸워 왔던 동일한 주제들이었다. 즉 진화론, 비교종교학, 고등비평, 사회적 복음신학 등에 대한 주제들이다.[23]

---

21) Harvie M. Conn, op.cit., 24-25.

22) H. Zwaanstra, Louis Berkhop, in: Dutch Reformed Theology, ed. by David F. Wells, Michigan 1989, 42-43.

셋째로 그의 대조는 개혁주의 전통의 입장에서의 정통신학과 자유주의신학 사이의 대립이었다는 가정이다. 이미 언급한 메이천의 양대립도 이와 같이 해석할 수 있을 것이다. 그러나 박형룡 박사는 조직신학 기본 자료와 관련하여 Charles Hodge와 A.H.Strong의 조직신학들을 사용하고 있다는 점을 주목해야 한다. 또한 James Orr의 저서들을 중요한 기초 자료들로 사용하였을 때, 그가 단순히 근본주의자였기 때문에 사용한 것 같지 않고, 오히려 그가 스코틀랜드 장로교의 보수주의자였기 때문에 그가 쓴 모든 자료들을 사용하고 있는 것이다. 역시 James Orr와 같은 스코틀랜드 장로교 보수주의자인 James Denney의 『예수와 복음(Jesus and the Gospel)』도 사용하고 있음이 주목되는 것이다. 특별히 『신학난제』란 책을 쓰고 난 후, 1937년 초 그가 Loraine Boettner의 『예정에 대한 개혁주의 교리(Reformed Doctrine of Predestination)』를 번역 출판하였다는 사실이 이에 대한 중요한 증거가 되고 있다.24) 그가 정통의 어원적 정의를 절대적이고 불변의 인식학적인 권위와 관련된 것으로 이해하여 그 권위가 성경에 있는 모든 옳은 의견을 정통이라 정의하고 있다. 그런 일반적인 정통신학이 가장 명확하게 개혁주의 신학에서 나타난다는 것이 그의 입장이다. 그러나 실제적으로 그 정통신학은 비정통신학 곧 자유주의 신학이 무엇이냐에 의해서 결정되고 있다. 그 결정의 내용들에서 근본주의자들의 입장들과 만나고 있다. 근본주의자들이 자유주의신학에 양보하지 않는 내용과 그 선이 박형룡 박사의 정통신학의 내용과 선과 일치한다는 사실이다. 이런 이유 때문에 개혁주의 신학의 독특성이나 개혁주의 신학 내에서의 다양성에 대해서 관심하지 않았다. 비록 후에 그가 Louis Berkhop의 『조직신학』에서 정통신학의 진수를 발견하였을지라도 개혁주의 신학의 올바른 노선이나 그 다양성에 대해서 관

---

23) 데이빗 비일, 근본주의의 역사, 김효성 譯, 기독교문서선교회 1994, 91-108.
24) Harvie M. Conn, op.cit., 24.

심하지 않았다. 후에도 계속 신 정통주의, 신 복음주의, 신 중립주의를 논할 때, 그런 건전한 근본주의적인 입장에서 비판하고 있다. 이런 점에서 오늘날까지 한국보수주의는 박형룡 박사의 근본적인 틀을 벗어나지 못하고 있다.

　한국 보수주의 교회에서는 정통개혁주의 신학에 대해서 강조해 왔으나 실제로 정통신학의 계보에 대해서 잘 소개되지 않았다. 최근 퓨리탄에 대해서 어느 정도 소개되었어도 회중교회적인 퓨리탄들이 대부분이 소개되었고 진정 장로교 개혁주의 신학자들은 많이 소개되지 않고 미미한 정도에 불과했고 더구나 칼빈 이후의 유럽개혁주의자들의 소개들은 극히 적었다. 이런 면에서 정통개혁주의 신학을 주장하면서 진정 정통개혁주의 신학을 잘못 본 셈이 된 것이다. 하물며 전체적인 개혁주의 신학의 전통에서 어느 것이 바른 노선인지에 대해서 전혀 알려지지 않은 실정이다. 사실 웨스트 민스터 신학자들 중 죠지 길레스피가 품고 있는 '가장 좋은 개혁주의 신학'을 이해하기 위해서 처음 진정한 어거스틴을 재현한 종교개혁자들에게로 돌아가서 베자, 짠키우스, 우르시누스, 올레비아누스, 피스카토르, 유니우스, 파레우스에 이어진 선까지 와서 도르트회의 당시의 다양한 개혁주의 신학자들 안에 들어와야 16세기 말과 17세기의 퓨리탄들의 신학의 다양성들과 비교되어야 한다. 그런 비교와 노선결정에 있어서 중요한 논쟁점들이 있다. 이것을 정확하게 인식하여 그 논쟁점에 대해서 각각 어떤 입장에 서 있는가를 보고 바른 노선이 결정되는 것이다. 개혁주의를 대표한 도르트회의 성직자들이 아르미니우스와 동의한 점은 하나님이 사람을 택하시되 타락한 자들을 택하셨다는 사상이다. 즉 선택의 대상에 대한 싸움이 중요하였다. 그럼에도 불구하고 아르미니우스주의자들과 달리 그 성직자들은 그리스도께서 그렇게 타락한 모든 이들을 위해서 죽으셨다는 점에서는 동의하지 않았다. 역시 같은 성직자들이 중세의 반펠라기우스주의자들이 주장하듯이 하나님의 예정 안에 구원의 방편까지 포함한다 하여 행위로 구원하는 방식을 예정 안에 포함시키는 것을 거절하였다. 예정론은 오직 은혜로 구원하신다는 사실의 구체적인 내용과 확증을 의미하고 있다. 물론 예정론은 예정의 대상들에 대한 것만이 아니다. 구원의 방식들에 대한 것도 예정론 안에 포함한다. 만물에 대한 하나님의 미리 정하신 뜻과 의지는 작정의 개념을 사용한다. 그러나 개혁주의 안에서의 논쟁점은 예정론에 대한 것이 아니라 예정론의 내용에 대한 것이다. 좀 더 예리한 초점은 예수 그리스도가 구원을 이루시기 위해서 죽으셨을 때 과연 누구를 위해서 죽으셨는가에 대한 물음이다. 이 물음은 16세기 후기에 개혁주의 신학 내의 쟁점으로 드러나기 시작하여[25] 도르트회의에서 첨예한 문제가 되었다.

이미 칼빈이 이런 문제들을 그의 요한일서 2장 1-2절에 대한 해석에서 드러냈다. 직접적으로 칼빈이 제한속죄에 대해서 언급하였다. "확충으로 인하여 여기에 덧붙인 것은 신자들, 즉 그리스도에 의해서 제공된 속죄는 믿음으로 복음을 수용하게 될 모든 이들에게 미친다고 확인된다는 사실이다. 그러나 어떻게 온 세상의 죄들이 속죄되는

---

25) 예정론에 대한 아르미니우스의 핵심적인 물음들이 이미 Johannes Picator에 의해서 대답되고 있다: 첫째로 아담은 필연적인 의지에 의해서 하나님으로부터 타락하였다(Adamum Deo sic volente necessario lapsum esse). 둘째로 하나님은 결코 모든 이들을 긍휼히 여기거나 모든 이들을 구원하시기를 원하지 않으셨다(Deum nunquam voluisse omnium misereri, aut omnes salvari). 셋째로 그리스도는 결코 모든 이들을 위해서 죽으시지 않았다(Christumm pro omnibus nequaquam mortuum). 그리스도는 그의 양들, 즉 교회를 위해서 죽으셨다(Christum mortuum esse pro multis, pro ovibus suis, denique pro ecclesia). 이런 논점과 관련해서 하나님은 어떤 유기자들도 구원에 이르도록 부르셨다. 그럼에도 불구하고 유기자들 중 어떤 이가 구원받은 일이 일어나기를 원하시지 않으셨다고 진술하고 있다. 그러나 Piscator는 선택이 예지된 믿음(fides praevisa)에 의존하는지에 대해서 상당히 길게 다루고 있다 (Johannes Piscator, Disputatio theologica de praedestinatione, editio secunda, Herbornae 1595, 78-154).

지에 대한 의문이 생긴다. 이것을 핑계로 모든 유기자들, 따라서 사탄까지 구원을 인정하는 미치광이들의 잘못들을 생략한다. …… 이 모순을 피하기를 원하는 자들은 그리스도께서 세상을 위해서 충분히 고난을 받으셨으나 택자들을 위해서만 유효하다고 주장하였다. 이런 일반적인 해결은 학교에서 확고히 되고 있다. 비록 그럴지라도 그 말은 진리임을 나는 고백한다. 그런데도 현 구절에 적합하다고 생각하지 않는다. 이는 요한의 의도가 모든 교회에 공통적으로 이것이 선한 것이라는 것 이외에 다른 것이 아니기 때문이다. 따라서 그는 모든 이들 아래서 유기자들을 이해하지 않았다. 그러나 동시에 앞으로 믿을 자들이고 세상의 다양한 재난들로 말미암아 흩어졌던 자들을 의도하였다"26). 여기에서 칼빈은 그 당시 학자들 사이의 건전한 해결은 그리스도의 죽으심은 세상에 대해서 충분하되 그 실제적인 적용에 있어서 택자들에게만 유효하다는 주장이었음을 확증하고 있다. 그러나 칼빈 자신은 그 해결에 조건을 더 달았다. 즉 거기에서 칼빈은 모두란 말을 문맥의 정확한 뜻과 상관없이 유기자들을 제외한 택자들로 이해하였다는 점이다. 이런 칼빈의 입장이 도르트회의에서 다시 확증되었다. 즉 아르미니우스주의자들의 주장인 "그리스도는 영생을 위해 택한 그들을 위해서 죽을 수 없고 죽어서는 안 되며 죽지 않았

---

26) CO LV, 310: "Amplificationis causa hoc addidit, ut certo persuasi sint fideles, expiationem a Christo partam ad omnes extendi, qui Evangelium fide amplexi fuerint. Sed hoc movetur quaestio, quomodo mundi totius peccata expientur. Omitto phreneticorum deliria, qui hoc praetextu reprobos omnes, adeoque Satanam ipsum in salutem admittunt. …… Qui hanc absurditatem volebant effugere, dixerunt, <u>sufficienter pro mundo passum esse Christum, sed pro electis tantum efficaciter.</u> Vulgo haec solutio in scholis obtinuit. <u>Ego quanquam verum esse illud dictum fateor,</u> nego tamen praesenti loco quadrare. Neque enim aliud fuit consilium Ioannis, quam toti ecclesiae commune facere hoc bonum. <u>Ergo sub omnibus reprobos non comprehendit:</u> sed eos designat, qui simul credituri erant, et qui per varias mundi plagas dispersi erant."; COO Ⅳ, 176(겔 18:23): "Deus ergo non ita vult omnes salvos fieri, ut discrimen omne tollat boni & mali".

다(Christum pro iis, quos Deus summe dilexit, et ad vitam aeternam elegit, mori nec potuisse, nec debuisse, nec mortuum esse)"는 명제를 그들이 공히 부정하였기 때문이다. 물론 아르미니우스는 칼빈의 예정론과 같은 전통적인 예정론이 선교에 부정적인 영향을 끼친다는 사실을 앞세웠다. 이런 입장은 웨슬레주의의 일반적인 입장이다. 그러나 구원의 근본원리가 인간론 중심으로 되어서는 안 된다. 가톨릭은 세례관(화체설)을 통하여 신앙 없이 모든 지역주민들을 그리스도인으로 삼아 지역의 국가교회로 발전할 수 있었다. 역시 신앙으로 의롭게 된다는 구원론을 가지고 종교개혁에 임하였던 루터주의자들도 세례관에 있어서는 가톨릭적인 정신으로부터 근본적으로 벗어나지 못하여 실제로 믿음이 없어도 그리스도인으로 삼는 길을 열어 놓았고 그것에 의해서 독일의 국가교회로 발전되어 지금까지 남아 있다. 웨슬레주의와 침례교도 믿음에 의한 구원을 강조하고 있으나 전자는 아르미니우스의 입장에서 이신칭의 교리를 취한 것이고 침례교는 같은 믿음의 원리에 의해서 유아세례를 부정하고 있다. 다만 침례교적인 퓨리탄인 죤 스미스와 같은 이는 어거스틴의 참된 신앙의 개념을 받아들여 역사적 신앙 혹은 지식신앙, 기적신앙, 일시적 신앙을 비판하여 교회의 순수성을 보전하고자 하였다. 이런 비판의 최소한 선에서라도, 오늘날 복음주의 교회 안에 일어나는 신유 은사들을 바로 참된 신앙의 결과인 것처럼 함부로 단정할 수 없는 것이다. 더구나 어떤 사람에게 계시나 이상이 임하였다면 그것이 두 사람 이상의 검증 없이 교회 안에 공적으로 선포되어서는 안 될 것이다. 우리는 성경계시가 종결되었다고 믿는 것은 교회의 기초로서의 그런 계시가 종결되었다는 것을 믿을 뿐만 아니라 성령이 성경 밖에서, 그리고 그것을 넘어서 역사하시는 것이 아니라 항상 성경과 더불어 성경을 통하여 역사하신다는 의미에서 종결되었다는 말이다. 참된 신앙의 정의에 대한 퓨리탄 침례교인의 좋은 어거스틴주의에도 불구하고 침례교가 유아세례를 부정하거나 재세례를 주장하는 경우 혹은 가시적인 중생의 체험과 확신을 요구할 때 거기에 아르미니안주의를 열어놓은 것이 된다. 그에 반해서 개혁주의자들은 신론에서뿐만 아니라 구원과 교회에 관련해서도 예정론을 강조하였다. 신앙은 하나님의 선물이요 성령의 열매이며 그 근원은 하나님의 영원한 성정에까지 올라간다는 것이다. 예정론을 통하여 구원에 있어서 인간의 역할을 전적으로 부정하였고 그런 예정론은 보이는 교회 안에서 아무도 하나의 지체를 오용하지 못하게 하는 근본뿌리가 되었으며 동시에 잘 믿는 자에게는 큰 위로와 확신을 가져오는 교리이다. 특별히 순전히 영적이고 오직 하나님 안에서 감추어진 비밀로 남아 있는 예정론 사상은 믿지 않는 일반 시민에 대해서도 진정한 인간 존중의 기틀이 되는 것이요, 가난하고 무시받는 자에 대해서도 강한 사랑을 나눌 수 있게 하고 반면에 보이는 교회의 부패와 사회부패에 대해서 비판정신과 혁명정신의 원동력이 되게 한다. 루터주의는 이신칭의 교리만 가지고 어느 정도 의식적이고 제도적인 교회와 그런 종교사회를 비판하는 데 성공하였어도 구약을 파괴하였고 성화(구원의 서정)를 도외시하는 결과를 낳았지만 칼빈은 예정론에 의해서 참된 교회를 정의함으로 복음의 순교자들과 나그네된 자들을 변명할 수 있었다. 즉 예정론은 개척하는 교회에 신실과 정성을 제공할 뿐만 아니라 개척된 교회에 내적인 성숙을 가져다준다. 권징에 있어서도 교회가 흔들리지 않게 하고 진정한 화해와 용서의 밑거름이 되게 한다. 칼빈의 주장대로 권징의 목적은 사람 앞에 정죄되어도 그로 말미암아 하나님 안에서는 영원히 정죄받지 않고 구원받도록 하기 위함인 것이다. 역사적으로도 1638년 스코틀랜드 총회는 그리스도가 모든 이를 위해서 죽으셨다는 아르미니안주의 혹은 일명 카메론주의와 박스터주의를 정죄함으로 개혁하였으며 웨스트민스터 성직자들도 도르트회의의 타락 후 선택설 정도만 허용하였다. 이런 고백의 선은 장로교의 역사에 있어서 가장 선명하고 확고한 것이다. 19, 20세기에 와서 선교에 방해된다고 하여 구미의 보수주의 개혁교회 안에서도 제한속죄와 불가항력적인 은혜를 포기하려는 경향은 우리가 이미 확인한 바 있고 한국장로교회도 그런 위험을 안고 시작하였다는 점을 지적하였다. 그리스도께서 유기자를 위해서도 죽으실 만큼 충분한 은혜를 강조하다 보면, 유기자의 구원까지 그리스도와 교회 밖에 구원을 허용하는 식으로 발전하게 될 것이다. 이미 웨스트민스터 성직자 중에서도 평화주의자인 리차드 박스터와 절친한 에드문트 칼라미(Edmund Calamy)는 요한복음 3장 16절에 대한 논쟁에서 그리스도를 주신 하나님의 의도는 택자만을 위한 것이 아니고 유기자를 포함한 모두로 이해하였다. 따라서 그리스도의 죽으심은 모든 이에게 충분하다 하였으며 그에 의해서 택자를 위한 절대적 의도, 유기자에 대한 조건적 의도라는 용어를 사용하기까지 하였으나 그래도 그의 주장은 아르미니안주의자들이 주장하는 보편구원과 거리가 멀고 일부 도르트회의 성직자들의 입장이라 할 수 있다. 그러나 죠지 길레스피에 의해서 카메론과 아미롤드가 그와 비슷한 조건적 구원을 주장하였다고 논박하였을 때, 칼라미는 해명하기를 자신의 말은 유기자에 대한 은혜의 어떤 경륜(ea administratio)에 대한 것이라 하였다. 웨스트 민스터 총회석상에서 이런 칼라미의 언변이 유일한 예외적인 것이었다.27) 그러나 오늘날 아르미니우스주의적이고 에큐메니칼적인 칼빈을 발견하려는 자가 칼빈 연구의 대표자들이 되고 있는 실정이다. 그러나 이 문제는 칼빈 자신에 의해서 섭리에 관한 특별논고(De occulta Dei providentia)를 통하여 종결된 것이고 17세기에 비로소 리베트(A.Rivet)와 불란서 쇼무르학파(J.Camero, M.Amyraut) 사이에 칼빈의 예정론에 관한 논쟁에서 종결된 것28)이

---

27) 좀 더 자세한 진술은 다음의 논문을 참조하라(김영규, 사무엘 러더포드(17
　　세기 장로교 개혁주의자)의 신학과 설교, 성령과 교회, 개혁주의 성경연구소
　　1996, 105-106).

다. 역시 같은 경향으로서 비록 창조 전 선택설이라 할지라도 처음부터 마지막까지 예정의 주체로서 그리스도에 대해서 강조하여 제한속죄를 포기하려는 바르트주의는 루터주의(종교개혁 주저서에서 희미하게 나타나는, 언약의 주체가 그리스도라는 사상)는 될지언정, 역사적 정통개혁주의와는 거리가 있음에 틀림없다. 칼빈의 신구약 통일성을 말할 때, 단순히 기독론적인 통일성을 의미하지 않는다. 그것은 삼위일체 하나님의 역사의 통일성이요 구원의 길과 서정에까지의 통일성을 의미한다. 비록 칼 바르트가 유태인을 배척하는 독일의 국가교회에 대해서 바른 성령론 이외에도 신구약 통일성, 즉 칼빈의 예레미야 주석에 따라 율법은 복음의 한 형식이요, 율법보다 복음이 먼저[29]라는 사상을 가지고 저항하였지만 아직도 그의 신구약의 실체의 통일성에 관한 견해는 기독교 강요의 증거에 머무른 기독론적인 통일성이었다.[30] 일찍이 독일 칼빈 연구자들의 대표자들과 오토베버(Otto

---

28) Camero에 따르면, 칼빈이 그리스도가 믿는 자들을 위해서 충분하게 만족시켰고 역시 그 만족은 경건한 자들을 위해서 유효하다고 쓰고 가르쳤다 (Calvinum scripsisse aut docuisse, Christum ex aequo pro omnibus hominibus mortuum fuisse, ex Dei consilio & intentione, ……)는 것이다. 그러나 Rivetus 는 칼빈이 그리스도께서 모든 이들을 위해서 동등하게 죽으셨다고 말하였다는 기록은 어디에서도 보지 못하였다(Calvinum scripsisse aut docuisse, Christum ex aequo pro omnibus hominibus mortuum fuisse, ex Dei consilio & intentione, nunquam ex ipsius scriptis probari poterit; …… Certe nullibi eum video dicere Christum ex aequo pro omnibus esse mortuum)고 하였다 (A.Rivetus, Opera theologica, Roterodami 1651, 840ff).

29) Karl Barth, Evangelium und Gesetz, Theologische Existenz heute 32, München 1935. 특별히 언약궤 안에 시내산 십계명 돌 판이 들어 있는 것처럼, 복음 안에 율법이 포함한다는 의미에서 율법은 그 내용이 은혜인 복음의 필연적인 형식이라고 고백하고 있다: das Gesety ist nichts anderes als die notwendige Form des Evageliums, dessen Inhalt die Gnade ist. Gerade dieser Inhalt erzwingt diese Form, die Form, die nach Gleichform ruft, die gesetzliche Form. Genade heißt, wenn sie offenbar, wenn sie bezeugt und verkündigt wird, Forderung und Anspruch an den Menschen(ibid., 11).

30) Zeugnisse der bekennenden Kirche: Eine Sammlung von Kundgebungen und Synodalbeschlüssen, Bad Oeynhausen 1535, 67: "Die Kirche hört das ein für

Weber)의 제자들의 학위논문들은 이 선에 굳게 서 왔다. 그러나 칼빈의 증거 전체를 볼 때, 터툴리 안의 삼위일체의 통일적 경륜과 어거스틴의 삼위일체의 경륜적 통일성이 칼빈의 언약의 통일성 뒤에 깔려져 있음을 볼 수 있다. 이런 칼빈의 신구약 실체의 통일성이 정통 개혁주의 안에서 계속 되었고 웨스트 민스터 신앙고백서에서 현저히 고백되고 있다. 따라서 정통 개혁주의에서는 루터주의가 대화하기를 원하고 만나기를 원하는 코케이우스의 성경신학적 언약론을 비판 없이 지나치지 않았다. 구약의 성도와 신약의 성도 사이에 죄의 용서의 차이가 있는 것이 아니고 세 언약들이 신구약을 통해서 발전된 것 (doctrina de triplici foedere)도 아니다. 계시의 점진성이 신구약 사이의 실체의 통일성을 파괴하지 않는다. 이렇게 개혁주의가 독특하게 주장해 온 신구약의 실체적 통일성이 복음주의 신학 아래에서 현금 상당히 약해지고 있다. 즉 신구약 서론, 성경의 낱권의 개별적 신학 연구, 계시의 점진성, 유기적 영감론의 광대한 적용, 적응계시 이론 (Accommodation-theory) 아래 보수주의 서구 신학계에도 가블러(J.Ph. Gabler)의 성경신학(theologia biblica)의 개념[31] 등과 같은 계몽주의

---

allemal gesprochene Wort Gottes durch dei freie Gnade des heiligen Geistes in dem doppelten, aber einheitlichen und in seinen beiden Bestandteilen sich gegenseitig bedingenden Zeugnis des Alten und des Neuen Testamentes, das heißt in dem Zeugnis, des Moses und der Propheten <u>von dem kommenden, und in dem Zeugnis der Evangelisten und Apostel von dem gekommenen Jesus Christus.</u> Damit ist <u>abgelehnt die Ansicht</u>: Die biblischen Schriften seien zu verstehen als Zeugnisse aus der Geschichte menschlicher Frömmigkeit, maßgebend für dei christliche Frömmigkeit sei aber <u>vorwiegend oder ausschließlich das Neue Testament</u>; es könne oder müsse darum das Alte Testament zugunsten des Neuen abgewertet, zurückgedrängt oder gar ausgeschieden werden".

31) Ioannes Philippus Gabler, De iusto discrimine theologiae biblicae et dogmaticae regundisque recte utriusque finibus [1787], 186: "Sunt quidem scriptores sacri omnes viri divini, atque auctoritate divina muniti; sed non omnes eamdem religionis formam spectant. ⋯⋯ Neque omnino Θεοπνευσίαν delevisse in viro quoque snacto propriam ingenii vim et naturalis rerum intelligentiae modum,

시대의 산물인 루터주의적 신신학(Neologie)의 영향이 이처럼 강도 깊게 뿌리를 내리고 있다는 것은 심히 우려되는 일이다.

기독론에 있어서 종교개혁자들의 통일적인 고백인 구약의 여호와에 대한 기독론적인 이해는 보존되어야 한다. 칼빈에 따라 여호와 이름 아래 그리스도의 현현(manifestatio)은 인정하되 구약에서의 그리스도의 실체적인 육체(substantiale corpus)는 인정할 수 없을 것이다. 그렇다고 루터주의처럼 그리스도의 성육신과 죽음이 신성과 인성의 실제적인 통일성으로써 이해될 수 없을 것이다. 즉 신은 죽었다는 신학이 루터주의 안에서만 가능하다. 이런 면에서 보면 아타나시우스의 신조와 칼케톤 신조에 대한 해석에 있어서 루터주의와 칼빈주의 톡특성(Extra illud Calvinisticum) 사이에는 약간의 충돌이 있다.[32] 다시 말하면 루터주의는 두 본성의 실제적 통일성을 주장하되 육체 밖에 로고스가 없다(nec λόγος extra carnem)는 주장이지만,[33] 쯔빙글리 이

---

hoc sane multis verbis non eget. ⋯⋯ Quae cum ita sint, seiungamus necesse est, nisi in cassum laborare velimus, singulas religionis antiquae et novae periodos, singulos acutores, singula denique dicendi genera, quibus quisque pro ratione temporis et loci usus fuerit; sitne genus historicum, an didacticum, an poeticum. ⋯⋯ deinde e novae formulae epocha notiones Iesu, Pauli, Petri, Iohannis, Iacobi". 성경 저자들의 적응계시이론도 여러 곳에서 기초적이고 포괄적으로 주장하고 있다: "Id quod saepe est non modo in libris poeticis aut propheticis; verum etiam in Apostolorum scriptis, ubi haec improprietas verborum repetenda est vel ab ingenii fecunditate, vel ab adversariorum consuetudine, vel ab sus vocabuli primis lectoribus familiari(ibid., 1. ⋯⋯ Denique probe dispiciendum est, ⋯⋯ an ex effatis librorum veteris formulae, et quidem accommodate ad sensum primorum lectorum. ⋯⋯ Pari ratione indagandum sedulo est, quid in libris N.T. accommodate ad notiones aut necessitates primi orbis Christiani dictum sit, ⋯⋯"(ibid., 188, 189, 191).

32) Cf. Heiko A.Oberman, Die "Extra"−Dimension in der Theologie Calvins, in: Geist und Geschichte der Reformation, Festgabe Hanns Rückert zum 65. Gebuhrtstag, Berlin 1966, 323-356.

33) Chr.E.Luthardt, Compendium der Dogmatik, bearbeitet von F.F.Winter, Leipzig 1929, 214: "nec λόγος extra carnem, nec caro extra λόγον; humana natura in Christo est capax divinae".

래 개혁주의의 경우는 그리스도의 신성(totus)이 인성 안에 거하는 인격적 통일성을 주장하면서 동시에 그래도 신성(totus)은 인성 밖에 있다는 주장이다.[34] 그렇기 때문에 개혁주의의 기독론적인 전통에 있어서 구약의 그리스도와 성육신된 그리스도 사이에는 난제가 있다. 그러나 그 난제에 대한 해결에 있어서 개혁주의 내의 다양한 노선과 관련하여 또렷한 기준이 되지 못하고 있다. 아마 이런 입장은 개혁주의의 독특성이었다고는 할 수 있으나 개혁주의의 보편성이라고 보기는 힘들다. 왜냐하면 이런 입장에 대해서 개혁주의자들 사이에 큰 논쟁이 되었거나 모두에 의해서 또렷이 주장되는 것이 아니기 때문이다. 대부분 교부들의 입장에 머물고 이런 방향에서 자신의 입장을 분명히 드러내 주고 있지 않기 때문이기도 하다. 웨스트민스터 총회 당시 문서출판을 통해서까지 장외 논쟁한 인물 중에 개혁주의 장로교 신학적 입장을 변명한 가장 대표적 인물들로서 사무엘 러더포드와 스티븐 마샬, 죠지 길레스피 등을 들 수 있겠다. 사무엘 러더포드는 스코틀랜드 교회개혁 시에도 아르미니안주의와 싸우는 글을 발표하였지만 웨스트민스터 회의의 논쟁과정에서도 회중교회의 입장과 에라스투스주의에 대한 반박의 글들[35]을 발표하였다. 웨스트민스터 총회 후

---

34) 칼빈의 경우 그의 기독교 강요 초판에서부터 증거되고 있다: "Qualiter a Paulo(1 Cor.2) Dominus gloriae crucifixus dicitur, non quia secundum divinitatem sit passus, sed quia Christus, qui abiectus et contemptus in carne patiebatur, idem Deus erat et Dominus gloriae. Ad hunc modum et filius hominis in coelo erat, quia ipse idem Christus, qui secundum carnem hominis filius habitabat in terris, Deus erat in coelo. Qua ratione, eo ipso loco, descendisse dicitur secundum divinitatem; non quod divinitas coelum reliquerit, ut in ergastulum corporis se abderet, sed quia, tametsi omnia impleret, in ipsa tamen Christi humanitate corporaliter, id est, naturaliter habitabat et ineffabili quodam modo (Col. 2)" (Insitutio 1536, IV, 140-1). Cf. Chr.E.Luthardt, Compendium der Dogmatik, bearbeitet von F.F.Winter, Leipzig 1929, 214: "sic λόγος naturam humanam sibi univit, ut totus eam inhabitet et totus quippe immensus et infinitus extra eam sit";

35) Samuel Rutherford, A Peaceable and Temperate Plea for Pauls Presbyterie in

에도 러더포드36)와 뜻을 같이하여 또한 다니엘 코드레이가 회중교회를 비판하는 중요한 논쟁의 책37)을 썼다. 극단의 분리주의자들인 브라운주의들과 달리 상당히 건전한 회중교회의 입장은 화란과 신대륙에 있는 회중교회들이었다. 이미 화란에서 장로교입장에 강한 John Paget(?-1638)과 회중교회주의자들 사이의 싸움이 잘 알려져 있었지만 특별히 웨스트민스터 성직자들에 의해서 독립교회주의를 주장하는 자들의 주장의 근원으로 돌아가 좀 더 건전한 회중교회주의자들의 중심인물의 교회관들도 비판받게 되었다. 주 비판의 대상인물들은 Henry Ainsworth (1570−1622), Henry Jacob(1563-1624)38), Francis Johnson(1562-1618),

---

Scotland,m London 1642; The Due Right fo Presbyterie or, a Peaceable Plea, for the Government of the Church fo Scotland, London 1644; The Divine Right of Church-Government and Excommunication., London 1646.

36) Samuel Rutherford, A Survey of the Survey of that Summe of Church-Discipline penned by Mr. Thomas Hooker, Late Pastor of the Church at Hartpord upon Connection in New England, wherein the Way of the Churches of N.England is now re-examined; Arguments in favour thereof winnowe; The Principles of that Way discussed; and the Reasons of most seeming strength and nerves. removed, London 1658.

37) Daniel Cawdrey, The Inconsistencie of the Independent Way, with Scripture and It Self. Manifested in a threefold Discourse, I. Vindiciae Vindiciarum, with M.Cotton. II. A Review of M.Hookers Survey of Church-Discipline. III. A Diatribe with the same M.Hooker concerning Baptism of Infants of Non-Confererate Parents., London 1651.

38) 그는 옥스퍼드에서 공부하였고(1581 BA., 1586 MA.), Middelburg에서 10년 동안(1606-1616) 목회하였다가 London으로 돌아가 회중교회를 세워 회중교회의 어머니 교회가 되게 하였다. 화란에서의 초기 생활은 알려지지 않았고 1599년 그리스도의 지옥에 내려가심에 대한 신학적 논쟁에서 비로소 알려졌다(Survery of Chirst's Suffering and Descent into Hell, 1597; A Treatise of the Sufferings and Victory of Christ in the Worke of our Redemption declaring that Christ after his Death on the Corsse went not into Hell in his Soule, Middelburg 1598). 그는 Francis Johnson과는 달리 영국교회와의 분리를 반대하여 영국교회를 참된 교회로 인정하였다(A Defence of the Churches and Ministry of England, Middelburg 1599). 그의 회중교회적인 경향은 레이든의 W.Ames와 J.Robinson와의 우연한 대화과정에서 강화되고 깊어졌고, 런던으로 가서 분리주의적인 경향을 가지게 되었다(Biografisch Lexicon voor de

John Robinson(1575-1625), Thomas Hooker (1586-1647), John Cotton (1584-1652), John Davenport(1597-1670), Hugh Peter(1598-1660)[39]등이었다. 이 논쟁의 중심은 교회의 열쇠가 누구에게 있는가, 교회언약(Church-Covenant)으로 연합되어 날을 정하여 공적인 예배와 성례를 위해 모인 조합(company)으로서 교회 회중자체가 완전한 교회인가에 대한 문제이다. 장로교주의자들의 비판은 교회의 열쇠가 믿는 자들을 대표하는 베드로에게도 아니요, 교회나 사도를 대표하는 한 개인 베드로에게도 아닌, 사도들을 대표하는 베드로에게 주어졌다는 대답이다. 따라서 그리스도로부터 직접 제정된 공직자들을 가진 지교회들로 구성되되, 한 고위성직자(one Lord prelate)나 한 머리교회(one head-Church) 혹은 주교회(the chiefe Church)와 결합된 매어 있는 교회들이 아니라 한 정치형태 아래서 다스리는 직책자들과 다스림을 받는 여러 지교회들로써 그들이 모여 가시적으로 교통하는 지역교회, 국가교회, 세계교회가 완전한 교회라는 것이 장로교의 근본사상이다. 또한 그는 웨스트민스터 총회의 결정에서와 같이 성경에서 증거된 대부분의 교회들은 회중교회나 관구교회가 아니라 장로교 정치형태를 가진 교회라고 주장하고 있다. 특별히 사무엘 러더포드에 따르면 회중교회의 교회관은 G.Voetius의 동의[40] 이외에는 전 유럽개혁주의들

Geschiedenis van het Nederlandse Protestantisme Ⅲ, Kampen 1988, 194-195).
39) 그는 케임브리지 대학에서 공부하였고(BA. 1618; MA. 1622), 1623년 6월 18일에 사제가 되었다. 이미 케임브리지 대학시절에서부터 W.Ames, Paul Baynes, Th.Hooker의 영향하에 있었다. Middelburg에서 그의 목회초기까지는 분리주의자가 아니었다. 이는 영국에 있었을 때 장로교적인 입장을 고집함으로 감옥생활까지 하였기 때문이다. 그러나 Middelburg에 와서 브라운주의자들과 교제로 말미암아, 특별히 John Greenwood와의 친밀함으로 말미암아 분리주의로 나아갔다. 영국에서 분리주의 교회에서 섬기다가 감옥생활을 하게 되었고(1592-1597) 그 후 암스테르담으로 와서 거기 분리주의 교회에서 목회를 계속하였다(1597-1617).
40) 사무엘 러더포드의 증거 외에도 특별히 다음의 논문을 참조하라: M.Bouman, Voetius over Het Gezag der Synoden, Amsterdam 1937.

(J.Calvin, Th.Beza, Peter Martyr, H.Zanchius, F.Junius, D.Pareus, W.Whitaker, Tilenus, Professors of Leyden-J.Polyander, A.Walaeus, A.Thysius, A.Rovetus-J.Piscator, W.Bucanus)로부터 인정이 되지 않는 주장으로서 그 근원에 있어서 아르미니우스주의자들과 소키니우스주의자들의 주장으로 돌리고 있다. 한편 같은 웨스트민스터 총회의 스코틀랜드 총대인 Robert Baillie는 독립교회의 참된 근원을 재세례파에게 돌리고 있다.[41] 에라스투스주의에 대한 비판 서적들 중에서도 죠지 길레스피의 「아론의 싹 난 지팡이」(Aaron's Rod Blossoming: or The Divine Ordinance of Church Government, London 1646)란 책이 개혁주의 장로교 입장을 변명한 결정적인 책이었다. 거기에서뿐만 아니라 유고작으로 출판된 그의 논문집에서 가톨릭교회와 영국 국교회의 정치원리들을 비판하는 장로교의 원리를 한마디로 장로회 자체(unitas)에 교회의 열쇠가 주어졌다는 원리로 설명하였다.[42] 이 회 자체(unitas)에 주어진 권리와 회중교회 지도자 토마스 후커의(그것만이 교회직원을 선출할 권리를 갖는) 본질적인 교회전체(Totum essentiale)에게 주어진 권리 사이는 구별되어야 한다. 이런 장로교의 원리는 어떤 형태로든지 한 회 안에서 혹은 그 회를 넘어서 어떤 한 개인에게 권리가 이양되는 모든 교회의 정치활동을 배제하면서도 교회의 정치활동도 교회의 성격에 포함시킨다. 지교회로서 완전하다고 보지 않는다. 지교회 밖에 노회나 총회를 두고 있다. 다만 지교회 안에 다스리는 장로가 있고 가르치는 장로가 의장으로 하는 장로회인 당회가 있

---

41) Robert Baillie, Anabaptisme the True Foundation of Independency, Browinisme Familisme ……, London 1647.

42) Aaron's Rod Blossoming: or The Divine Ordinance of Church Government Vindicated(London 1646), Harrisonburg 1985, 83; G.Gillespie, A Treatise of Miscellany Questions: wherein Many usefull Questions and Cases of Conscience are discussed and resolved, Edinburgh 1649, 97-110(=The Works of George Gillespie, II, 41-46).

지만 지교회의 당회와 같이 다스리는 성격으로 노회가 있는지에 대한 문제는 어려운 문제로 남아 있다. 그러나 적어도 노회 안에서의 목사들과 장로총대들 사이에 동등성이 강조되고 있다. 이런 의미에서 스코틀랜드의 교회전통에서 회를 대표하는 상비적인 인물들(예를 들면, a perpetual moderator)이 있었다기보다는 그때 회의 중에서 결정되었던 의장들[43])이나 위원회들,[44]) 총대들이 있었다는 것은 오래된 바른 가르침이 된 것이다. 칼빈에게 있어서 저항권은 교회 안에서의 저항권을 인정하고 관원에 대한 저항권을 인정하지 않았다. 그러나 그 저항방식이란 오직 성경 이외에 다른 저항방식을 인정하지 않았다. 칼빈의 이런 저항정신에는 전제해야 할 특별한 원리들이 있었다. 첫

---

43) 당회의 의장(Moderator)은 목사여야 하고 공석일 때 노회에서 임시당회의장 (Interim Moderator)을 임명한다. 노회에서 뽑힌 노회의 의장은 1944년까지는 6개월 임기였으나, 1966년부터 1년 임기로 변경되었다. 노회는 회원 3인 이상이 요구하였을 때 언제든지 회집할 수 있다(a pro re nata meeting). 총회의 의장은 그 교회의 의장이 아니요 교회의 권위자나 대교회 대변인이 아니라는 것이 중요하다(He is Moderator of the Genenral Assembly and not, as is often misrepresented, Moderator of the Church of Scotland. ⋯⋯ He is not a minister plenipotentiary, a 'Church Leader', or an authorized spokesman of the Church) (cf. A. Herron, Art. Moderator, in: Dictionary of Scottish Church History & Theology, ed.by N.M.de S.Cameron, Edinburgh 1993, 596-7). 각 치리회들(courts-Kirk Session, Presbyterie, Synod, Genral Assembly)의 의장들의 기능은 개혁주의의 역사에서 오래된 것이다. 처음 스코틀랜드 교회의 '제 2 권징조례(The Second Books of Discipline)'에 정의되어 있으나, 그 근원은 제네바 의장제도로 알려져 있고 영국에서 Thomas Cartwright의 정치지침서에서 가장 정확하게 정의되었다(김영규, 월터 트레버스의 장로교 정치원리 (unpublished), p.2 note 4, 26-27).

44) 대한 예수교 장로교의 전신이 북장로교 헌법에는 집행위원회들의 기능에 대해서 맡긴 일만 하고 발기하는 힘을 갖지 못한다고 분명히 규정되어 있다: Executive Commissions shall handle and consider only such administrative business as may be referred to them by the electing judicatories, as indicated in the succeeding sections, and shall have no power of initiating action exception as hereinafter provided. No judicial business shall be referred to an Executive Commission, The Constitution of the Presbyterian Church in the United States of America, Philadelphia 1915, 396.

째로 칼빈이 그리스도의 영적인 왕국(Spirtuale Christi regnum)과 시민정체(civilis regimen, civilis ordinario, regnum politicum) 사이를 왜 구별하였는가가 중요하다. 이 구별은 단순히 질서와 법의 차이가 아니라 거기에 속한 것들은 크게 구별된 것들이라는 것(res esse plurimum sepositas)45)이다. 전자는 하나님의 왕국, 참된 의, 영생의 축복에 관련된 하나님의 순수한 지식(pura Dei notitia), 참된 의의 본성(verae iustitiae ratio), 하늘의 왕국의 신비(regni coelestis mysteria)와 같은 하늘의 것들(res coelestae)이라 부르고 후자는 정치(politia), 경영(aeconomia), 모든 기술들(artes omnes mechanicae)과 자유학문들(disciplinae liberales)과 같은 땅의 것들(res terrenae)이라고 부른다. 문제는 후자의 요소들 안에서 전자의 것을 찾거나 그 안에 포함시키지 말라는 것이다. 따라서 그리스도 왕국에서는 땅의 정치체제가 민주주의이냐 공화정이냐, 왕정이냐가 중요하지 않다. 즉 교회는 "사람들 사이에 네가 어떤 조건에 있든, 어떤 땅이나 종류의 법 아래 살든 중요하지 않다(nihil referre, qua sis apud homines conditione, cuius gentis legibus vivas)." 그러나 이런 지식의 목적은 궁극적으로 부패된 인간에 관한 지식과 하나님에 대한 지식에 있다. 따라서 윤리적 혹은 정치적 질서의 씨로서의 인간이성(humana ratio) 혹은 이성의 빛(lux rationis)이나 그로 인한 인간활동들을 결코 무시하지 않고 어떤 영원한 목적에 이바지하는 성격에서 포용적이다. 둘째로 하나님의 섭리에 대한 특별한 이해가 있다. 셋째로 이것과 함께 저항방식으로서 오직 성경이 결정되었다. 그러나 예외가 있었는데 그것은 사도행전 5장 29절에 근거하여 지배자에 대한 복종이 하나님에 대한 복종보다 앞서지 못한다는 점이다. 주님만이 왕의 왕이시라는 것이다. 칼빈은 그 복종의 질서를 간결하게 표현하였다: 주님은 "모든 것 전에 동시에 모든 것 위에 들

---

45) J.Caivin, Institutio 1536, Ⅵ, 259.

어야 할 자이다. 따라서 우리보다 높은 인간들에게 우리가 복종하되, 그분 안에서 외에는 복종해서는 안 된다(Dominus ergo rex est regum, qui ubi sacrum os aperuit, unus pro omnibus simul ac supra omnes sit audiendus. Iis deinde qui nobis praesunt hominibus subiecti sumus: sed non nisi in ipso)."[46] 이런 사도행전 5장 29절에 대한 입장이 후에 개혁주의 안에서 John Poinet,[47] Christopher Goodman(1520-1603)[48] 과 John Knox[49]의 저항개념[50]으로 발전하게 된다. 동시에 역사적으로 유럽개혁교회(우르시누스이래)와 장로교 전통에서 교회의 주권을 관원에게 허용하는 에라스투스주의를 단호히 거절해 왔다. 특별히 그리스도만이 교회의 유일한 왕이시요, 머리이시라는 고백이 장로교회의 확고한 입장이다. 이런 식으로 정경분리는 가장 기본적이고 확고한 개혁교회의 입장이었고 그러면 어떻게 분리할 것인가에 대한 그 분리의 정신도 칼빈의 정신을 유지해 왔다고 볼 수 있다.

세속세계에 대한 이해도 적극적이다. 창조계시 혹은 일반계시에서도 초자연적인 은총으로 이해하는 정도로 하나님의 지식을 발견하고자 하나 그 계시의 본질적인 성격을 오직 성경에서만 인식한다는 점에 강조를 둔다. 따라서 그리스도인들은 단순히 성경의 창조론으로 돌아가지 않고 창조의 주체와 창조의 근원과 방식, 목적 및 그 종결로 돌아간다. 그렇기 때문에 창조에 대한 성경계시를 파괴하거나 무

---

46) Johannes Calvinus, Institutio 1536, VI, 279.

47) John Poynet, A Shorte Trea / tise of Politike Power, and of the True Obe / dience which subiectes owe to kynges and other / civile Governours, with an Exhortacion / to all true naturall Englishe / men, comlyled by D.I.P.B.R.W. 1556.

48) How / Superior / Powers oght to be obey of their subiects: and Wherin they may law / fully by Gods Worde be disobeyed and resited., Printed at Geveva by John Crispin., M.D.LVIII.

49) Cf. John Knox, On Rebellion, ed. by Roger A. Mason, Cambridge Uni. Press 1994.

50) Cf. Jürgen-Burkhard Klautke, Recht auf Widerstand gegen die Obrigkeit?, Diss. Uni.Kampen 1994, 446ff.

시하지 않는다. 그 계시는 모든 계시의 기초이다. 여성문제와 관련하여 바울의 입장을 고집하는 것은 이런 면에서 정당하다. 그리스도인의 의식은 사회윤리나 과학적 의식과 근본적으로 차이가 있다. 이 차이는 오직 성경만 먹고 마시는 삶의 차이일 것이다. 사실 사회나 국가가 우리에게 특별히 요구하는 것은 함께 운동하고 같은 의식을 갖는 것이 아니라 사회나 국가에 궁극적 해답을 주는 것이다. 칼빈의 욥기주석에서 나타난 대로 우리 그리스도인들은 지금도 차원적으로 역사하시는 하나님의 역사를 알리는 것이다. 인간들도 일하고 영적인 실체들도 일하고 하나님도 일하신다. 그러나 하나님은 일하시는 차원과 방식이 다른 것이다. 모든 일에 있어서 그분 안에서만이 시작과 종결이 있다. 다만 우리 그리스도인들이 실제로 원수를 어디까지 사랑할 수 있는가에 대한 범위와 관련하여 칼 바르트(에밀부르너와 파울 알타우스에 반대하여)처럼 일반은총과 특별은총이란 이원론을 거절하고 철저히 처음부터 마지막까지 하나님의 자유롭고 주권적인 하나의 은혜만을 강조하는 신학에 대해서 현금 심사숙고하는 경향이 있다. 즉 칼빈의 경우처럼 보편은혜 혹은 일반은총에 대한 개념이나 입장이 성경에 대한 고백에 대한 도입의 성격에서 들어오거나 하나님의 섭리의 영역에서 이해한다는 것이다. 일반은총과 특별은총, 일반계시와 특별계시의 구별이 결코 민족주의나 이성주의에 대한 근거로서 등장할 수 없다는 것이다. 따라서 처음부터 끝까지 하나님의 자유롭고 주권적인 은혜 아래 복음만 포함한 것이 아니라 율법, 심판, 죽음과 지옥까지 포함시킬 수 있다는 점이다. 그러나 마치 바울(고후 3:1-12)과 어거스틴의 정신인 것처럼 그것은 그가 성경이란 개념보다 하나님의 말씀이란 개념을 더 좋아하는 정신과 비슷한 정신이 되어서는 안 된다는 점에서 또한 바르트주의와 거리를 갖는 조심한 기준이 된다. 문화적 다원주의를 인정하는 방식은 이미 과거 미국 북장로교가 1902-3년에 웨스트민스터 신앙고백서를 수정할 때부터 시작하였다. 중생되지 못한 자들에 의해서 행한 것들도 하나님이 명령할 것일 수 있고 유익할 수 있다는 부분을 1902-1903년 이후 그것들은 찬양할 가치가 있고 그런 것들을 무시하는 것은 죄요, 하나님께 불쾌한 것이라고 수정하였다. 또한 사랑과 은혜 사이의 구별, 유아로 죽은 모든 택자들이 구원받는다는 것이 아니라 유아로 죽은 모든 아이들이 구원을 받는다는 식으로 수정하였다. 그때 이래 장로교회에서 유아세례를 줄 필요가 없게 되었다. 이런 문제들을 포함하여 현금 보편은혜 안에 일반적 총애(favor in general)와 일반적인 선물들(gifts in general) 사이의 구별은 종교적 다원주의와 대화의 방식에서 나오고 있다. 칼빈에게 있어서 의식법을 제외한 모세의 법의 대부분을 도덕법으로 이해하였고 십계명 안에 포괄할 수 있었다. 따라서 중생된 이후에 그 법의 사용(usus legis tertius)을 열어 놓았다. 그와 같이 제 4계명 안식일 준수도 도덕법으로 해석하였고 중생된 그리스도인들은 그리스도께서 성취한 의식적인 성격을 제외한 주일의 개념 아래에서 같은 방식으로 지켜야 할 것을 강조하였다. 이것은 퓨리탄들에게도 예외가 아니었다.51) 그들은 주일만 지키고 도덕법으로 이해될 수 없는 의식법에 속한 유대절기들을 지키려고 하지 않았다. 엘리자베스 여왕시대에 이미 주일날 백성들의 오락을 위해서 공적으로 스포츠가 허용된 이래(1583) 퓨리탄들에게 비판의 대상이 되었다. 그러나 안식일 논쟁은 Mr.Bound가 안식일에 관한 논문에서 주일은 유대인의 안식일처럼 지켜져야 하며 그 법은 도덕적이고 영원한 법이라 하여 주일을 세속화하는 스포츠나 오락게임들을 버릴 것을 발표하자, 대주교인 Whitgift가 출판된 그 책들을 회수하고 더 이상 출판하지 못하도록 금지하였던 일이 있은 후에도 계속 은밀히 읽혀졌다. 그러나 이런 정신은 역사적으로 가톨릭이나 영국 국교회에 의해서 핍박의 대상이

---

51) Cf. William Twiss, The Christian Sabbath Vindicated, London 1641; Thomas Shepard(1605-1649), These Sabbaticae.

되었다. 우선 첫째로 퓨리탄들을 핍박하기 위해서 1618년 8월 25에 처음 법정과 주교들이 결정되어 제임스 1세의 왕명으로 출판된 퍼스의 5개 조항이 결국 목회자들에게 강요되는 사건들이 있었다. 이 5개 조항은 성례를 무릎을 꿇고 받도록 할 것, 사적으로 병자에게 성례를 집행할 의무, 필요에 따라 사적인 세례집례의 허용, 이미 세례받은 어린애들은 주교에게 데리고 가 견신례(Confirmation)와 주교의 축복을 받을 것, 크리스마스, 부활절, 성령강림절, 승천절을 지킬 것 등이다. 둘째로 개혁주의 퓨리탄들의 번성을 막기 위해 소위 「오락의 책 (A Declaration to encourage Recreations and Sports on the Lord's Day)」을 출판하여 목회자들로 하여금 읽도록 강요한 사건들이 제임스 1세 때(1618)와 챨스 1세 때(1633)에 있었다. 특별히 퍼스의 5개 조항은 스코틀랜드 총회에서 불법으로 통과되었기 때문에 계속 스코틀랜드 교회의 저항의 대상이 되어 왔다가 1638년 총회개혁에서 처음 그 총회의 결정을 무효화하였다. 퓨리탄들의 순수성(non-conformity)이란 이런 주일성수와 예배의식에 대해서 생명을 걸고 그 개혁주의 전통을 지키는 데 있었다. 그리고 이런 오락의 책에 대한 저항정신과 퍼스의 5개 조항에 대한 거절은 모든 퓨리탄들(장로교적인 퓨리탄들과 독립교회적인 퓨리탄들)에게 공통된 정신이었을 뿐만 아니라 역시 미국의 프린스톤 신학의 확고한 정신이었다.[52] 유럽대륙에서도 이런 퓨리탄 정신으로부터 영향을 받은 인물들(G.Udemanus, W.Teellinck, J.Spiljardus)이 1612년 이래 강한 주일성수를 강조함으로 논쟁이 되기 시작하여 도르트회의에서도 논쟁이 되었고, 1620년 이후 G.Udemannus, W.Tee-llinck와 Jacobs Burs 사이에 논쟁이 있었고, 거기에 꼬리를 이어 1621-1627년 사이에 남홀란드(Zuid-Holland)의 특별대회에 논쟁이 있었고 계속해서 A.Thysius, A.Walaeus, F.Gomarus, A.Rivetus, G.Amesius

---

52) Samuel Miller, Presbyterianism: The Truely Primitive and Apostolical Cons-titution of the Church of Christ, Philosophia 1835, 66ff.

등으로 이어지는 Hoornbeek, Heidanus, Coccejus사이의 논쟁, Utrecht 대학, Groningen대학 내의 논쟁으로 발전하였다.53) 즉 기본적으로 해결되지 않는 문제로 남아 있게 된 것이다. 그러나 퓨리탄들의 기본입장은 가톨릭주의와 영국국교회자들의 주일의 세속화와 재세례파, 퀘커교도, 다른 이단들의 주님의 날을 버리는 운동, 또한 이런 이단들에 대해서 관대하고 관용함으로 상업도시들이 세속화됨으로 주님의 날이 지켜지지 않는 상황에 반대하여 강한 주일성수에 대한 입장을 표명하였다고 볼 수 있다.54) 웨스트민스터 총회 성직자 중 William Gouge는 사도행전 20장 7, 11절의 주석에 근거하여 24시간 주일성수를 강조하였다.55) 이에 따라서 몇 가지로 정리한다면 다음과 같다:

첫째로 장로교인들은 예식서의 사용을 불법적이라고 하지는 않지만 정해진 예식서에 제한하는 것을 거절한다.

둘째로 장로교인들은 주일 이외에 부활절, 성탄절 등의 절기들을 지키지 않는다. 부활절은 Eostre라는 이방여신을 기념하는 축제를 기

---

53) Cf. H.B.Visser, De Geschiedenis van den Sabbatsstrijd onder de Gereformeerden in de Zeventiende Eeuw, Utrecht 1939.

54) George Walker, The Doctrine of the Sabbath, London 1638, 137: "First for the Church of Rome, and all that are of her faction devoted to her superstition and Idolatry, ······ Yet now in later times both in Doctrine & practise they are growne very desolate, especially the Romish Catholicks which live among us, turning the Lords day into a day of liberty, and spend a great part of it in sports, plaies, revelling other bodily exercises which are carnall, fleshlym prophane and impoius. ······ Secondly, there are of the hereticall faction of the Anabaptists, Antimoinians, families & other such prophane Sectaries, which little of any law of God or man, ······ These esteem and observe no daie at all, according to their own fancy, and make the Lords day so far as for feare of men make it a day of buying and selling wares, and a day of labour, and of bearing and carrying out burdens as they well know who have at Amsterdam where such heretickes and sectaries are tolerated."

55) William Gouge, The Sabbaths Sanctification., London 1641, 24ff.

독교적으로 대체하였고 성탄절은 로마의 신 Saturn을 기념하여 제정된 것을 축제로 지키고 있기 때문이다.

셋째로 세례 시 십자가의 상징을 하지 않는다.

넷째로 견신례(Confirmation)의 의식을 거절한다.

다섯째로 성만찬을 받을 때 무릎을 꿇지 않는다.

여섯째로 성만찬 예식을 사적으로 집례하지 않는다.

그러나 한국장로교의 경우 지금까지의 예배의식들의 전통으로 보아 이런 개혁주의 정신이 역사적으로 확고하게 인식되거나 바르게 가르쳐 왔다고 보기 힘들다.

"퍼스의 5개 조항들은 버려져야 되고 말살되어야 할 것을 선포하는 그라스고우 총회"

"총회는, 그때에 들어와 지금까지 계속되어 온 커다란 불화인 퍼스 조항들 이전에 이 교회 안에 있었던 예배의 통일성을 기억하면서 그것이 목사들과 교수들 모두에 반(反)하여 야기해 온 슬퍼해야 할 결과들로서 이미 이 총회에서 선포된 퍼스총회의 불법성과 무효를(기억하면서), 1638년 2월 신앙고백의 필연적 쇄신에 있어서 하나님의 예배에 소개된 갱신의 실천이 자유총회에서 결정되기까지 연기되고 있었다는 것, 그리고 같은 해에 관원들의 명령으로 어떤 사람들이 처음 서명하였을 때 고백된 대로 신앙고백에 서명했다는 것, 이런 이유들 때문에 총회는 전의 조항에 대해서 1580년, 1581년, 1590년과 1591년에 의도되고 고백된 대로 그들이 신앙고백에 모순적인지 힘겨운 조사에 임하였다.

그리고 첫째로 일반적인 다음과 같은 것을 발견하고 있다. 즉 신앙고백으로 우리는 고백하기를, '우리는 기꺼이 오랫동안 왕의 권위에 의해서 공적으로 고백된 종교의 형식과 모든 점에서 하나님의 의심되지 않은 진리로 여겨진 대로 오직 그의 쓰인 말씀에 근거한 이 영역의 전체를 우리의 양심으로 동의하고 따라서 대적적인 모든 종교와 교리를 거부하고 미워한다. 주로 하나님의 말씀과 스코틀랜드 교회에 의해서 멸시되고 논박된, 일반적이고 특별한 가톨릭 의식들을 (거부하고 미워한다). 특별히 로마 가톨릭 적그리스도, 모든 의식들과 제식들을 포함한 다섯 가지 가짜 성례들, 하나님의 말씀에도 없고 참된 성례집례에 덧붙여진 거짓 교리들, 성례 없이 죽은 유아들에 대한 잔인한 심판, 세례의 절대적 필연성을 (거부하고 미워한다). 마지막으로 공허한 비유들, 제식들, 상징들, 하나님의 말씀과 관계없고 혹은 하나님의 말씀에 반대되는, 그리고 우리가 친히 기꺼이 그것의 교리, 신앙, 경건, 권징을 기뻐하는 참된 개혁주의 교회의 교리와 우리의 머리되신 그리스도 안에서 같은 교회의 살아 있는 지체로서 약속하고 맹세하는 등 참된 성례들의 사용에 반대되는, 교회 안에 들어온 (그런) 전통을 싫어한다’고 우리는 신앙고백으로 고백한다. 그리고 이 다섯 가지 조항들이 그때 고백된 종교에 모순되고 하나님의 말씀과 스코틀랜드 교회에 의해서 논박된 것들이다. 참된 성례들의 집례들에 덧붙여졌고 하나님의 말씀에도 없는 제식들과 의식들이거나 혹은 성례 없이 죽은 유아들에 대한 교황의 정죄를 고양하거나 혹은 세례의 절대적 필연성을 고양하거나 혹은 제식들, 의식들, 전통이 하나님의 말씀과 이런 참된 개혁주의 교회의 교리 밖에 혹은 반대하여 교회 안에 들어왔다. 그리고 다음으로 특별히 절기들에 관해서 발견하고 있다. 첫 항목, 권징의 첫 권에 대한 해석에 있어서 크리스마스 축제, 할례절, 현현절은 사도들과 순교자들과 동정녀 마리아에 대한 축제들과 함께 완전히 폐지되는 것이 좋다고 생각하였다. 왜냐하면 그것들은 성경에 명령된 것도 아니고 보증되는 것도 아니기 때문이다. 그리고 그것들을 지키는 대로 관원들에 의해서 징벌받는 것이 좋다고 생각하였다. 여기에서 전적인 폐지가 요청되고 있고 오용의 개혁만이 아니다. 그런 축제들을 지키는 것이 하나님의 말씀에 의해서 보증이 되지 않기 때문이다. 1556년 에딘버리에서 개최된 총회에서 스위스의 대고백이 인정되었으나 특별한 예외로서 지금 우리에게 문제가 되고 있는 같은 다섯 절기에 대해서 반대되었다. 기각되었던 것은 예배와 공로에 대한 로마 가톨릭적인 견해와 함께 교황적인 경축만이 아니라 단순히 모든 경축들이다(그렇게 스위스 개혁주의 교회가 그들을 경축하지 않았기 때문에). 이런 목적 때문에 그 당시 이 목적에 관련된 이 부분들에 있어서 어떤 성직자들에게 우리의 성직자들이 보낸 라틴어로 된 편지가 읽혀졌다. 1575년 8월 총회에서 아버든 밖에 있는 목사들과 강독자들을 반대하는 상소가 있었다. 왜냐하면 그들이 어떤 축제 때 설교하고 기도하기 위해서 사람들을 모았기 때문이다. 그래서 축제날에 한 그 설교와 기도들은 책망받을 만한 것으로 판결되었다. 그들 자신의 강독자로부터의 거절로 인하여 서판과 호각을 가진 교회의 강독자에게 기도서를 읽도록 강요하고 전달하였기 때문에 드럼프라이스(Drumfreis)란 도시의 섭정자에 대한 상소가 있었다고 똑같이 규정되었다. 이 총회에서 섭정자에게 내린 지시의 내용 중에서 다음과 같은 것이 있다: 주일을 제외한 거룩하게 지키는 율레데이(Yooleday＝크리스마스날)와 같은 모든 성일들과 성자의 날과 그와 같은 다른 날들은 폐지되었음이 요청되었고 이튿날에 연회를 열고 기도하며 잔치하는 것에 대해서 어떤 징벌들이 정해졌다. 1577년 4월에 개최된 총회에서의 일이다. 공의회의 권고를 행할 시찰자들은 부활절, 크리스마스날과 동일한 미신적인 때에 설교하고 성찬을 집례하는 목사에게와 강독하는 강독자에게 성직박탈을 처한다는 조건으로 그만두라고 경고하여야 한다고 규정되어 있다. 제1권징조례 제9항에 근거가 부활절 성찬식에 대한 반대가 기록이 되었다. 너희 고관들은 백성들이 그때가 마치 그 성례에 효력을 주는 것과 같이 그 유월절에 얼마나 미신적으로 그 행동으로 달리고, 일 년 전체의 나머지는 마치 그들에게 나타나지 않고 그때에만 나타나는 것처럼 그들이 얼마나 조심 없고 무시하고 있는지에 대해 무지한 것이 아니다. 그리고 이런 때문에 거룩한 행동을 위해 다른 때가 그 책에 의해서 정해진 것이다. 1595년 3월에 시작되었고 그때에 언약이 갱신된 1596년에 개최된 총회에서 축제의 날들을 지킬 때 쏟아져 나온 미신과 우상, 화톳불을 집히고 카롤을 노래하는 것은 개선되어야 할 부패들에 속한 것으로 사료되고 있다. 주일을 제외한 어떤 축제의 말이든 그것을 지키는 모든 징후들에 반대하여 강단들이 자주 선포하여 왔다.

성찬식에서 무릎을 꿇는 것에 대해서 시편의 글의 머리말에 있고 종교개혁 초기에 우리의 교회에서 공인된 신앙고백에서 다음과 같은 말이 있음이 발견되고 있다. 즉 성례집례에서 우리는 사람들을 따라 행할 것이 아니라 그리스도 자신이 정하신 그대로 그들이 집례되어야 한다. 대 신앙고백 23장에서 올바른 성례집행을 위해서 하나님이 정하신 요소들로, 그리고 그 방식대로 그들이 집례되는 것이 필연적으로 요구되고 있다. 그 사람들은 그들의 자신의 날조로 성례를 조악(粗惡)되게 하고 있다. 그래서 그리스도의 행동의 어떤 것도 원 순수한 상태로 남아 있지 않다. 우리의 고백을 작성한 우리 개혁자들의 판단은 분명한 증거에 의해서 성례를 받는 행동에 있어서 시편의 글의 머리말에 앉아서 성만찬 집례자들에 의해서 나누어진다고 한 성만찬을 거행하는 질서에 있어서 이런 행동에 반대함을 보여주고 있다. 똑같이 권징조례 제2항에 그리스도 자신의 행동과 그의 실천에 가장 가깝고 그의 거룩한 행동에 가장 적절한 것이다. 사람에 의한 고안된 모든 창안들은 그리스도의 완전한 규례에 대한 변질과 죄과이다. 목회자들은 1562년 12월의 총회결의에 의해서 향유되고 있다.(?) 제네바의 질서를 준수하는 것, 낙스 선생이 성례집례 시 거기에서 종종 목사로서 섬겼던 제네바의 영국교회의 질서인데, 그 행동은 1564년 12월에 개최된 총회에서 갱신된 것이다. 거기에서 목사들은 시편전에 세운 질서로 성례의 집례를 하라는 말을 들었다. 그것은 모든 것에 있어서 전자와 동일하다. 왜냐하면 그것은 제네바의 영국 교회의 질서이기 때문이다. 1567년에 개최된 의회에서 이 개혁주의 교회에서 공적으로 집례된 대로 성례에 참여하지 않은 자는 누구든지 이 교회의 지체들에 의해서 비난되어야 한다고 선포되고 있다. 제 위식에서 성례의 의무적인 집례를 주장하는 왕들의 맹세 행위는 그들이 1567년에 집례되었던 대로 1581년에 재가되었다. 그때에 성례의 유용을 지지하는 짧은 신앙고백은 스코틀랜드 교회에서 서명되었다. 신앙고백에 대한 두 번째 서명 이후인 1592년에도 마찬가지이다. 1572년 의회에서 성례들이 바르게 집례되었는데도 그들에 참여하지 않는 일에 대해서 결의가 있었다. 그러나 받을 때 무릎을 꿇는 모습은 이 교회에서 사용된 성례의 집례의 짜임 밖에 있다. 그로 말미암아 분명한 것은 어떤 모습이나 의식도 전에 집례되었고 종교개혁 이래 1618년까지 계속 집례되어 온 대로 성례집례와 항존할 수 없고 하나님의 말씀 밖에 성례의 참된 집례에 덧붙여진 의식처럼 그리고 하나님의 말씀 밖에 그리고 하나님의 말씀과 이 개혁주의교회의 교리에 반대되는 의식이나 전통처럼 우리교회에서 멸시됨에 틀림없다.

셋째로 견신례에 관해서

다섯 가지 거짓 성례들이 멸시된 고백서의 문장에서 그것이 이해됨을 발견하였다. 주교제도가 멸시되었기 때문에 주교들에 의해서 안수도 실패로 돌아간다. 성만찬 입회허락 전에 가르치거나 시험하는 모든 과정에서 안수의 암시는 없다.

넷째로 사적인 장소에서 성례집례와 사적인 세례와 성만식에 관해서

시편전에 기록된 예식서에서 다음과 같이 기록되었음을 발견한다. 마술사와 마법사가 습관적으로 하듯이 성례들은 하나님에 의해서 사

적인 장소에서 사용되도록 제정된 것이 아니라 공집회를 위해서 남기신 것이다. 1581년 10월 에딘버리에서 개최된 총회에서, 신앙고백서가 서명된 같은 해 총회에서 다음과 같이 규정되었다. 그 당시 트라넨트의 목사는 정직되었다. 왜냐하면 개인집에서 세례를 주었기 때문이다. 그러나 그의 위반을 고백하였기 때문에 그가 사면되기 전에 트라넨 교회에서 공적 회개를 하도록 규정되었다. 다른 목사가 사적으로 세례를 주고 유월절에 성만찬을 거행하였기 때문에 1580년 10월에 개최된 총회에서 조사되고 책벌되었다. 그 결의와 책벌이 명백히 밝히는 대로 우리교회는 세례의 필연성에 대한 견해를 육성하고 바티칸처럼 성례를 주는 자는 누구든지 그를 거부하였다는 사실이다. 그 모든 것들과 길게 호소되었고 심사숙고하여 사려된 다른 많은 결의들과 근거들, 모든 사람으로 하여금 그의 마음의 있는 것을 말할 수 있도록 수여된 자유, 좀 더 언급될 수 있는 것은 모든 인간의 충만한 만족을 위한 것이다. 그 문제는 이런 말로 표현되고 있다. 1580년, 1581년, 1590년, 1591년에 의도되고 고백된 대로 신앙고백에 의한 퍼스의 5가지 조항은 어느 것이든 이 교회에서 제거되어야 한다.” 단 한 사람만 제외하고 모두가 만장일치로 총회는 위에서 세분된 다섯 조항들은 이 교회에서 고백 안에서 포기되고 그렇게 그로부터 제거되어야 한다고 가결하였다. 그러므로 (총회는) 그들에 대해서 논하고 오는 모든 시기 동안 그들이나 그들 중 어느 것을 지키는 것을 금하고 누구든지 책임을 물으며 (당회 혹은) 노회(Presbyteries)로 하여금 모든 범과자들에 대해서 교회의 책벌에 의해서 재판할 것을 규정한다.”

① 명목상 주일날 오락을 허용한 것은 민생복지에 목적을 두었다. 신민(臣民)들은 주일 내내 심하게 일하는 천한 자들이다. 그들을 영혼에 새로운 활력을 집어넣기 위해서 오락을 허용해야 하고 그것

을 금하는 것은 그들의 시간을 빼앗는 것이 된다는 논리이다. 더구나 찰스 1세의 포고는 자신의 아버지 제임스 1세의 포고를 기억하는 것이므로 그 오락을 법적인 오락(lawful recreation, lawful sports)이라 칭하였다. 그 찰스 1세의 포고는 제임스 1세의 포고문에 따른 것으로, 후자의 포고문에 그 선민에게 일요일이나 다른 성일에 그 법적인 오락과 정숙한 운동(honest exercises)을 금하거나 방해하지 말 것을 명령하고 있다. 물론 이런 포고문을 낸 것은 어떤 관구(Lancashire)에서 시발되었던 것이고 왕국 전체로부터 백성의 일반적인 불평에 근거하였다. 그 오락의 내용을 보면 남녀 모두에게 허용되는 춤, 뛰고 넘는 남자의 경마 스포츠, 메이게임, 시골축제, 모리스 춤 등 다른 해 없는 오락들이었다.

② 실제로 그 포고문서의 동기는 퓨리탄운동의 확산을 막기 위해서였다. 동시에 퓨리탄운동의 확산(…… is much infected)을 막기 위한 것도 있었고 다른 종교세력인 교황주의(로마 가톨릭 국교기피자들: Popish Recusants)를 견제한 것이었다.

③ 그 당시 오락과 스포츠의 금지는 주일날만 그런 것이 아니고 다른 성일에도 타당한 것이었다. 그러나 그 왕명포고문서는 주일성수를 반대하는 것이 아니었고 다만 일요일 저녁기도 후(after evening prayer), 일요일 오후(upon the Sunday's afternoon) 혹은 모든 신적인 예배종결 후(after the ending of all divine service) 그런 오락이나 스포츠를 허용하는 것이었다. 그러나 그 당시 청교도인들(Puritans)과 엄격한 이들(Precisians)은 온종일 주일성수를 강조하였다. 동시에 어떠한 정숙한 오락이나 건전한 놀이(honest mirth or recreation)까지도 관대하지 않았다는 것을 의미했다. 이런 퓨리탄 정신들은 웨스트민스터 신앙고백서와 예배모범에 정확히 반영되어 있다.

④ 주일날 오락을 허용하는 법은 최고 재판권을 가진 자들인 왕과 주교가 일체하여 일어난 핍박형태였다.

그런 퓨리탄정신은 종교의 오용이었고 그 포고문에 의해서 무지한 자들을 가르치고 그것이 종교의 오도임을 설득시키고 개혁하는 것이었다고 기록하고 있다. 동시에 그것은 법적인 효력을 가졌기 때문에 그것을 어길 경우 법정에 넘겼다. 그 법적인 제재효과는 퓨리탄들이 스스로 그 법에 순응하거나 그 나라를 떠나야 하는 택이었다.

⑤ 따라서 이런 법들 때문에 퓨리탄 신자들과 성직자들 사이에 이런 법에 순응하는 자들(conformist)과 순응하지 않은 자(non-conformist)로 나눠지게 되었다. 순수한 퓨리탄의 원개념은 사실 후자의 개념을 의미한다. 제네바에서 칼빈을 계승한 Theodor Beza(1519-1605)는 17세기 초까지 살았다. 그가 80세의 노년이었을 때, 웨스트민스터 성직자들은 대부분 태어나는 시기였다. 이 성직자들이 대부분 40대로서 총회에 참석할 때는 대륙에 아직도 많은 유명한 개혁주의자들이 활동하고 있는 때였다. D.Tossanus에 따르면, 17세기가 시작하기 전에 16세기 후반에 활동하였던 개혁주의자들 중에서 베자와 제네바의 다른 신학자들 외에도 J.J.Grynaeus, Stuckius, Zanchius, F.Junius, B.Copius 등으로 알려지고 있다.[56] 우선 제네바에서 칼빈의 동료이면서 직접적인 제자로서 Th.Beza 이외에도 불란서 출신인 Pierre Biret(1511-1571)가 칼빈과 함께 종교개혁자였지만 칼빈이 세상을 떠난 후 얼마 되지 않아 부름을 받았다. 종교개혁 당시에 개혁주의자들 안에서는 이 세 사람은 중요한 인물들이었다.[57] 베자처럼 삐에르 비레 역시 칼빈의 참된 제자였다. 칼빈의 가르침대로 성경의 단순성을 유지하고자 하였고 구원에 있어

---

56) Fr.W.Cuno, Daniel Tossanus der Ältere, Professor der Theologie und Pastor (1541-1602), Amsterdam 1898, 262.

57) J.Barnaud, Pierre Viret: sa vie et son aeuvre, Saint-Amans 1911, 667.

서 하나님의 은총을 강조하며 예정에 있어서 하나님의 영원한 작정으로서 창조 전에 이루어진 것으로 믿었다. 예정과 유기에 대한 작정도 하나님의 의지 이외에 다른 것에 의존하지 않으며 그 목적도 인간을 영화롭게 하는 데 두었다. 섭리에 있어서도 하나님은 일반섭리와 특별섭리에 의해서 다스리신다고 고백하였다. 그리스도인들은 구약성도와 같은 약속과 같은 은혜에 기초하여 택함을 받은 자들로서 하나님과 그의 아들 예수 그리스도로부터 성령에 의해서 거룩히 된다는 칼빈주의적인 신학이었다.[58] 성만찬도 교회에 아주 유익되지만 구원에 필수적인 것은 아니라는 입장이었다.[59] 제네바에서 칼빈의 강의를 들었던 칼빈의 제자들은 1000여 명에 달하였다.[60] 그러나 칼빈의 강의를 듣지 않았어도 칼빈의 입장을 따르는 자들이 많이 있었다. 특별히 칼빈의 입장에 서 있었던 자들로서, 벨직고백(네덜란드의 신앙고백)을 작성하였던 Guido de Brès(1522-1567)와 Petrus Dathenus(1532-1588), Gaspar van der Heyden(1530-1586), Pierre de Cologne(Petrus Colonius, 1530-1571), Jean Taffin, Herman Moded (1520-1603), Adrianus Saravia (1532-1613), Johannes Helmichius(1537-1568), Jean Polyander(1535-1598) 등이 있었다. 초기 네덜란드 신교 개혁자들은 Zwingli의 입장에 가까웠다고 알려지고 1530년 초 재세례파들의 영향이 폐해가 심하였다고 알려지고 있다. 1540년대로부터 칼빈이 알려지지만, 예를 들어 Jan Gerritz Versteghe(Ioannes Anstasius Veluanus, 1520-1570)의 경우, 개혁자들 중에 재세례파를 비판하고 칼빈을 선택하지만 성만찬 교리에 있어서는 쯔빙글리의 입장을 따랐고 예정론을 버리고 중생과 새 생활을 강조하며 어느 정도 자유의지를 인정하는 쪽이었다. 그러나 초기

---

58) Ibid., 522-3.

59) Ibid., 498-501, 506.

60) A.Tholuck, Das Akademische Leben des siebzehnten Jahrhunderts mit besonderer Beziehung auf die protestantisch-theologischen Fakultäten Deutschlands, nach handschriftlichen Quellen, Halle 1854, 344.

개혁자들 중에 속한다고 할 수 있고 F.Junius가 레이던대학에서 가르치기 전에 레이던에서 가르쳤던(1587-1592) Carolus Gallus(Karl de Haan, 1530-1616)는 제네바에서 칼빈과 베자 아래서 공부하였는데, 그가 제네바에서 공부하기 전에 역시 화란의 초기 개혁도시인 Keulen에서 법학을 공부하였고 이미 목사로서 봉사하였다는 자로 공부하였다는 사실을 상기할 필요가 있다. 그러나 첫 칼빈주의 개혁자는 Guido de Brès라고 할 수 있다. 그러나 벨직고백서는 그에 의해서 작성되어 A.Saravia와 H.Moded에 의해서 인정되고 수정되었다.[61] Daniel Colonius 의 아버지 Petrus Colonius는 칼빈의 신실한 제자로서 교회를 세울 때 칼빈으로부터 배운 그 정신으로 목회하였다. 특별히 Petrus Dathenus 는 네덜란드 남부가 칼빈의 영향권 아래 있을 때 수도원 생활에서 칼빈의 가르침을 따라 개혁주의자가 되어 18, 19세의 나이에 수도원을 박차고 핍박을 피하여 하나님의 참된 진리를 선포하기 위해서 유량설교자가 되었다. 여러 도시를 따라 유량하다가 헨리 8세가 신교인들에게 개방성을 보이면서 런던으로 피신하면서 그곳 피난민 교회를 섬기는 폴란드 개혁주의자 Johannes à Lasco를 만났고 다시 영국에서의 핍박을 피하여 완전한 자리인 엠덴을 거처 프랑크푸르트에 이르렀을 때, 루터주의 설교자들을 방해에도 불구하고 네덜란드 피난민들의 설교자로 봉사하였다. 여기에서 유아세례문제로 어려움을 겪게 되었다. 성만찬과 세례에 관해서 루터와 칼빈 사이에 큰 차이가 있었는데 칼빈주의자들은 세례는 은혜언약의 표징이고 믿는 부모의 자녀들은 그들의 이미에 세례의 표를 받기 전에 이미 은혜언약 속에 받아들여진다고 가르쳤다. 따라서 어린아이가 잃지 않는 것이 그 아이가 세례를 받았기 때문이 아니라 그가 영생에 이르도록 선택받았기 때문이라는 가르침이다. 그러나 프랑크푸르트에 있는 루터주의자들은 세례는 구원에

---

61) H.E. Vinke, Libri Symbolici Ecclesiae Reformatae Nederlandicae, Traiecti ad Rhenum 1846, xv.

필수적이기 때문에 세례의 필연성을 가르쳤다.[62] 이런 확고한 입장을
초기 지도자들은 사실 피난민 목회생활이었다고 할 수 있다. 그러나
그런 목회생활 가운데에서도 네덜란드를 위해서 하이델베르그 신앙고
백서를 번역하고 예배를 위한 시편들을 작성하였다.[63] 그러나 이런 초
기 개혁세력들에게 칼빈과 베자의 영향이 크지만, 바로 이어지는 세대
에게 하이델베르그의 신학자들이 영향을 끼치기 시작하였다. 잠시 칼
빈에게서 배운 바 있는 F.Junius를 제외하고 Daniel de Dieu(1540-1607),
Johannes Fontanus(1545-1615), Wernerus Helmichius (1551-1607) 등은
모두 제네바와 하이델베르그를 거치고 있다.

프레데릭 3세의 지배 시에(1559-1576) 그 선제후가 개혁주의자들을
보호함으로 이런 새로운 분위기가 하이델베르그에서 가능하게 되었
다. 이때로부터 스위스에 있는 다른 개혁중심지들과 함께 점점 더 하
이델베르그 대학이 개혁주의의 새로운 중심지가 되었다. 그 대학은
1386년에 세워진 대학이지만, 선제후 Otto Heinrich하에 있는 사람들
이 온건하게 루터주의 신교에 기울게 되었다. 하이델베르그 대학에
이미 스위스에 대해서 호의를 가진 교수들(Martinus Frechtus, Simon
Grynäus, Sebatianus Münsterus, Hieronymus Buschius)이 있었고 철저
히 개혁주의적인 사람들인 Petrus Martyr Vermiglius, Musculus가 그
교회의 관리들과 친밀한 상태였다. Johannes à Lasco에 대해서 신뢰
를 가졌을 뿐만 아니라 이미 언급한 Petrus Colonius 등 화란 개혁주
의자들을 영접할 준비가 된 도시였다. 그러나 그 선제후가 죽자(1559
년 2월 12일), 44세 나이로 프레데릭 3세가 그를 계승하였다. 그가 즉

---

62) B.J.W. de Graaff, Als een hert gejaeght: Levensstrijd en Levenswerk van
    Petrum Dathernum, J.P.v.d. Tol 1938, 48.
63) B.J.W. de Graaff, Als een hert gejaeght: Levensstrijd en Levenswerk van
    Petrum Dathernum, J.P.v.d. Tol 1938, 84; D. Nauta, De Gereformeerde
    kerken in het na-reformatorisch tijdperk, in: Geschiedenis der Kerk, II 330.

위하자 루터주의와 칼빈주의 사이에 토론이 주선되고 논쟁이 일어났
는데, 거기에서 선제후 프레데릭 3세가 칼빈주의에 강한 인상을 받아
칼빈주의를 선호하게 되었고 그로 인하여 개혁주의 학자들이 하이델
베르그 대학에 모이게 된다. 더구나 1560년 4월에 멜랑히톤이 죽자
대학이 칼빈주의를 선호하게 되었다.[64] 이미 선제후 Otto Heinrich의
때에, 프랑스 피난민으로서 Petrus Boquinus (Pierre Bouquin)[65]가
1557년 하이델베르그로 와서 1558년에 세 번째 신학교수가 되었던
이래, 이제 1561년 Petrus Martyr Vermiglius의 추천으로 Zacharias
Ursinus가 대학교수로 부름을 받고, 같은 해에 Caspar Olevianus가 대
학교수로 옮김으로 새로운 변화가 시작되었다. 거기에서 Z.Ursinus와
Caspar Olevianus에 의해서 하이델베르그 요리문답이 작성되어 그것
이 주변에 영향을 끼치기 시작한 것이다. Z.Ursinus도 Wittenberg에
서 공부하였고 거기에서 멜랑히톤과 밀접히 교제하다가 그의 추천에
의해서 여러 도시들을 방문하게 되었는데, 이때에 칼빈, 부쪄, 불링거
와 교제하였고 특별히 Petrus Martyr Vermiglius와는 오랫동안 친밀한
관계를 유지하였다. 한편 C.Olevianus는 법학자가 되기 전에도 칼빈
의 책들을 읽었고 신학을 할 때 처음 제네바에서 시작하여 쮜리히의
Petrus Martyr Vermiglius, 로쟌에서 베자의 강의를 듣다가 마지막 제
네바에서 칼빈의 강의를 들었다. 그 후 자신의 고향인 Trier에서 선생
과 설교자로서 종교개혁운동을 하다가 가톨릭주의자들의 저항으로
개혁에 성공하지 못하고 감옥에 갇히게 되었고 제후들의 청원에 의

---

64) H.Bouman, Gereformeerd Kerkrecht I, Kampen 1928, 282; Karl Sudhoff, C.
   Olevianus und Z.Ursinus, Elberfeld 1857, 69ff.
65) Wittenberg에서도 공부하였고 칼빈의 스트라스부르그의 후계자로서 스트라
   스부르그에 왔다가 뜻을 이루지 못하고 다시 고향인 Bourges에 돌아와 목
   회하다가 1555년 피난민 생활을 다시 해야 했다. 그런 불란서 피난민으로
   서 루터주의편에서 추천을 받아 1558년 하이델베르그 교수가 되었고 이때
   로부터 개혁주의자의 입장에 있으면서 칼빈과 교통을 가졌던 인물이다.

해서 풀려나게 되었고 자신이 프레데릭 3세의 가족과의 인연[66]과 프레데릭 3세의 신용이 두터웠던 Peter Martyr의 추천에 의해서 하이델베르그로 오게 되었다. Z.Ursinus도 역시 1558년 Breslau에서 가르치다가 최종 하이델베르그 대학의 부름을 받게 된 것이다. 이렇게 하여 이제 Caspar Olevianus가 합세하였던 것인데, 이들이 공동으로 하이델베르그 요리문답을 작성함으로 다음 세대의 개혁주의자들의 지도자가 되었던 것이다. 또한 이탈리아 출신이요, 스트라스부르그에서 교수해 왔던 Hieronymus Zanchius가 1568년 이래 하이델베르그에서 교의학이 가르쳐지기 시작하여 유럽의 많은 신학생들이 이곳에 모이게 되어, 신학을 공부하려 유학할 때 필히 제네바와 하이델베르그를 거치는 경향이 생긴 것이다. 이 Hieronymus Zanchius는 이태리 출신 종교개혁자 Petrus Martyr Vermiglius의 제자로서 그 스승처럼 이태리를 떠나 Geneva, Strassburg 등으로 피난민 생활을 하였다가 1553년 이래 교수생활을 하였으나, 1561년 Martin Bucer가 죽은 후 스트라스부르그를 루터주의로 몰고 간 Johann Marbach와의 성만찬과 예정론에 관한 피할 수 없는 논쟁이 일어났다. 대부분의 설교자들이 Johann Marbach의 편에 있었고 인문주의적인 경향을 가진 J.Sturm과 일부 교수들만이 H.Zanchius의 편에 있었지만 결국 관원이 연합적 입장을 만들어 두 편으로 하여금 서명토록 하였으나(1563. 5.28), H.Zanchius는 자신의 기본입장을 고집함으로 평화를 깨뜨린 자로서 그곳을 떠나야만 하였던 것이다. 그리하여 Chiavanna에서 짧게 목회하다가 지금 Heidelberg로 부름을 받게 된 것이다.[67] 이렇게 역량을 가진 개혁주의 교수들이 하이델베르그에 모여 개혁주의 신학의 꽃을 피우게 하였다. 그러나 프레데릭 3세가 죽자 그를 이은 선제후 Luwig VI에 의해서

---

66) Cf. Karl Sudhoff, C.Olevianus und Z.Ursinus, Elberfeld 1857, 13-14.

67) Cf. F.L.Bos, Johann Piscator: Ein Beitrag zur Geschichte der Reformierten Theologie, Kampen 1932, 13-14.

계승되었고, 그 도시는 다시 루터주의의 시대로 변하여 개혁주의자들이 쫓겨나게 된다. 이 루터주의 복고시대에 하이델베르그 대학의 개혁주의 교수들은 물러나고 피신하여야 하였을 때, 선제후의 동생인 Johannes Casimir의 권고에도 불구하고 선제후로부터 보호받지 못하였다. 따라서 Johannes Casimir에 의해서 관할하고 있는 곳에 학교를 세워 하이델베르그에서 피신 온 자들을 받아들였다. 이 학교가 유명한 Neustadt의 대학이다. 이 대학이 Johnnes Casimir가 살아 있는 동안 그리고 그의 아들 프레데릭 4세에 이어지면서 개혁주의자들의 산출지가 되었다. Z.Ursinus는 하이델베르그에 있을 때부터, 로쟌으로부터 교수청탁을 받았으나 선제후의 거절로 옮기지 못하였으나 떠나고 싶은 마음이 있었는데 이런 예감이 선제후 프레데렉 3세가 죽은 후 현실화되었다. 프레데렉 3세가 죽은 후 14일 후에 Daniel Tossanus가 개혁주의에 강한 반대자인 Paul Schechsius에 의해서 교체되었고 그다음 Caspar Olevianus가 교수자리를 잃었다. 다른 교수들도 거주지와 생계비가 거절되어 버렸다. 1577년 Petrus Boquinus가 추방된다. 그는 추방되어 Lausanne에서 목회자와 교수로서 섬기다가 거기에서 1582년 세상을 떠났다. 이렇게 1578년 봄까지 600명 이상의 설교자들과 교수들이 내쫓김을 당하였다. 그러나 일부 개혁주의 신학자들이 새로운 보호지역으로 모이게 되었고 그곳이 새로운 개혁주의 신학의 중심지들이 된 것이다. 한편으로 Neustadt가 새로운 중심지가 되는 것은 그 도시로 Z.Ursinus를 포함한 하이델베르그 대학의 교수들이 옮기기 때문이었다. Z.Ursinus도 거기에 예외가 아니어서 아버지의 유언에도 불구하고 선제후 Ludwig VI의 힘에 의해서 떠날 수 없게 되었다. Neustadt로 옮겨 이사야주석에 대한 강의로부터 시작하여 그의 남은 생애를 거기에서 보내게 된다. 그러나 이 시기가 하이델베르그의 시기만큼이나 중요하다. 이 시기에 유명한 『하이델베르그 요리문답 해석(Explicationes Catecheticae)』과 『기독교적 권고(Admonitio christiana)[68]』

가 출판되었다. 특별히 후자의 작품을 통하여 개혁주의 신학의 독특성이 확고히 드러나게 되었다. 그 책은 루터주의자들로부터 비난들과 오해들에 대한 대답하는 형식이지만, 오히려 그 대답에서 루터주의와 구별된 개혁주의 신학의 독특성들이 드러나게 되었다.

첫째로 그리스도의 인격에 대해서 개혁주의자들은 그리스도 안에 있는 신성은 인성과의 본질적인 속성을 실재적으로 공유하지 않는다고 주장했으나, 그들이 비난하기를, 개혁주의자들은 하나님이 그리스도의 인성과 실재적으로 공유한 것이 없다고 주장했다는 것이다. 그러나 개혁주의자들은 그리스도 안에서 두 본성들의 각각에 대한 독특한 것이 그리스도 인격에 공유적인 주장이라는 변증이다. 그래서 우르시누스는 루터주의자들이 본성과 위격 사이의 차이를 깨달아야 할 것이라고 권하고 있다.

둘째로 성만찬론에 있어서 개혁주의자들이 성경구절이 애매하여 다른 구절과의 관계 속에서 탐구되어야 한다고 주장한다는 것이고 또한 말씀들이 새롭고 외래적인 의미를 취한다고 주장한다는 것이다. 그러나 우르시누스는 그 반대로 매 말씀이 철저히 판명하다고 주장한다. 이것은 칼빈의 독특한 주장으로서69) 우르시누스가 그 입

---

68) De libro Concordiae quem vocant, a quibusdam Theologis, nomine quorundam Ordinum Augustanae Confessionis, edito, Admonitio christiana. Neustadii in Palatinatu. 1581.

69) Vivere apud Christum non dormire animis sanctos, qui in fidei Christi decedunt. Assertio Ioannis Calvini, Argentorati per Vuendelinum Rihelium, Anno M. D. XLII (* 1534), 40^v(=Psychopannychia, CO V, 220): "Etsi deesset nobis christi interpretatio, usuq(ue); scripturae, qui ubiq(ue) cocinit, locus ipse per satis clarus est, ……". Cf. Institutio 1536, IV, 118; "Neque tamen tam ut ipsam firmet, quam nos in ipsa, siquidem Dei veritas per se satis solida certaque est, nec aliunde meliorem confirmationem, quam a se ipsa accipere potest"; CO VIII, 280: "Quanquam haec per se satis clara sunt: longius tamen nos Pauli contextus ducit".

장을 다시 확인하고 있는 것이다. 동시에 개혁주의자들은, 그 말씀들은 유사와 전체 성경의 해석에 따라서 설명한다며 거기에 더하거나 감하는 것이 없다고 대답하고 있다. 다른 비난, 즉 쯔빙글리와 함께 오해된 해석, 즉 몸'이다'에서의 '이다'가 단순히 '의미하다'는 것이 아니라 확증하고 강화하며 제공한다는 표시로 해석하면서 칼빈처럼 성만찬에 그리스도가 실체적으로 혹은 육체적으로 혹은 장소적으로 현존한다는 것에 반대하여 그리스도가 관계적으로 그리고 영적으로 (relativa et spiritualis) 현존한다는 입장을 확고히 했다.

셋째로 예정론에 대해서 섭리론과 구별하면서 전자는 인격체에 관계된 것이지만 후자는 모든 피조물들에 관계한다고 하면서 그 예정의 실제적인 원인은 하나님의 기뻐하심이라는 것이다. 그와 같이 유기의 원인도 죄에 원인이 있지 않고 하나님의 자유로운 의지에 있다는 것인데, 만약 유기의 원인이 죄에 있다면 만민이 다 죄인들이므로 버림을 받았을 것이기 때문이었다.

1582년이 기울어지면서 Z.Ursinus는 병을 얻어 오랜 하이델베르그 친구였던 F.Junius 앞에서 1583년 3월 6일 사망하기까지 교회를 섬겼고 이때에 David Pareus, Fr.Gomarus, Lubbertus Sibrandus 등의 제자들을 얻게 되었다. 이들이 다음 세대 개혁주의들 중에 지대한 영향을 끼치는 인물들이 되었다. 즉 그를 하이델베르그에서 쫓아냈던 선제후 Ludwig VI가 같은 해 10월 12일 사망함으로 그 아버지와 달리 할아버지의 정신을 따라 Friedrich가 개혁주의를 다시 받아들임에 따라 Ursinus의 하이델베르그 옛 동료인 F.Junius가 하이델베르그 교수직을 다시 얻었고 또한 그의 수제자인 Davis Paraeus가 1584년에 교수직을 얻게 되었다. 역시 Daniel Tossanus도 1586년에 교수직을 회복하여 돌아와 1602년까지 가르치게 되었다.

다른 한편에는 헤르보른(Herborn)이 새로운 중심지가 된다. 하이델베르그 대학을 칼빈주의 대학으로 만든 두 기둥 중 하나인 Caspar Olevianus가 하이델베르그에서 쫓겨나 선제후 Johann von Nassau의 영역인 Berleburg에서 개혁운동을 계속하였고 이때 베자의 편집 아래 중요한 책들을 펴냈다. 그 후 선제후 Lugwig VI세가 사망한 후 1584년 4월에 학문이 많고 외국어들에 능한 선제후 Ludwig von Wittgen-stein가 그를 Herborn으로 데려와서 거기에서 가르치도록 하였다. 같은 해에서 일찍이 하이델베르그 철학교수였다가 쫓겨나 Neustadt로 피신하였다가, 헤르보른(Herborn) 교수로 부름을 받은 자가 Johannes Piscator (1546-1625)이다. 이 Johannes Piscator는 원래 스트라스부르그의 학창 시절에 H.Zanchius의 강의는 들었으나, J.Marbach의 신뢰받는 제자였고 역시 그 당시 Zwingli의 경향을 가졌다고 알려진 Wittenberg를 피하고 Tübingen를 택할 만큼 루터주의의 입장에 있었으나 점진적으로 H.Zanchius의 강의에 대한 기억과 칼빈의 기독교 강요 연구를 통하여 개혁주의의 입장으로 바꾸어졌던 인물이다. 비록 J.Marbach의 신뢰 속에서 스트라스부르그에서 강의를 하게 되었으나 자신의 개혁주의 입장을 감출 수 없었고 따라서 강의 중에 나타난 소위 Extra-Calvinisticum의 입장과 예정론의 입장 때문에 강제로 강단을 떠나야만 하였던 자였다. 그가 강제로 떠나게 된 것은 루터주의자들의 권고와 설득에도 불구하고 자신의 입장을 고집하였기 때문이었다. Sturm의 보호는 길지 못함에 따라서 1573년 봄, 개혁주의의 입장에 서 있었던 하이델베르그에서 철학사강사로 자리를 얻어 온 가족과 친척들과 이별하였던 것이며, 하이델베르그 시절에 Tremellus, Junius, Ursinus와 우대관계를 얻게 되었다. 특별히 그 생애에 가장 영향을 끼쳤던 Caspar Olevianus와 절친한 관계를 유지하다가, Ludwig VI의 등장으로 갑자기 자리를 잃고 거리에서 방황하여야 할 처지가 되었으나 마침 Caspar Oleviansus의 도움으로 생계를 유지하기도 하고 자리들을 얻게 되었던 것이다.[70]

그의 스승인 Caspar Olevianus는 1587년 3월 12일 사망하면서부터 그가 Herborn의 중심인물이 되었다. 이렇게 독일 개혁주의 신학의 두 기둥이 사라지고 그의 제자들의 시대가 되었던 것이다. 그러나 그가 죄인들의 의의 원인(causa meritoria justificationis)이 되는 그리스도의 능동적 순종을 부정하고 수동적 순종만을 인정하였기 때문에, 그의 이런 입장이 Beza, Grynaeus, Polanus 등에 의해서 거절되었고 1603년 갑대회(Synode von Gap)에서 혐오적인 것으로 판단되었다. 라로셸 대회(Synode von La Rochelle)에서 그 입장이 변경되었어도 그와 같은 입장을 주장하였던 세당(Sedan)의 Daniel Tilenus(1561-1633)로부터 지지를 받았어도, 시간이 지남에 따라 몰리내우스(Pierre du Moulin)의 반대를 받았다. 그 외에 Herborn 대학에서 의미 있는 학자로서 Johann Heinrich Alsted(1588-1638)가 있다. 그는 헤르보른에서 철학을 10년 가르치다가 1619년 신학부 교수가 되었다. 그의 신학의 성격 때문에 그는 Keckermann의 제자로 불려지고 있지만, 천년주의의 옹호자이기도 하였다. 그는 신학 전체를, 선지식(Praecognita), 자연신학(Theologia naturalis), 요리문답(Catechesis), 스콜라 신학(Theologia scholastica), 실천신학 혹은 교회신학(Theologia practica sive ecclesiastica), 변증신학(Theologia controversa sive polemica)으로 나누고 있다. 그러나 스콜라 신학의 개념에 있어서 모든 계시진리의 샘으로서 성경 이외에 다른 것을 신학의 원리로 사용하지 않는다는 점에서, Sadeel, Zanchius, Junius, Danaeus 등의 자신의 선행자들을 가지는 개념이었다는 점에서 그 개념의 의미가 있다. 따라서 인식의 원리(principium cognitionis)로서 하나님의 말씀에 대해서 먼저 다루고 그 말씀의 부분들을 두 가지로 나누고 있다. 첫째로 하나님에 대해서, 둘째로 하나님의 행위들(actiones Dei)에 대해 서로 나누고, 이 후자를 다시 영원한 것과 시간

---

70) F.L.Bos, Johann Piscator: Ein Beitrag zur Geschichte der Reformierten Theologie, Kampen 1932, 14-27.

적인 것, 즉 작정과 그것의 집행으로 나누었다. 이에 따라서 예정의 집행(executio praedestionationis) 아래 은혜언약과 그것의 다양한 경륜들로의 발전이 다루어지고 있고 여기에 기독론이 종속하고 있다. 자연언약(foedus naturae)과 은혜언약(foedus gratiae)으로 나누는데, 멜랑히톤과 관계하는 성격이 있지만, 은혜언약 안에 구약과 신약경륜을 포함하여 기초와 실체에 따라서 동일한 복음을 내포하며 다만 선포와 경영의 양식(modus promulgationis et administrationi)에 의해서 구별된다는 중요한 개혁주의 신학의 특성을 잘 정리하고 있다. Herborn에 대학이 생길 즈음에 화란의 Franeker에 대학이 1585년에 생겼다. 그 대학의 첫 학장은 Martinus Lydius (1539-1601)로서 Ursinus의 제자이다. 이미 Ursinus의 제자이면서 동료로서 1567년부터 1576년까지 praeceptor collegium sapientiae로써 봉사였다가 루터주의의 회복 시에 다른 개혁주의자들과 함께 그곳을 떠나 피난생활을 하다가 Franeker 초대학장으로 부름을 받게 된 것이다. 그의 동료교수들인 Henricus Antonides Nerdenus(1546-1614)와 Sibrandus Lubbertus (1555-1625)도 같은 시기에 부름을 받았던 자들이다. 특별히 Sibrandus Lubbertus는 브레멘(Bremen)에 개혁주의 학교가 세워지기 전에 J.H.Molanus의 라틴학교에서 베자의 책을 교재로 하여 개혁주의에 대해서 배웠다. 여기에서의 배웠던 동료들이 다시 Heidelberg 대학에서 만나게 되는 것은 우연이 아니다. 후에 같이 레이던 교수가 되었던 Johannes Polyander가 같은 라틴학교 출신이다. 다만 Johannes Polyander는 J.H. Molanus를 계승한 Christophel Pezelius 밑에서 공부하였을 뿐이다.71) 그런 시기를 지나 1575년 Wittenberg, 1576년 Genève에서 공부하였고 이곳에서 Ubbo Emmius, N.Casaubonus와 친분을 갖게 되었으며 1577년 Marburg을 거쳐 1580년 Ursinus가 있었던 Neustadt에서 Piscator, Pareus, Gomarus와

---

71) A.J.Lamping, Johannes Polyander, Leiden 1980, 13.

친분을 갖게 된다. Luwig VI세가 죽고 개혁주의가 Heidelberg 대학에 회복된 이후 Daniel Tossanus이 학장이 되었을 때, 1587년 박사학위를 받게 된다. 그가 이 학위를 받기 전에 Franeker 대학의 교수로 임명받게 되었는데, 상기의 세 교수들 중에 가장 어린 나이로 교수직을 얻었다.[72] Ursinus, Grynaeus, Sadeel의 언어와 스타일에 영향을 받고 있다. 그의 일생의 특이성은 도르트회의에서 정리되기 전에 그의 친구인 Petrus Bertinus와 아르미니우스의 계승자인 Conrad Vorstius와 논쟁으로 긴 시간을 보냈다는 점이다. 또한 자체 내의 동료들인 Johannes Drusius와의 잠언 8장 22절에 관한 논쟁, Johannes Maccovius와의 '그리스도의 부활, 마지막 심판, 칭의, 그리스도의 화목의 죽음의 충분성과 그 영향' 등에 대한 논쟁으로 유명하다. 그의 오래된 친구인 Menso Alting과 함께 대표적 칼빈주의자였다고 평가할 수 있다. 같은 Franeker 동료인 H. A. Nerdenus(van der Linden)는 Bullinger의 입장을 따르고 새로운 젊은 사람들 Cocceijus, Episcopius 등에 대해서 우호적이었다. 또 다른 Franeker 교수로서 Johannes Maccovius(1588-1644)가 유명하다. 그는 하이델베르그 히브리 교수였다가 30세쯤 되어 폴란드로 옮겨 Dantzig에 있었던 Bartholomäus Keckermann(1571 / 3-1609)의 제자인데, 폴란드를 떠나 유럽의 여러 대학들(Heidlelberg, Marburg, Leipzig, Wittenberg)을 거쳐 예수이트교도들와 소키니우스주의와 논쟁들을 통하여 개혁주의자로서의 입장을 고수하였고 1613년 이래 네덜란드에 와서 1613년 10월 21일에 Franeker에 등록하여, 그 다음해 1614년 3월 8월에 Franeker에서 학위를 받았고 거기에서 사강사로 봉사하다가 1614년 상기 H. Antonides Nerdenus가 사망하자 그가 그 자리를 계승하였다(1615년 1월 28일 extraordinarius Professor, 1615년 6월 16일 ordinarius Professor). 그러나 도르트회의를 기점으로 약간의 차이가 4

---

72) C. van der Woude, Sibrandus Lubbertus: Leven en werken in het bijzonder naar zijn correspondentie, Kampen 1963, 60ff.

년 후에 많은 점들에 있어서 자신의 학위논문 지도자인 Sibrandus Lubbertus와의 갈등을 갖는 결과를 얻었다. 이 점에 있어서 해석의 차이가 있으나,[73] 아마 신학적인 근본적 입장에 있어서 차이가 가시적으로 나타난 형태라고 할 수 있다. Maccovius는 F.Gomarus, Rivetus, Festus Hommius W.Amesius, G. Voetus처럼 강한 타락 전 선택설 입장을 가져, '유기자들은 필연적으로 죄를 짓고 결국 파멸한다'(Reprobos necessario peccare ac tandem perire), '그리스도는 모든 이들과 개인들의 구원을 원치 않았다(Christus non vult omnium et singulorum salutem)'는 주장이다[74]. 반면에 Sibrandus Lubbertus는 Hidding의 입장에 반대하여, '죄들의 은혜로운 허용은 하나님의 영원한 속성인 긍휼일 수 없고 시간상 하나님의 외적 역사이지만, 하나님께서 어떤 이들을 형벌로 정하셨다'(Deum destinare aliquos ad poenam)고 하였다. '하나님께서 죄를 의도하셨고 죄가 하나님께서 시준한 목적이었음을 우리가 부정할 수 없다'(non possumus negare, quin Deus intendat peccatum, et peccatum sit finis, ad quam Deus collimat)고 하였지만,[75] 그리스도의 죽음이 모든 세상을 위해 충분하고 유효하다는 데에 더 강조를 두었다고 할 수 있다: Satisfecit igitur Christus pro omnibus homnibus, sed non eodem modo. Nam pro electis merito et efficacia simul; pro caeteris, merito. 그래서 그의 입장에 따라 그리스도의 죽음은 모든 이들의 죄를 위한 만족이었다는 것이요, 동시에 그리스도의 힘과 열매는 택자들에게와 나머지에게도 유익되었음을 인정하였다.[76] 이 점은 도르트회의의 결정과 일치한 입장이라고 말할 수 있다. 그러나 후에 1617년 교수

---

73) Cf. A.Kuyper Jr., Johannes Maccovius, Leiden 1899, 23; C. van der Woude, Sibrandus Lubbertus., 341.

74) A.Kuyper Jr., Johannes Maccovius, 23-4.

75) C. van der Woude, Sibrandus Lubbertus., 349.

76) C. van der Woude, op.cit., 365-67. 그러나 C. van der Woude가 언급하듯이 S.Lubbertus의 입장이 칼빈의 약간 단순한 입장과 동일하다고 말하기 힘들다.

로 부름을 받은 Johannes Acronius(1565-1627)는 Neustadt에서 신학공부를 하였으나, Lubbertus의 영향으로 Maccovius에 반대하는 입장으로서 있었다. 그러나 그러한 반대는 Lubbertus의 입장을 지지한다기보다 Conrad Vorstius(1569-1622), Arminus, Socinus의 입장들을 논박할 수 없는 것으로 추천하였다는 점에서 Lubbertus의 입장과 다르다. 일찍이 세워진 Franeker대학 이외에 네덜란드에서 가장 오래된 대학인 Leiden대학이 있다. 이 대학은 Franeker보다 10년 전인 1575년에 세워졌다. 이 대학에서 칼빈과 베자의 제자인 Carolus Gallus (1530-1616)와 Lucas Trelcatius가 가르치고 있었지만 개혁주의 신학으로 더 명성을 얻게 된 것은 1592년 F.Junius가 거의 청강자들을 잃은 C. Gallus 대신 professor primus로서 하이델베르그 대학에 옮긴 이후부터이다. 그가 1602년 흑사병으로 갑자기 죽기까지 레이던 대학에 머물면서 가르쳤다. 이미 신학자로서 잘 알려져 있었지만 레이던 대학에 와서 신학의 전성시대에 도달하여 많은 저서를 써서 남겼다. 그리고 2년 후에 F.Gomarus(1563-1641)가 교수로 오게 되는데 후에 도르트회의에서 크게 활약하는 Festus Hommius(1576-1642)는 이 두 신학자들 밑에서 공부한 대표적인 제자이다. F.Gomarus는 스트라스부르그의 Johannes Sturm 밑에서 공부하였고 1580년 Neustadt에서 Z.Ursinus, H.Zanchius, D.Tossanus, F.Junius(히브리어), S.Stenius(헬라어), L.Pithopoeus (라틴어), F.Crellius와 J.Jugnitius(철학) 밑에서 공부하였으며 1582년 Oxford로 가서 J. Reinoldus의 강의를 들었고 1583년 Cambridge로 옮겨 칼빈의 직계인 W.Whitaker 밑에서 B.A.와 M.A.를 마쳤다. Cambridge에서 라무스주의에 접촉하여 아리스토텔레스와 라무스 이론 사이의 종합을 시도하게 되었다. 다시 유럽으로 돌아와 루터주의로부터 개혁주의로 다시 회복된 하이델베르그에서 D.Tossanus, F.Junius, 바젤에서 와서 루터주의 신학자 Timotheus Kirchen의 자리를 대신하였던 J.J.Grynaeus, Marburg 대학에서 구약교수로 있다가 루터주의 신학자 Marbach를 대신해서 그곳으로 옮긴 Georgius Sohnius(구약, 신조학, 설교학) 밑에서 공부를 마치고 피난민 교회를 섬기다가 하이델베르그 대학에서 학위를 마치자마자 레이던 대학으로 부름을 받게 되었던 것이다. 하이델베르그 학창시절의 동료였던 Antonius Thysius(1565-1640)도 후에 레이던 대학으로 부름을 받았다.77) 나이가 조금 많은 Jacobus Arminius (1560-1609)는 F.Junius의 후계자로 1602년에 그 당시 궁중설교자였고 제네바 유학시절의 같은 동료였던 Johannes Wtenbogaert(1557-1644)의 압력에 의해서 레이던 대학으로 오게 된다. Arminius는 첫 레이던 출신 교수인 셈이었다. 그리고 초기 레이던 교수였던 Lucas Trelcatius의 아들인 Lucas Trelcatius(1573-1607)이 유럽의 여러 대학들(Heidelberg, Bazel, Zürich, Genève)에서 공부를 마치고 베자 아래서 설교자로서 섬기다가 1603년부터 레이던에 옮겨 거하는 동안 1606년 교수로 임명된다. 이렇게 최근 교수들이 된 젊은 세 학자들이 공동저서를 낸 것이 『Syntagma disputatiorum theologicarum』이다. 그러나 Arminius와 긴 논쟁으로 말미암아 Gomarus가 레이던 대학을 떠나자 큰 변화가 있었다. 그 자리에 Steinfurt의 Gymnasium Academicum 교수였던 Konrad Vorstius에 의해서 계승되었다. 이 학자는 특별히 그의 최근 저서 『Tractatus theologicus de Deo sive der Natura et Attributis Dei』에 의해서 영국뿐만 아니라 하이델베르그 등의 모든 학자들로부터 부정적인 평가를 받았던 인물이지만 레이던 교수가 되었다.78) 이는 역시 아르미니우스를 레이던 교수로 오게 하였던 Johannes Wtenbogaert의 힘이 컸다고 볼 수 있다. 그가 궁중설교자로 있는 동안(1601-1617) 모든 문제들이 발생하였다고 볼 수 있다. 그러나 한편 초기 네덜란드 칼빈주의자인 Jean Polyander(1535-1598)의 아들이요, 부레멘의 라틴학교 출신이면서

---

77) Cf. G.P.van Itterzon, Franciscus Gomarus, Gronigen 1979, 21-32.

78) A.J.Lamping, Johannes Polyander: Een dienaar van Kerk en Universiteit, Leiden 1980, 41.

하이델베르그79)와 제네바에서 공부하였던 Johann Polyander (1568-1646)가 1611년 10월 7일에 새로운 교수로 임명되었는데, 이 임명이 후기 레이던 대학의 역사에 있어서 의미를 얻게 된다고 볼 수 있다. 그의 기념강의 제목은 『De vera S.S. Theologiae existentia ac sublimi natura』이였다. 그러나 아르미니우스의 제자인 젊은 Simon Episcopius(1583-1643)가 그 다음해 1612년 2월 23일에 교수직을 얻게 되는 상황이 된다. 그러나 갈등의 상황은 도르트회의가 열게 되는 상황으로 발전되었고 그 회의에서의 승리가 칼빈주의 신학이 항존적으로 정착이 된다. 바로 도르트회의 이후에 건전한 교수진들로 새롭게 변모하게 된다. 즉 1619년 7월 20일에 Antonius Walaeus가 Middelburg 대학에서 Leiden 대학으로 옮겨 『Oratio de recta instiutione studii theologici』이란 제목으로 기념강의를 하였고 2달 안되어 Antonius Thysius가 Harderwijk 대학에서 레이던 대학으로 옮겨 『Oratio de theologia eiusque studio capessendi』이란 제목으로 기념강의를 하였다. 그 다음해 이어서 Petrus Molinaeus 때문에 Andreas Rivetus가 레이던 대학 교수로 오게 되는데, 이런 변화된 레이던 교수진들에 의해서 차후 네덜란드의 개혁주의 신학의 영향력 있는 기틀을 얻게 되는 것이다. 이 변화가 개혁주의 신학사 전반에 있어서 가장 중요한 의미를 갖는 것이다.

그러나 Z.Ursinus와 C.Olevianus 때문에 Heidelberg 대학이 의미를 얻게 되었고 그가 Neustadt를 옮김으로 거기 개혁주의 신학의 중심이

---

79) 그가 1586년 6월 18일에 학생으로 등록되었고 그의 선생들로서 Daniel Tossanus, Franciscus Junius, Georgius Sohnius이 있었는데, 특별히 Daniel Tossanus가 아버지와 같은 친구였다고 알려지고 있다. 그 당시 Daniel Tossanus가 J.J.Grynaeus를 계승하여 하이델베르그에 온 지 얼마 되지 않은 시점이었다. 그러나 J.Polyander의 후기 신학적 입장은 멜랑히톤의 정신이 살아 있었던 G.Sohnius의 영향을 받았다고 조심히 제안되고 있다. 특별히 그의 유학당시 Sibrandus Lubbertus가 1587년 6월 22일 박사학위를 받았고 그의 동료 중에서 아버지의 동료인 Pierre de Cologne의 아들 Daniel Colonius가 함께 등록하고 있었다(cf. A.J.Lamping, Johannes Polyander., 14-15).

옮겨지며 또한 C.Olevianus가 Herborn으로 옮김으로 새로운 개혁주의 신학의 중심지가 되었던 것처럼, 네덜란드에서는 F.Junius와 함께 F.Gomarus가 그런 의미를 갖는다. 그가 레이던 대학으로 떠나 Middelburg으로 초대받았을 때, Middelburg에는 레이던 대학의 초기제자들인 Castellanus, A.Aurelius, Antonius Walaeus나 G.Voetius 같은 그의 제자들이 목회하거나 가르치고 있었다. 거기에서 활동이 잘 알려지지 않으나, 가르치는 일에도 관여하였을 것으로 짐작할 수 있다. 이는 Gomarus가 Groningen에 있을 때, 도르트회의에 Middelburg 대학교수로 Antonius Walaeus가 대표하여 참여하고 있기 때문이다. 그리고 Saumur대학에서 자신의 조국으로 갔던 Robert Bodius 자리에 Gomarus를 초청하였을 때, Gomarus는 학장으로써 초청되었다. 그러나 이상하게도 레이던 대학의 자신의 자리를 Conrad Vorsitius가 계승하였던 것처럼, Saumur대학에서의 자신의 자리도 John Camero가 계승하였다. 다만 Groningen 대학의 계승자는 S.Maresius이었다. 어떻든 Gomarus의 신학은 개혁신학의 특징과 그 노선을 알려 주는 중요한 인물이다. 그의 신학의 특성은 다음 몇 가지 면에서 구별되고 있다.

첫째로 예정론에 대한 입장이다.

주님 앞에 신비들이 남아 있기 때문에 이 교리에 대해서 신중하게 논하여야 하고 우리에게 계시된 것은 탐구할 수 있다고 보았다. 따라서 예정은 보편적으로 모든 만물들에게 미치고 특별히 지적피조물, 즉 천사들과 인간들에 대한 것이라고 보았다. 인간에 대한 특별한 예정에 있어서 문제는 어떤 인간들을 택하셨느냐에 대한 문제이다. 예정의 대상(objectum praedestionationis)에 대한 문제이다. 일반적으로 명확히 예지되고 창조되어 타락한 인간, 혹은 창조되고 타락하게 될 인간을 그 예정의 대상이었거나, 명확히 예지되지 않은 인간 혹은 좁게 창조될 수 있었던 인간을 예정의 대상으로 생각하였다고 볼 수 있다. 고마루스의 경우 그들의 입장들에 대한 약점들을 인식하면서도 마지막 견해에 대한 기호를 가지고 변명하였다고 알려지고 있다.[80]

둘째로 그리스도의 죽음에 대한 것이다. 그리스도의 죽음은 삼위일체 하나님의 사역이지만, 그의 죽음은 하나님으로서 죽은 것이 아니라 인간으로서 죽었다는 칼빈주의 독특성을 주장하였을 뿐만 아니라, 그의 죽음은 역시 모든 택자들을 위한 죽음이었다는 도르트회의 입장과 같다. 그러나 십자가의 죽음은 그의 순종의 한 부분에 불과하며 그의 순종의 시작이라 보았다. 역시 Piscator의 입장에 반대하여 그의 수동적 순종만을 인정한 것이 아니라 능동적 순종을 인정하였고, 그의 수동적인 의가 그의 자발적인 순종이라고 하였다. 그렇기 때문에 우리의 의는 그리스도의 능동적 의에 기초하였다는 입장이다.[81]

셋째로 영국의 퓨리탄들이 신학의 영향으로 주일성수를 하였던 인물들이 많이 있었다. Perkins의 입장에 따라 엄밀한 안식일 성수를 주장하였던 자들이 Middelburg의 설교자 William Teellinck와 Zierikzee의 설교자 Godefridus Udemannus이였다. 역시 A.Walaeus가 그들의 편에 있었다. Godefridus Udemannus는 처음 1612년에 주일성수에 관한 글을 출판하여 1621년에 제2판을 내었다. 주일성수에 대한 William Teellinck의 또 다른 글이 1622년에 출판이 되고 다시 1627년에 출판되자 이에 대한 Tolen의 목사 Jacobus Bursius의 반박의 글이 같은 해에 출판됨으로 그 논쟁이 시작되었다. 더구나 이 논쟁이 W.Teellinck의 편에 있었던 G.Voetius가 같은 해에 자신의 글을 펴냄으로 크게 되었다. 이미 도르트회의에서 논의된 유대 안식일은 지금 폐지되고 주일날만 그리스도에게 지켜져야 한다고 결정하였는데, 그

---

80) G.P.van Itterzon, Franciscus Gomarus, Gronigen 1979, 310.
81) G.P.van Itterzon, Franciscus Gomarus, Groningen 1979, 290-1, 294-5.

때의 결정은 예배에 방해되는 모든 종류의 오락의 금지정도였다. 지금 Jacobus Bursius는 그리스도인들 사이에 완전한 유대주의를 심으려고 한다고 비판하면서, 씨 뿌리고 쟁기질하며 수확하고 여행하는 일 등은 사람이 행할 수 있다고 주장한 것이다. 그런데 이런 Jacobus Bursius의 입장을 Gomarus가 수정적으로 지지하는 입장에 서 있게 된 것이다. 즉 일반적인 안식일 계명은 그리스도께서 오시기 전이나 후나 땅 위에 있는 모든 인간들에게 타당하지만 특별한 안식일 계명은 주님의 임재까지 유대민족에게만 관련된 것이다. 영원한 언약은 유대적인 안식일이 계속 지켜져야 한다고 설명하지 않는다고 하였다. 주님의 날 혹은 주일의 첫날은 사도들에 의해서 하나님의 예배를 위해서 제정되었다는 것은 확실하지 않다고 하면서도 우리 모두가 영적인 안식일을 지켜야 하고 계시된 예배의 날을 어떠한 더럽힘이나 우상 숭배함이 없이 거룩하게 경애해야 한다는 온건한 정도의 주장이었다.[82]

위의 세 대학들 외에도 Groningen대학이 1614년에 세워졌다. 첫 primus professor로서 헤르보른 대학에서 신학공부하여 거기에서 잠시 (1612년) 교수직을 얻어 봉사하였던 Herman Ravensberger(1586-1625)가 1614년에 이곳으로 부름을 받아 가르치기 시작하였다. 그 다음 F.Gomarus가 1618년 부름을 받아 그의 생애의 마지막을 여기에서 보내게 되었다. 그 후 1625년에 Emden의 유명한 목회자 Menso Alting의 셋째 아들인 Henrich Alting(1583-1644)이 Herman Ravensberger를 계승하였다. Henrich Alting도 역시 Herborn 출신으로 Johannes Piscator, Mattias Martinius, Wilhelmus Zupperus 밑에서 공부하였다. 예배당에서 공부하고 있었던 Paltz의 선제후 자녀들의 개인교사로서 일한 것

---

82) G.P.van Itterzon, Franciscus Gomarus, Groningen 1979, 302-309.

이 인연이 되어 자녀들이 공부를 마치고 돌아올 때 하이델베르그에 함께 거하기 시작하여 거기에서 학위를 받고 1616년에 교수자리를 얻게 된다. 거기에서 교수로 재직하고 있을 때, Abrahamus Schultetus, Paulus Tossanus와 함께 도르트회의에 부름을 받는다. 그러나 1622년 하이델베르그에 폭동이 일어나 제수이트교도들의 수하에 들어감에 따라서 가까스로 그곳에서 숨어 생활하다가 도시를 떠나 여러 곳으로 도피생활을 하다가 1627년 6월 16일에 Groningen 대학에 자리를 얻어 봉사하였고 1634년에 다시 하이델베르그에 들어가고자 시도하였으나 이루지 못하고 Groningen에 다시 돌아와 거기에서 일생을 마쳤다. 특별히 그의 아들인 Jacob Alting(1618-1679)이 1643년 1월 13일에 Groningen 대학의 히브리서 교수가 되었다. 신학교수는 1667년에 비로소 되었다. 그러나 이 아들은 코케이우스와 같은 진보적인 입장을 취하였고 따라서 동료교수인 Samuel Maresius에 의해서 펠라기수주의자, 소키누스주의자, 가톨릭주의자로 비판을 받았다.

Groningen 대학의 다른 대표적인 학자는 Samuel Maresius(1599-1673)이다. Samuel Maresius는 F.Gomarus가 Leiden 대학을 떠나 프랑스의 Saumur 대학에서 가르치고 있을 때 그에게 가르침을 받았고 그 후 1643년 Groningen대학에 교수로 옴으로써 오랫동안 여기에서 가르쳐 왔던 F.Gomarus의 신학을 계승하였다고 볼 수 있다. Gisbertus Voetius와 화합하지 못한 것은 개인적인 성격으로 알려지고 있으나, J.Alting과 J.Cocceijus에 대한 "Novatores"로서의 비판은 정통개혁주의적인 입장에서의 비판이라고 할 수 있다. 역시 A.Rivetus와 제네바의 동료였던 F. Spanheim(1600-1649)[83]의 뿌리에 서서 역시 Saumur 대학의

---

83) 이분은 철학은 하이델베르그에서 공부하였지만, 신학은 제네바에서 공부하였다. 그 후 목회하다가 1626-1631 사이에 제네바 철학교수가 있다. 1631년 B.Turretini의 계승자가 되어 섬기다가 1642년부터 A.Thysius의 계승자로서

아미롤드주의(Amyraudisme)에 반대하였고 역시 데카르트주의를 비판하였다. 그러나 그는 개혁주의와 루터주의 사이의 통일성을 추구한 학자라고 평가되고 있다.

그 밖에 17세기 개혁주의의 중요한 인물인 Gisbertus Voetius(1588-1676)는 Gomarus와 Arminius가 레이던 교수로 있을 때 그들의 제자이다. 1611년부터 계속 목회생활을 하였다가 1619년 여름에 도르트회의의 부름을 받았다. A.Rivetus의 추천에 의해서 Utrecht 신학교 교수로 부름을 받은 것은 1634년이었다. 그 다음해에 목사로서도 부름을 받았는데 이곳에서 42년 동안 섬기게 되었다. 그는 그 학교에 8가지 강좌를 열어 강의하였고 주 중에 사적으로 공적 토론들을 이끌었다.[84] 우선 그는 코케이우스의 주장에 반대하여 우리의 웨스트민스터 신앙고백서의 입장과 같이 죄의 완전용서를 주장하였고 역시 구약성도들도 신약의 성도들과 같은 방식과 같은 내용을 가지고 구원을 받는다는 입장을 밝혔다.[85] Coccejus는 παρεσις와 ἀφεσις 사이의 차이란 새로운 주장이 아니라고 하면서 그런 구별은 Johannes Chrysos-tomus, Photinus, Theophylactus, Beza, Johannes Cloppenburg에 호소하였으나 Voetius는 시대나 인간의 어떤 구별 없이 죄의 용서에 대해서 성경은 말하고 있고 시편 103편 3절, 시편 65편 4절, 시편 85편 3절은 ἀφεσις의 용서(ἀφεσις-remissio)를 말한다고 대변하였다. Voetius의 이런 논증과 반대는 코케이우스가 말하는 성령의 역사 사이의 질적이고 양적인 차이(Spiritus servitutis ad metum, Spiritus adoptionis)에 대한 반대논증이기도 하였다.[86] 더구나 건전한[87] 선교신학의 효시자

레이든 교수가 되어 섬겼다.

84) A.Tholuck, Das akademische Leben des siebzehnten Jahrhunderts., Halle 1854, 215.

85) W.J.van Asselt, Voetius en Coccejus over der rechtvaardiging, in: De onbekende Voetius, Kampen 1989, 34-35.

86) W.J.van Asselt, Voetius en Coccejus over der rechtvaardiging, in: De onbekende

가 바로 Voetius의 선교신학이라 할 수 있다. 그의 교회개척론에서
(De plantatione ecclesiarum) 선교의 목적은 택자들의 소명과 회심으
로 보고 미래에 대한 약속과 지금 여기에서의 하나님의 선교명령을
강조하였다고 알려지고 있다. 예정론과 선교가 잘 조화되었던 것은
그의 섭리에 정확한 이해에 기초하였다. 이에 따라서 선교의 대상에
는 이방인들, 유대인들, 모슬렘인들을 포함하는 불신앙인들뿐만 아니
라 이단들(haeretici), 분리주의자들(schismatici)을 포함하고 있었다. 파
송인들에 대해서도 선교사들, 조사들(adjutores), 다른 조력자들에 대
해서 논하고 있다. 구체적인 선교의 수단들도 다양하게 논하였다고
알려지고 있다. 이런 전반적인 화란 땅의 신학적 분위기와 그 배경과
함께 다른 유럽지역에서 발전을 좀 더 언급할 필요가 있다. Marburg
대학은 17세기 초까지 멜랑히톤 신학의 입장을 취하였다. 1584년
Heidelberg 대학의 교수로 발탁된 Georg Sohnius(1551-1589)는 이미
1574년에 사강사로 1575년에 구약교수로서 활동하였으나 늦게까지
멜랑히톤 신학의 입장을 포기하지 않았음이 알려지고 있고 칼빈주의
에 가까이 있었다고 해도 부쩌의 신학 한계를 벗어나지 못하였던 점
이다. 그러나 지역교회의 성격처럼 처음부터 대학은 칼빈주의적인 요
소를 가지고 있었다. 특별히 예정론에서 그러하였는데, 그런 요소는
Lambert von Avignon, A.Hyperius 등에 의해서 확인되고 있다. 그중
에서 아주 독립적으로 사고하였던 A.Hyperius의 저서에 의해서 증명
되고 있다. 그러나 1569년 이래 Wilhelm IV세 아래 Georg Sohnius의

Voetius, Kampen 1989, 42-45.

87) 가톨릭 측에서는 일찍부터 신교 측에서보다 더 발전되어 있었다고 알려지고 있
다. Antonius Possevinus S.J.(1533-1611), Joannes Azorius(1535-1603), José de
Acosta S.J.(1564-1600), Thomas à Jesu(1564-1627), Philippus Rovenius(1575-1651)
등에 의해서 발전되었다고 하는데, 특별히 Voetius의 선교사상은 Ph.Rovenius의
영향이 크다고 알려지고 있다(J.A.B.Jongeneel, Voetius'zendingstheologie, in: De
onbekende Voetius, Kampen 1989, 122, 124 n.14).

신학적 입장이 더 신뢰를 얻게 되어 그의 죽음에 이르기까지 칼빈주의와 비텐베르그 교리 사이의 중용입장이 유지되어 왔었다. Willelm Ⅳ세의 다른 형제 Luwig Ⅳ세가 죽은 후, 그를 선제후 Moritz에 의해서 계승됨으로 새로운 국면에 들어서게 되었다. 이 선제후는 팔방의 학자(시인, 작곡가, 수학자, 건축가)로서 여러 언어들(불어, 영어, 이태리어, 스페인어, 헝가리어, 히브리어)을 구사하거나 알았던 제후였다. 그가 루터주의의 성례론을 결정적으로 싫어하였다. 그래서 베자와 친밀한 관계를 가졌고 선물을 가지고 84년의 노년의 베자를 두 번이나 방문하기까지 하였다. 1605년에 3가지 점들을 개혁하도록 하였는데, 첫째로 그리스도의 위격 중에서 신성이 다만 구체적으로, 즉 인성자체가 아니라 전 그리스도로부터 사용되어야 한다는 것, 둘째로 상들을 없애고 십계명을 가르쳐야 한다는 것, 셋째로 성만찬에서는 규정에 따라서 빵을 떼어야 한다는 것 등이다. 이것은 칼빈주의적인 의미에서의 종교개혁이었다. 또한 교수들 중에서 루터주의자들인 두 교수들(Winkelmann, Balthaser Mentzer)이 경질되고 그 대신 Mother와 Caspar Sturm이 그 자리를 얻었다. 2년 후 궁중설교자로 Schönfeld가 들어 왔다. 이렇게 하여 이 지역에서 개혁주의 대표자들이 도르트회의에 참여하는 총대를 보내게 된 것이다. 그러나 이 지역의 오랜 역사를 멜랑히톤의 신학이 대표해 왔기 때문에, A.Tholuck은 예정론에 대한 판단도 멜랑히톤의 입장에 서서 판단하였다고 평하고 있다. 그 후 Schönfeld가 Johnnes Crocius에 의해서 계승되었는데, 그는 궁중설교자이면서 교수가 되었다. 그러나 그는 자신의 동료 헤센주 궁중설교자 Neubauer와 함께 보편적 은혜를 좋아하여 절대적 작정(decretum absolutum)을 던져 버렸다. 네 번째 신학교수는 Eglin이었다. 이 사람이 바이겔리우스주의, 즉 신비주의 혹은 천년주의를 반대하여 싸웠다. 이를 이어 Sebatian Curtius, Johannes Heine, J.G.Crocius 등이 활동하여 루터주의나 데카르트주의를 경계하였다. 그 다음은 개혁주의

자들의 도시 Bremen에 대해서 다루어야 한다. 이 도시는 Jena에서 공부하였고 멜랑히톤 신학의 대표자인 Christoph Pezel이 이곳 라틴학교에 온 이후부터 새로운 변화가 시작되었다. 그는 1576년 Nassau에 와서 교회의식에 대한 입장에서 칼빈주의로 변화하였다. 그 지역은 멜랑히톤주의와 칼빈주의 사이에 갈등이 있었기 때문에 연합적인 성격이 강하였기 때문에 그도 예외가 아니었다. 그가 하이델베르그 대학과 레이던 대학의 부름을 거절하기까지 브레멘에 있음으로 말미암아 그 도시가 칼빈주의의 다른 한 중심지가 되게 되었다. 그러나 더 큰 발전은 Emden에서 부름을 받은 Matthias Martini가 1610년 학장으로 옴으로 시작되었다. 역시 Marburg의 J.Crocius의 형제인 Ludwig Crocius가 같은 해에 구약교수로 왔고 1612년에 Isselburg와 Pierius가 교수로 오게 되었다. 그래서 이곳을 대표하여 Matthias Martini와 Lugwig Crocius가 참여하였다. A.Thouck이 지적하기를 아르미니우스에 대한 그들의 신학적 입장은 온화한 입장으로 아르미니우스에게서 아무런 잘못을 발견하지 못했다는 입장이었다는 사실이다. 따라서 강제로 서명한 셈이라는 것이다. 그들은 오히려 그런 교회회의가 악을 크게 하였다는 입장이었다는 것이다. Lugwig Crocius는 후에 1641년의 한 편지에서 그들은 보편은혜 혹은 충분한 은혜를 좋아하였다는 고백을 인용하고 있다.[88] 그 밖에 특별히 J.Coccejus가 브레멘 출신이었고 화란으로 옮기기 전에 브레멘에서 상당한 기간 동안 철학을 가르쳤다는 사실을 상기할 필요가 있다. 그 밖에 17세기 개혁주의 신학을 이해하기 위해서 스위스의 개혁주의에 대해서 알아야 한다. 먼저 Zwingli의 개혁도시인 Zürich의 인물들에 대해서 살펴볼 수 있다. 종교개혁시대에 Zwingli 외에도 Leon de Juda, 히브리어 학자인 Pellicanus, Theodore, Bibliander, Bullinger, Ludwig Lavater, Gualter, Petrus Martyr,

---

88) A.Tholuck, Das akademische Leben des siebzehnten Jahrhundert, Halle 1854, 296-299.

교회사가 Rud.Hospinian 등이 있었다. 이들은 서로 인척관계로 맺어지게 되었고 계속 인척관계 속에서 계승되었다. Zwingli의 사위가 Gualter이고 Gualter의 사위들이 Ludwig Lavater와 Jose Simler이다. 또한 Ludwig Lavater의 사위가 Hospinian이었고 그의 사위인 Wilhelm Stucti가 1563년 신학교수가 되었고, Jose Simler의 사위가 Casper Waser인데 그는 1651년에 신학교수가 되었다. 일반적으로 Bullinger가 타락 후 선택설의 대표적인 인물로 알려지고 있으나, 스트라스 부르그의 Zanchius는 1561년 자신의 예정론에 대한 입장을 Bullinger, Ludwig Lavater, Jose Simler, Gualter 등으로부터 동의서를 받았다는 사실을 기억해야 한다. Petrus Martyr의 예정론의 경우에도 엄밀한 예정론이 실천적 의미에서 온화하게 자리를 잡은 형태라고 할 수 있다. 17세기에 와서 신학교수들로서 1625년 조직신학 교수가 된 Johannes Jok. Huldricus, 1642년 22세로 교회사 교수가 된 Johannes Hein. Hottinger,[89] 1649년 히브리어와 요리문답 교수가 된 Caspar Suicer, 1651년에 논리학 교수가 된 Johannes Wirtz, 1661년 윤리학 교수가 된 Caspar Heidegger 등을 들 수 있다. 그 당시 신학교에서는 Wittenberg와 같이 Genf나 Zürich의 경우에도 성경주석이 교육의 시작이요 모든 것이었다. 이런 훈련의 예가 소위 예언회(Prophezei)라는 모임의 경우이다. 바젤에서는 맨 먼저 J.Jak.Grynaeus(1540- 1617)는 바젤의 루터주의자인 Antistes Simon Sulzer(1508-85)의 제자였고 튜빙겐의 유명한 루터주의 신학자들(Andreae, Heerbrand, Schnef) 밑

---

89) 그의 지식의 범위와 기저에 있어서 대학자로 알려진 자이다. 튜빙겐의 Martin Crusius처럼 독일어 설교를 어려움 없이 헬라어로 따라 기록할 수 있을 정도였고 Groningen의 Pasor 밑에서 그리고 Leiden의 Golius 밑에서 근동언어들을 배웠던 자로서 그런 언어들에 있어서도 완전하였으며 1642년 교회사 교수가 된 이래 1653년에는 근동언어들뿐만 아니라 논리학, 구약까지 가르쳤다. 그 후 하이델베르그가 회복된 이후 하이델베르그 대학으로 옮겨 대학과 국정에도 관여하였던 인물이었다(A.Thouck, op.cit., 366-7).

에서 공부하였으나, 70년대에 교회교부들의 독자적 연구들에 의해서 개혁주의로 옮겼던 자인데 이로 인하여 화해가 없이 열렬한 루터주의자들에 의해서 강하게 미움을 받게 되었던 인물이다. 1575년 이래 바젤의 구약교수였으나 아마 역시 그로 인하여 하이델베르그로 옮기게 되었으며 Sulzer 사망 이후 그의 후계자로 1586년에 다시 바젤로 돌아와 구약으로부터 바꾸어 신약교수로서 가르치기 시작하였다. 그가 바젤을 칼빈주의적인 사상으로 바꾸게 한 결정적인 인물이다. 그가 1534년 바젤고백을 칼빈주의적으로 1589년에 재해석하여 출판함으로 반루터주의적인 성격으로 바꾸게 하였고 1598년에는 모든 목사가 그 바젤고백을 의무화하도록 하였다. 그의 제자로서 그의 사위로서 후에 유명하게 된 자가 Amandus Polanus(1561-1610)이다. 이미 Gymnasium in Breslau에서 개혁주의 교리에 대해서 친밀하게 되었고 튜빙겐 대학에의 연구 초부터 루터주의적인 성만찬론에 대한 반대자로서 동시에 개혁주의 예정론의 신봉자로서 증거되고 있다.[90] 바젤, 제네바, 하이델베르그에서 학업을 계속하면서 그렇게 Polanus는 베자의 기본적인 사상을 받아들였던 신학자 중 한 사람이 되었고 비록 멜랑히톤의 소요학파적인 아리스토텔레스주의를 받아들였을지라도, 아리스토텔레스를 근원적으로 비판한 Ramus의 논리를 일부 받아들였던 인물이기도 하다.[91] J.J.Grynaeus의 영향하에 1590년 바젤에서 학위를 마쳤고 그 후 9년 후에 Johannes Brandmüller(1533-1596)의 후계자로 구약교수로 자리를 얻게 되어 가르치게 되었다. 그러나 역시 Piscator, Olevianus, Beza의 제자로서 Basel의 교수가 된 사람은 Johnnes Buxdorf

---

90) Heiner Faulenbach, Die Struktur der Theologie des Amandus Polandus von Polansdorf, Zürich 1967, 15.

91) Heiner Faulenbach, Die Struktur der Theologie des Amandus Polandus von Polansdorf, Zürich 1967, 18ff. 그러나 신학적 체계나 표상들은 라무스가 갖는 인문주의적인 요소들을 전혀 받아들이지 않는다는 점에서 라무스로부터 영향은 상대적으로 평가되고 있다(ibid., 63).

(?-1629)이다. 1590년 이래 히브리어 교수였는데 영감에 대한 그의 독립적인 입장을 가짐으로 말미암아 진보적인 Saumur 대학의 Ludwig Cappellus의 영감론과 갈등이 되었다. 자신의 아들 Johnnes Buxdorf가 같은 대학에서 1630년부터 가르치기 시작하여 1647년에 조직신학 교수가 되었고 1659년 아버지를 계승하여 구약교수가 되었다.

영국에서의 개혁주의 신학의 문제들은 대륙에서 첨예화되지 않은 문제들이 영국에서는 첨예화되었다는 점이다. 이것은 철저한 종교개혁의 문제들이었다고 볼 수 있다. 영국국교회의 신학인 감독주의 신학 혹은 아카데미 신학도 오랫동안 가톨릭주의와 첨예하게 싸우는 종교개혁적, 혹은 부분적 칼빈주의 신학이었다고 볼 수 있다. 헨리 8세의 종교개혁은 전체적으로 아직도 루터주의적인 종교개혁에는 이르지 못하였고 에드워드 6세의 개혁은 루터주의적인 종교개혁 혹은 부분적 칼빈주의에 가까웠다. 예를 들어 메리 여왕 때 순교당한 죤 브래드포드의 경우 정확한 칼빈주의 사상을 가지고 있었던 반면에 죤 낙스의 친구였던 죤 폭스의 칭의론은 루터주의에 머물렀던 종교개혁자의 모습이었다. 에드워드 6세 때(1550) 런던주교 리들리(Ridley)의 종교개혁은 성만찬에 있어서 제단 대신 테이블로 바꾸는 것도 큰 개혁이었다.[92] 그 개혁은 루터주의로부터 더 나아간 개혁이었지만 부쩌, 오에콜람파디우스, 쯔빙글리, 불링거, 칼빈, 피터 마르티르, 라스코, 헤디오, 카피토 등이 공히 개혁하고자 하는 것에 불과하였다. 한편 쮜리히에서 돌아온 후퍼(Hooper)는 1550년 7월에 왕에 의해서 주교로 임명을 받았을 때, 두 가지 이유로 거절하였다. 하나는 맹세의 형식에 있어서 하나님과 성령 이외의 다른 이름으로 맹세하는 형식이었기 때문이었고 다른 하나는 아론적인 복장 때문이었다. 그러나 재단을 개혁하고자 하였던 리들리는 복장문제는 별문제가 아니라고 법에

---

92) D.Neal, The History of the Puritans or Protestant Non-Conformists, II, London 1732, 67.

복종할 것을 주장하였다. 후퍼의 이런 개혁정신은 부쩌와 피터 마르
티르와 같은 정신이었다.[93] 부쩌와 피터 마르티르가 그 땅에 피신하
여 있었어도 그렇게 종교개혁은 유아기였다. 그러나 엘리자베스 여
왕 집정 초기에 완성된 영국 국교회 39개 조항은 바로 이런 유아기
의 종교개혁자들에 의해서 작성되었던 42개 조항에 의해서 기틀을
잡은 것을 다시 수정한 고백이었다.

에드워드 6세가 죽고 난후 메리 여왕의 핍박시대에 대륙으로 피
신한 종교개혁적 성직자들이 엘리자베스 여왕 즉위와 함께 영국 땅에
들어오나 엘리자베스 여왕의 종교개혁이란 에드워드 6세의 종교개혁의
회복에 불과하였다. 에드워드 6세 때의 종교개혁인물들(Rogers, Hooper,
Ridley, Latimer, Cranmer)은 메리 여왕 시 화형을 당하였고 그때
277명 이상이 순교하였기 때문에,[94] 그들의 개혁유산을 보존하고자
하였는지도 모른다. 이런 핍박으로 인하여 지하교회가 형성되게 되
었고 800명 이상이 바젤, 프랑크푸르트, 엠덴, 스트라스부르그, 두이
스부르그, 알로우, 쭈리히 등으로 피신하였다. 루터주의자들은 이들
을 받아들이지 않았고 오히려 쫓아냈다. 그 말은 그들 피난민들이 개
혁주의자들이었기 때문이었다. 그러나 특별히 프랑크푸르트에 피신한
자들 중에 단순히 에드워드 6세 때의 고백과 의식들을 넘어서 좀 더
개혁을 시도하는 움직임이 있었는데, 이들이 죤 낙스, 죤 베일, 죤
폭스 등의 인물들이 중심이었다. 이들의 신학은 칼빈의 개혁사상과
가까운 대륙의 종교개혁자들(무스쿨루스, 마르티르, 불링거, 비레)의
정신들과 연결되었다. 그러나 에드워드 6세의 개인교수였던 콕스

---

93) D.Neal, The History of the Puritans or Protestant Non-Conformists, II, London
   1732, 69.
94) 대륙에서 피신하여 그 땅에서 죽었던 부쩌, 파기우스를 무덤에서 꺼내 화형
   시켰고 피터 마르티르의 아내의 시체도 그렇게 하였다.

(Dr.Cox)를 중심으로 에드워드 왕의 예배모범을 고집함으로 분열이 생겼고 더구나 이들이 타국 관원의 재가를 받아냄으로 여기에서 개혁하고자 하는 자들이 화합하지 못하고, 일부의 인물들이 거기를 떠나 바젤, 제네바로 떠나게 됨으로, 엘리자베스 여왕시대의 퓨리탄들과 융화자들(conformists)이 분리되는 상황이 형성된 것이다. 그때 프랑크푸르트를 떠나 제네바로 간 인물들이 교회를 이루었는데, 여기에서 후대 스코틀랜드 장로교회의 교회정치원리와 예배모범(The Service, Discipline, and Form of Common Prayers and Adminstration of Sacraments used in the English Church of Geneva, Feb, 10th 1556)이 형성되게 된 것이다. 이들로부터 또한 유명한 제네바 성경이 발생(1560년)하였다. 이들이 바로 영국이나 스코틀랜드의 종교개혁의 주역을 맡게 되는 것이다.

따라서 엘리자베스 여왕 시기의 철저한 종교개혁정신이 있었다면, 그것은 칼빈주의적인 종교개혁이었다고 말할 수 있다. 그러나 실제적으로 퓨리탄이란 개념은 에드워드 6세의 종교개혁을 회복한 엘리자베스 여왕 시대에 영국의 종교개혁의 법적인 통일성에 동의하지 않은 자들에 대한 비난의 용어(주후 3세기의 용어, Cathari 혹은 Puritani)에서 비롯된 것이다.95) 그렇기 때문에 제네바 쪽에서 온 퓨리탄들의 개혁이란 에드워드 6세 때의 종교개혁을 더 철저히 개혁하는 것이었다. 그래서 스코틀랜드 장로교 신학이 그것의 전신인 제네바의 영국교회로서 한 맥을 이룬다면 엘리자베스 여왕 시대의 제네바 종교개혁정신이 장로교 신학의 다른 본맥을 결정하고 있다. 그 예로 토마스 카트라이트와 싸웠던 동료 교수 화이트깁트(John Whitgift)는 일부 교리에 있어서 철저한 칼빈주의자였다. 그러나 같은 사람이 다

---

95) D.Neal, The History of the Puritans or Protestant Non-Conformists, II, London 1732, vi. 그러나 이런 근원적 성격과 달리 이단들도 이런 비타협주의자들이었기 때문에 퓨리탄운동에 참여하였기 때문에 신학적으로는 실제로 넓은 개념이다.

른 분야에서 더 철저한 칼빈주의로 나아갔던 카트라이트의 신학적 입장과 싸우고 과격한 핍박자가 되었기 때문에, 장로교적인 개혁주의 신학이 그런 모든 분야에서 철저하지 않은 칼빈주의와 구별되게 된 것이다. 그러나 넓게 도르트회의에 참석한 영국 국교회주의자들이란 개혁주의자들 안에 포함시키고 있다. 따라서 개혁주의 이름 아래 우리와 구별되면서 서로 고통과 피를 흘려야 하는 신학적 다양성이 있었다는 것을 상기할 필요가 있다.

일반적으로 영국의 개혁주의는 에드워드 6세 때(1547년 이후 1553년 메리 여왕의 등지)의 토마스 크렘머(Thomas Cranmer)의 개혁이 중요하고 그 다음은 카트라이트 논쟁이고 셋째로 같은 화이트깁트와의 브라운주의자들 혹은 바로우주의자들의 논쟁, 네 번째로 람베트 선언서(Lambeth Articles)의 중요한 사건이다. 크렘머는 에라스투스주의자로서 영국을 대표하는 인물로 보는 것이 좋다. 그런 에라투스주의자들과 싸우는 것이 장로교 운동이다.

교회정치형태로 보아 장로적인 노회가 처음 생긴 것은 1572년이지만 그런 노회의 전신이 장로교 성직자들의 모임인 '예언회'(The Prophesyings)가 그전부터 있어 왔고 카아트라이트의 주장들은 그 당시 새로운 것들이 아니었음을 이미 Daniel Neal의 퓨리탄 연구에서 증명하였다. 오히려 그때의 교회개념이 70년 후에도 여전히 정확히 같은 개념으로 웨스트 민스터 회의 정치론에서 작성되었다는 것은 놀라운 사실이다. 그러나 그 후 그 '예언회'들은 주교 아래서 활동하였고 발전되었다. Edmund Grindal 대주교 당시 1582년 4월 6일 스코틀랜드 장로교에서 임직을 받았던 성직자 John Morrison에게 강도권을 받음으로 장로교적 형태의 임직이 인정되게 되었다. 역시 목회자들의 모임에 스코틀랜드 성직자들도 포함되었다. 즉 이런 성격은 주교정치형태 아래 장로교 성직자들이 포섭되는 타협주의 노선의 모습이다.

장로교의 근본적 성격이 드러난 것은 비타협주의 운동이 갖는 신학적 다른 입장들과 함께 드러났다는 것이 특징이다. 다른 신학적 입장들이란 철저한 칼빈주의 운동과 밀접히 연결되어 있다. 다른 신학적 입장들이란, 첫째로 에드워드 6세 때 Cranmer의 개혁유산인 '공동예식서'(The Book of Common Prayer)를 받지 못하는 정신에서 나타났다. 그 예식서는 성례식, 공적 사적 기도, 임직법에 대한 규례들에 대한 것으로서, 그 예식이 교회법으로 강요됨으로 퓨리탄 정신이 일어났다. 예식서의 가르침과 반대로 퓨리탄들은 생각하기를, 세례 시 무릎을 꿇고 서서 받거나 상관이 없다. 십자가 사용할 필요가 없다. 입교문답을 하고 나서 주교에게 안수받을 필요가 없다. 죽은 자를 위해서 기도해서는 안 된다. 가톨릭주의자들처럼 예복(Gown, Cap, Tippet, Supplice)을 입을 필요가 없다, 주일을 온종일 거룩하게 지켜야 한다, 외경을 읽을 의무가 없다는 것이었다. 여기에서 그 예식들에 대한 타협주의자들과 비타협주의자들이 일어났다. 그들 사이의 갈등으로 인한 성직의 정직, 옥살이, 도피, 추방, 침묵이 퓨리탄들의 역사이다. 이런 반대입장이 확장되지 않도록 그 예식서를 강요하고 일반 가정에서 퓨리탄들이 설교, 가르침, 기도를 하지 못하게 한 것이다. 역시 토마스 카아트라이트와 싸웠던 Whitgift가 대주교가 되어 발령된 5가지 금지령이 퓨리탄들에게 큰 고통을 주었다. 여기에서 그가 '공동예식서'와 '39개 조항'을 내세웠을 때, 에드워드 6세의 개혁정신을 계승하고 고집하는 것을 의미하였던 것이다.

반면 브라운주의자들인 Elias Thacker과 John Copping도 비타협주의자들로서 정죄되어 죽는 사건이 일어났고 거의 10년 후에는 강하게 그 브라운주의 운동이 일어나 투쟁하여 영국에 영향을 끼쳤다.

그 대표적 인물들로 Henry Borrowe, John Greenwood, John Penry 등이었다. 이런 브라운주의자들과 다른 이단, 예를 들어 "죄를 지을 수 없다. 왜냐하면 하나님 안에서 신성화되었기 때문이다"라고 주장하는 소위 '사랑의 가족'(Family of Love)과 혼합되어 혹은 그런 이단의 오해 아래 퓨리탄들도 핍박을 당하였다. 그래서 외적으로 고통을 당하면서 같이 비타협적인 길을 간다 하는 자들에 의해서 또한 고통을 감수해야 했다.

종교개혁 2세들은 대개 루터로부터 물론 쯔빙글리, 오클람파디우스, 불링거, 부쩌, 피터 페어밀리우스, 멜랑히톤 등의 개혁자들로부터도 영향을 받았다. 쯔빙글리나 불링거는 조직적인 신학체계를 가진 책을 내지 못하였기 때문에 칼빈의 영향은 당연히 이런 조직화에 크게 영향을 끼친 인물로 여겨지고 있다. 좀 더 교의적 소재들에 따라 외적으로 더 잘 정리한 개혁주의 학자는 피터 페어밀리우스라 할 수 있지만 내용상 칼빈의 영향권 아래에 있다. 비록 피터 페어밀리우스가 칼빈보다 조금 어리지만 거의 동 시대 인물로서 항상 가까이 있기를 원하였고 그의 총명과 능력을 크게 인정받았던 친한 친구라고 할 수 있다. 그러나 칼빈 자신이 그의 신학에 대한 평가는 불링거선에 있는 것으로 평가하였다. 즉 바젤의 오에클람파디우스는 불링거에 의해서 계승되었고 페어밀리우스에 의해서 꽃이 피었다고 보았다. 그럼에도 불구하고 예정론을 포함한 많은 신학적 입장에 있어서 칼빈의 입장에 동의하였다. 페어밀리우스처럼 이런 교의적 소재에 따라 교리를 조직화한 인물로서 베른학자들인 볼프강 무스쿨루스(Wolfgang Musculus)[96]와 아레티우스(Benedictus Aretius)[97]를 들 수 있다. 무스쿨루스의 교의적인 입장은 절충적이었고 언약론에 있어서 두 언약론을 주장하였어도 아브라함과 영원한

---

96) Loci communes theologici, Basiliae 1564.
97) Theologiae problemata h.e. loci communes christianae religionis. Apud Le Preux 1567.

언약과 자연보편적인 노아의 언약 사이를 구별하였다.[98]

후대 스콜라적인 신학체계는 케커만(B.Keckermann), 폴라누스(Pola-nus), 알스테드(H. Alsted) 등이지만 알스테드는 이미 이런 스콜라적인 신학을 샤델, 짠끼우스, 단니수스, 유니우스 등에서 찾고 있다. 그러나 이런 새로운 스콜라 신학은 성경으로부터 나온 성령 자신의 신탁들로 정의되고 있다.[99] 가르침의 체계에 자신의 독특한 입장을 가진 자는 안드레아스 휘퍼리우스(Andreas Hyperius)이다. 물론 그가 외적으로 교의학소재들에 따라 기술하고 있으나 내용상 칼빈의 기독교강요의 초판에서 얻은 인상처럼 예정론에 근거한 교회론 위에 그의 신학체계의 골격을 잡고 인간타락 전 교회(Ecclesia ante lapsum), 인간타락 후 교회(Ecclesia post lapsum), 영광의 교회(Ecclesia gloriae)가 소개되고 있다. 이것은 취리히신학으로부터 독립적이고 역시 칼빈이 취하였던 취리히신학적인 요소를 수용하지 않았다는 증거이기도 하다. 그럼에도 불구하고 칼빈의 중요한 사상을 이어 체계화하였다는 사실을 지적할 필요가 있다.

제롬 짠키우스는 엄밀한 칼빈주의자로서 하이델베르그에서 가르쳤다. 그러나 그는 1560년 동안 마르바흐(Marbach)와의 예정론에 논쟁이 알려지고 있다.[100] 물론 루터주의 안에서의 예정론에 대한 논쟁

---

98) R.Dellsperger, Wolfgang Musculus(1497-1563), in:Die Augsburger Kirchenordnung von 1537 und ihr Umfeld, hg.v.R.Schwarz, Gerd Mohn 1988, 106.

99) A.Hyperius, Methodus theolgiae, Basiliae 1568, Praef.: Theologia scholastica sic dicitur, quod exponi soleat ea methodo, quae convenit scholis atque adeo sit accurator, quam popularis illa, quae in ecclesia obtinet. Res igitur quae hic proponuntur, non sunt placita Scholasticorum, quos ita vocant, sed sunt ipsius spiritus s. oracula petita ex scripturae fonte. Novi doctores Scholasticci Reformati per veteribus Scholasticis tria habent singularia, rerum nempe veritatem, verborum venustatem et methodi claritatem. Tales sunt Sadeel, Zanchius, Danaeus, Junius et alii, quorum vestigia sumus secuti.

은 개혁주의 신학자들의 영향이 있었다는 점을 강조할 필요가 있다.

그러나 개혁주의 신학의 특징적인 것이 드러난 것은 루터주의자들에 의해서 고백된 '협화신조'(Konkordienformel)에 대한 개혁주의 신학자들의 논쟁에서 비롯됐다고 볼 수 있다. 특별히 하이델베르그 문답서를 펴낸 우르시누스와 올레비안우스의 신학들이 중요한 개혁주의 신학의 독특성을 이루는 데 중요한 역할을 하고 있다. 첫째는 루터주의적인 그리스도의 보편편재(Ubiquität)에 반대하는 칼빈주의의 독특성(Extra-Calvinisticum)이라 부르는 기독론 논쟁이 그것이고 둘째로 이 기독론과 연결된 성례론 논쟁이며 셋째로 우르시누스와 논쟁이 된 에라스투스주의에 대한 문제이다. 처음 두 가지 논쟁점들은 루터주의로부터 구별된 개혁주의 신학의 특성으로서 고정되었다. 세 번째 문제는 개혁주의 신학 다양성 안에 논쟁되는 문제로 남아 있게 되었다. 그 밖에 개혁주의 신학의 특성으로서 루터주의적이고 제세례파주의적인 반율법주의(Antinomianismus)에 대한 반대입장인 율법의 제3사용은 이미 종교개혁주의 시대에 형성되었던 특성이다. 문제는 이 우르시누스의 제자들(F.Gomarus, Lubbertus Sibrandus, David Pareus) 사이에 예정론에 대한 입장이 도르트회의에서 타락 전 선택설과 타락 후 선택설 논쟁으로 첨예화하였다는 것이다. 오늘날 개혁주의 신학 내에 남아 계속된 논쟁점이다. 우르시누스는 언약론에 있어서 Olevianus 나 F.Junius의 자연의 언약의 개념을 인정하는 것과 달리 칼빈의 언약의 통일성을 확고히 주장하고 있었고 예정론에 있어서도 칼빈 위에 서서 그리스도의 구원은 택자를 위한 구원임을 세웠고 유기의 최종원인을 하나님의 기뻐하신 뜻과 하나님의 영광에서 찾았다. 이 논쟁점은 아르미니안주의에 대한 논쟁과 언약론에 대한 논쟁과 더불어

---

100) Joachim Staedke, Der Zürcher Praedestinationsstreit von 1560, Zwingliana IX(1949-1953), 536-46.

개혁주의 신학의 중요한 논쟁점들 하나로 남아 있다. 어떻든 이들 제
자들은 그가 루터주의자들(루이 6세 때) 때문에 피신하여 프리데릭 3
세의 아들인 Johann Casimir의 보호를 받아, 신학교가 세워졌던 노이
스타트(Neudstadt)나 헤르보른(Herborn)에서 가르쳤던 제자들이다. 그
러나 도르트회의에 참석한 성직자들 중 특별히 브레멘의 Matthias
Martinius와 Ludwig Crocius의 제자 중에 Johannes Cocceius가 그들의
제자였음을 관심할 필요가 있다. Samuel Rutherford는 Crocius를 루터
주의 신학자들과 개혁주의 신학자들 사이에 두고 있다.[101] 그러나 결
정적으로 도르트회의의 결정과 그 과정에서 나타난 예정론논쟁이 개
혁주의 신학의 이전과 이후 중요한 전환점을 이루고 있다.

그 중요한 도르트회의는 이미 화란 땅에서 예정론논쟁의 배경에
대해서 조금 살펴볼 필요가 있다. 스트라스부르그와 제네바에까지
칼빈을 따랐다가 1544년 아가서와 그리스도가 지옥까지 비하하신 문
제에 대한 견해차이로 바젤로 떠나게 되었던 세바치안 카스텔리오
(Sebatian Castellio, 1515-1563)가 칼빈과 베자의 예정론을 비판하였
는데, 사후에 출판된 그의 글(De Presdestinatione, 1578)이 화란에서
개혁주의적 입장을 비난하기 위해서 번역되었다. 1578년 그 번역자
(Dirck Volckertszoon Coornhert)와 델프구역의 설교자들(Donteclock,
van der Linden) 사이에 생긴 예정론에 대한 논의가 화란에서 예정
론 논쟁의 발단으로 알려지고 있다. 그러나 문제는 그 논의과정에서
델프 지역의 설교자들이 칼빈과 베자의 견해를 포기하고 불링거 입
장인 타락 후 선택설을 옹호하는 입장을 택하였다는 점이다. 칼빈과
베자의 입장에 의혹적인 델프의 설교자들은 타핀(Taffin)과 바스팅기
우스(Bastingius), 그 당시 레이던 교수였던 단네우스(Danaeus)와 우

---

101) Samuel Rutherford, The Due Right of Presbyteries or A Peaceable Plea for
the Government of the Church of Scotland, London 1644, 255.

트레히트 설교자 헬미키우스(Wernerus Helmichius), 그리고 프라네커 교수 리디우스(Lydius)에게 자문을 구했다. 그들이 자문한 개혁주의 목회자들과 신학자들이 칼빈의 생각에 만족해도, 정확하게 그를 모범으로 따르는 것이 아니었다고 말하면서 자신들의 입장을 정당화하고자 하였다. 이렇게 하여 중간입장이 개혁주의 신학 내에 나타나게 된 것이다. 그 당시 암스테르담에 젊은 설교자 아르미니아누스(Arminius)가 있었다. 그는 제네바의 베자 밑에서 공부하였고 그 당시 그의 소문은 좋지 않았으나 신용을 얻고 있었다. 그런데 리디우스로부터 호의를 받은 터라, 자신의 스승인 베자의 개혁주의 입장을 옹호해 주기를 기대하여 그에게 그 문제를 맡기게 되었던 것이 아르미니우스에 대한 논쟁의 시작이었다. 아르미니우스에게 있어서 문제되었던 점은 예정의 대상이 누구였느냐에 대한 것이었다. 1604년 이전에는 다만 개혁주의 전통에 있어서 칼빈, 베자, 유니우스의 입장에 대해서 논평하는 선에서 참여하였으나, 1604년에 처음 자신의 정의를 제시하였다. 그때는 대표적인 창조 전 선택론자들인 유니우스와 트렐카티우스가 흑사병으로 죽게 되어 그 유니우스를 대신하여 아르미니우스가 되었을 때이다. 그에 의하면 선택의 근거는 예지된 신앙(fides praevisa)이요, 따라서 예정의 대상은 타락한 인간(homo lapsus), 창조해야 할 인간(homo condendus), 창조된 인간(homo conditus, homo creatus)이 아니라, 믿을 사람(homo fidelis)이라는 것이다.[102] 믿음을 조건으로 선택설이란 이런 낱말에서 분명히 드러났던 것이다. 이런 입장에 대해서 진지하게 문제화하였던 사람들이 Helmichius와 Plancius 이다. 그들의 비판 앞에 아르미니우스는 자신의 입장을 위해 Sohnius 와 Polanus에게 호소하였다. 아르미니우스의 동료였던 고마루스는 이 당시에 그렇게 비판적이 아니었다. 아르미니우스의 견해는 새로운

---

102) K.Dijk, De Strijd over Infra-en Supralapsarisme in de Gereformeerde Kerken van Nederland, Kampen 1912, 84.

것이 아니었다. 그런 견해는 스콜라신학에서도 추적할 수 있고 이미 영국에서 화이테이커(Whitaker), 퍼킨스(Perkins)와 틴달(Tindall)에 의해서 반박된 바로(Baro)의 주장과 네덜란드에서도 레이던의 노장교수 중 한사람인 홀만(Holman)의 주장에 그 선례가 있었다.[103]

이런 아르미니안주의는 칼빈, 베자, 피스카토르, 마르티르 페어밀리우스, 쨘키우스, 우르시누스의 선에서 이어지는 주장과 벗어난 주장이었고 전통적인 개혁주의 신앙고백들(Confessdio Gallicana 1559, Art.XII; Confessio fidei et doctrinae per Ecclesiam Reformatam Regni Scotiae professae 1560, Art. XVII; Thirty-Nine Articles 1552, 1562, Art. XVII; Lambeth-Articlels 1595, § 1; Irish Articles of Religion 1615, § 12-13)과도 벗어난 것들이었다. 그럼에도 불구하고 도르트회의가 열릴 쯤에는 고마루스, 페스투스 홈미우스(Festus Hommius), 트리글란드(Trigland)[104]가 그런 주장을 하였다. 그 외에 고마루스 제자들이라 할 수 있는 Hieron. Vogelius와 Casp. Sibelius가 그런 옛 타락 전 선택설의 입장에 서 있었다. 그러나 대부분 도르트회의 참석자들은 타락 후 선택설 입장을 가지고 있었다. 레이던 학파의 대표적 학자들(Polyander, Walaeus, Thysius, Lubbertus)은 타락 후 선택설 입장이었고 도르트회의에서 그의 글이 거의 채택된 Bogerman[105]의 경우

---

103) Ibid., 108-109.
104) 그는 처음 엄밀한 타락 전 선택설의 입장을 취하지 아니하였으나, 후에 타락 전 선택설 입장을 취하였다고 알려지고 있다. 그가 생각한 예정의 대상은 창조된 인간이 아니라 창조될 수 있는 인간(homo creabilis)이었다. Cf.K.Dijk, De Strijd over Infra-en Supralapsarisme in de Gereformeerde Kerken van Nederland, Kampen 1912, 117-8.
105) Glasius와 Scholten는 타락 전 선택설 입장이었다고 하고 v.d.Tuuk는 타락 후 선택설 입장이라 주장하였다고 말하면서 K.Dijk는 극단의 타락 후 선택설 입장을 가진 자로 돌릴 수 없다고 하였다(K.Dijk, De Strijd over Infra-en Supralapsarisme in de Gereformeerde Kerken van Nederland, Kampen 1912, 118).

항변파들106)이나 영국과 브레멘 대표들에 대해서 반대하였다고 하여 타락 전 선택설 입장에 서 있는 것은 아니었다. 브레멘 대표들은 처음부터 신뢰받지 못하였다. 그들은 온화한 멜랑히톤주의자들이라 평하기도 하였다. 그들 중 Martinius가 Gomarus과의 언쟁이 있었고 아르미니안 주의에 가까운 입장을 가진 Vortius과 교통을 가졌다. 이 Martinius와 일치하였던 자들이 또한 영국에서 온 Joh.Davenant와 Samuel Ward이었다. 주교였던 Balcanqual만이 타락 전 선택설의 경향을 가졌으나, 다른 원인 때문에 Gomarus의 입장에 반대하였다. 특별히 Gomarus가 과거 개혁주의 신앙고백에 근거하여 타락 전 선택설 입장을 표명하였을 때, 영국 대표자들이 감히 다른 나라의 신앙고백에 대해서 판단한다고 하여 불쾌해 하였었다고 알려지고 있다. 물론 진술의 과정에서 영국의 39조항 17조에 있는 'eos quos in Christo elegit ex hominum genere'까지의 구절에 근거하여 영국교회가 예정의 대상에 대해서 결정하지 않았다고 주장하였던 것인데, 바로 이어진 'a maledicto et exitio libere'이란 어구를 놓쳤던 것이었다. 이 문구에 따르면 영국에서 유일하게 예정의 대상을 타락한 인간(genus hominum lapsum)이었다고 해석할 수 있는 고백서가 되었다.107) 구체적으로 쟁점이 되었던 예정의 대상에 대해서 영국 대표자들, 하이델베르그 대표자들, 제네바, 브레멘. 엠덴, 벨직, 북부 홀란드, 젤란드, 우트레이트, 프리스란드, 흐로링겐에서 온 대표자들이 거의 예정론으로 보고 대상을 타락한 인간(homo lapsus)으로 제시하였던 것이다. 다만 Gomarus만이 전 인류로부터(e genere universo humano)

---

106) 대항론파(Contra-Remonstrantie)들의 중심인물들은 Ruardus Acronius, Libertus Fraxinus, Petrus Plancius, Joh.Bogardus, Joh.Becius, Festus Hommius등으로 알려지고 있다(K.Dijk, De Strijd over Infra-en Supralapsarisme in de Gereformeerde Kerken van Nederland, Kampen 1912, 100).

107) K.Dijk, De Strijd over Infra-en Supralapsarisme in de Gereformeerde Kerken van Nederland, Kampen 1912, 165-6.

택하였다고 주장하고 남쪽 홀란드 대표자들은 결정하지 못한 입장에
서 있었다. 결국 Gomarus도 다수의 결정을 인정하는 쪽으로 나아갔
었던 것이나, 이런 타락 후 선택설의 입장으로 몰아가게 한 주 인물
이 Molinaeus이었다고 알려지고 있다.

문제는 타락 전 선택설에 대해서 도르트회의가 부정적으로 결정하
였는가에 대한 문제이다. 첫째로 영국 대표자들과 Gomarus 사이에
생긴 논의는 결정 없이 Gomarus의 침묵으로 끝났다는 점이다. 후에
도 계속 Gomarus[108])가 타락 전 선택설의 입장에서 공적으로 강의하
자, 1640년 흐로링겐의 Joncker Clant가 도르트회의의 결정을 타락 전
선택설에 대한 공적으로 자신의 생각을 펴는 것에 대해서 금지한 것
으로 해석했기 때문에 이 점이 중요하다. 이때 고마루스의 대답은 타
락 전 선택설과 타락 후 선택설 사이의 의문은 예정론 자체에 관한
문제가 아니라 그에 대해서 항상 교회 안에서 다양하고 자유로운 질
서에 관한(de ipsa Praedestinationis doctrina sed de ordine, de quo
semper varia fuit et libera in ecclesia Dei) 문제로 대답하였으며 그
당시 도르트회의에서 자기만 그 타락 후 선택설을 반대한 것도 아니
었고 역시 예정론의 대상에 대해서 그 회의가 결정한 것은 없다고 하
였다.[109]) 오늘날까지도 화란 땅에서는 교회가 갈라져 있을 정도로 미
묘한 문제이다. 둘째로 Maccovius와 Lubbertus와의 논쟁이다. 물론 그
사건은 Lubbertus가 고소한 것이 아니고 프라네커 노회에서 소원된
것이다. 그러나 그 사건을 도르트회의에서 다룰 문제가 아니라고 보
거나 그에 대한 학자들의 차이를 인정하는 식의 발언이었다. 오히려

---

108) 고마루스는 1640년에 와서 예정의 대상에 견해가 변했다. 즉 예정의 대상
　　으로서 일찍이 Jac.Trigland의 입장에 동의하였다(homo indefinite praescitus
　　seu creabilis, homo creabilis et labilis servabilis).

109) K.Dijk, De Strijd over Infra-en Supralapsarisme in de Gereformeerde Kerken
　　van Nederland, Kampen 1912, 240-1.

Lubbertus의 제자인 Hommius조차도 스승과 반대하여 마코비우스의 입장을 세우는 일이 일어났고 자문에 참여한 Amesius도 Parker의 입장과 일치하다 하여 그의 주장을 반대할 이유가 없다는 것이었다. 비록의 마코비우스는 예정의 대상이 타락한 인간이라고 한 것이 잘못이라고 보인다는 진술까지 확인(quod fatetur se dixisse ad discipilos videri sibi erroneum et falsum docere genus humanum lapsum esse objectum praedestinationis)하였어도,[110] 그 논쟁은 마코비우스와 루베르투스 사이의 개인적인 문제로 악수하고 끝났다. 결론적으로 도르트 회의의 결정은 타락 후 선택설 입장의 결정이지만 타락 전 선택설을 반대하지 않는다는 혼합적 정통주의(syncretismus orthodoxus)라고 결론되고 있다.

후에 1626년 라이덴 대표적 학자들(Polyander, Rivet, Walaeus, Thysius)은 아르미니안주의자인 Episcopius에 반대하여 칼빈과 그를 따르는 자들을 옹호하였다.[111] 그런 노선문제는 다시 1645년과 1649년 마레시우스(Maresius)와 보에티우스 사이의 논쟁에서 이어진다. 보에티우스는 고마루스의 입장에 호소하여 우리 교회 안에서 예정에 대해서 분명히 정의된 것이 아니라고 주장하였다. 반면 흐로링겐의 고마루스를 계승한 마레시우스는 타락 후 선택설 입장에서 예정의 대상을 창조될 수 있는 인간이 아니라 창조되었고 타락한 인간(homo creatus et lapsus)이라고 주장하였다.

그러나 웨스트민스터 신앙고백서의 작성에 참여한 퓨리탄들은 아

---

110) K.Dijk, De Strijd over Infra-en Supralapsarisme in de Gereformeerde Kerken van Nederland, Kampen 1912, 213.

111) K.Dijk, De Strijd over Infra-en Supralapsarisme in de Gereformeerde Kerken van Nederland, Kampen 1912, 228-9.

르미니안주의를 완전히 배제시키고 확고히 타락 전 선택설에 기초하여 작성하였다. 다만 1645년 10월에 있었던 그 논의 과정에서 일부 성직자들의 발언 배후에 있는 타락 후 선택설을 허용하는 정도에서 머물렀다. 이것은 도르트신조보다 훨씬 엄밀한 칼빈주의 노선을 확인한 셈이다.

한편 개혁주의 신학 안에서 언약론 논쟁은 Johannes Coccejus로부터 시작한다. Johannes Coccejus는 어릴 때부터 헬라어와 히브리어를 배웠고 언어에 능했지만, 그의 독자적인 성향은 다른 종교에 대한 개방성에서 찾아야 될지 모른다. 그는 신학을 배우기 전에 코란에 대한 연구를 하여 글을 쓴 일이 있다(Oratio de religione Turcarum). 브레멘에서 Matthias Martinius와 Ludovicus Crocius로부터 신학을 배운 후에도 1625년 함부르그에 가서 유대 랍비의 글들을 배웠다. 프라네커에서 Georgius Pasor, Johannes Maccovius, Gulielmus Amesius, Sixtinus Amama(근동 언어학자)와 가까이 접촉한 후에도 쓴 책들은 유대 랍비문헌들에 대한 연구들이다. 흐로링겐에서 Gomarus와 레이던에서 Polyander, Rivetus, Heinsius 등 다른 유명한 학자들과 접촉하면서 배웠어도 그들과는 다른 독자성이 계속 남아 있었다고 판단할 수 있다. Johannes Coccejus는 세 가지 논쟁점에서 문제의 신학자로 남게 되었다. 첫째로 Johannes Coccejus는 그의 동료인 Abraham Heidanus와 더불어 안식일을 도덕법으로 해석하지 않고 단지 예표로만 생각하였다. 그의 히브리서 주석(Explicatio Epistolae ad Hebraeos, L.B. 1659)에서 처음 분명하게 나타났지만, 그의 견해는 더 일찍 알려져 그의 동료인 Abraham Heidanus가 그의 견해를 옹호하는 글을 발표하였다(de Sabbatho et de Die Dominica). 이런 주장들 때문에 Essenius(de perpetua moralitate Decalogi adeo specialiter)와 Hoornbeek (Theses de Sabbato)와의 심한 논쟁이 발생하였다. 이를 기점으로 코케이우스(de indagatione naturae Sabbati et quietis Novi Testamenti, Typus concordiae amicorum circa honorem Dominicae, L.B.1659)와 하이다누스(Consideratien)와 호른벡(Nadere bewering van's Heeren dagheiliging) 사이에 논쟁이 계속되었고 결국 코케이우스와 하이다누스는 소씨니안주의자로 낙인이 찍히기도 하였으나 1659년 관원의 명령에 의해서 레이던에서의 논쟁은 중지되었고 구다 공의회에서 끝나게 되었다. 둘째로 신약시대와 구약시대와 관련하여 ἀφεσις ἁμαρτιων(완전한 용서)과 παρεσις ἁμαρτιων(불완전한 용서) 사이를 구별하는 Johnnes Coccejus의 주장에 대해서 1665년 Gijsbert Voetius(onderzoek over den waren aard des Sabbaths)가 반박해 나섰다. 코케이우스의 작품(Moreh Nebochim; utilitas distinctionis duorum vocabulorum scripturae παρεσις et ἀφεσις Amsterd. 1666)이 나왔다. 셋째로 Samuel Maresius와 논쟁이 일어났다.

언약론과 관련하여 코케이우스의 신학에 대한 다음과 같은 바빙크의 일반적인 비판을 참조해야 한다:

"언약론 자체는 처음 올레비아누스, 칼빈 혹은 불링거에게서 발생한 것이 아니라 원리적으로 이미 제 세례파와 대립하여 신구약의 근본적 통일성을 주장하였던 쯔빙글리 안에서 만나게 된다. 쯔빙글리로부터 그것은 불링거와 칼빈에게 계승되고 특별히 올레비안누스, 우르시누스, 손니우스(Sohnius), 에글린(Eglin), 보쿠비우스(Boquinus), 휘퍼리우스(Hyperius) 등 독일 개혁주의자들안에서 받아들여졌음을 발견하게 된다. 영국신학에서는 롤록(Rollock), 하우(Howe), 카아트라이트(Cartwright), 프레스톤(Preston), 토마스 블레이크(Thomas Blake), 퍼킨스(Perkins), 아메시우스(Amesius), 죤 볼(John Ball), 제임스 우셔(James Usher), 웨스트민스터 신앙고백서, 프란시스 로버스(Francis Roberts), 토마스 보스톤(Thomas Boston) 등에 의해서 받아들여졌다. 네덜란드

에서는 스네카누스(Snecanus), 유니우스(Junius), 고마루스(Gomarus), 아
버지와 아들 트렐카티우스(Trelcatius), 네르데누스(Nerdenus), 라벤스
페거(Ravensperger) 등과 만나게 된다. 그러므로 클로펜부르그와 코케
이우스보다 오래전에 언약론은 개혁주의 신학 안에 고유적이다. 그러
나 후자 인물들이 언약론을 전 교의학의 출발점과 지배원리로 삼았
고 동시에 원리적인 변화를 야기하였다.

코케이우스와의 싸움은 직접 모든 이들에게 인정된 언약론에 대한
것이 전혀 아니라 에센니우스와 호른벡의 경우 안식일에 대한 것이
고(1655-1659), 마레시우스의 경우 두 가지 경영에 있어서 교회의 상
태에 대한 것이며(1662), 보에티우스의 경우 구약에서의 용서($\pi\alpha\rho\epsilon\sigma\iota\varsigma$)에 대한 것이다(1665). 코케이우스에서 논쟁되고 있는 것은 언약개
념이 아니라 그의 성경신학과 그의 역사적 방법이다. 철학에서 데카
르트와 같이 코케이우스는 신학에 있어서 스콜라주의와 전통주의에
반대하여 일어났고 성경연구를 주장하며 그의 교의학 제목이 가리키고
있는 대로 성경으로부터 끌어낸 신학대전(summa theologiae ex Scripturis
repetita)을 원하였다. 그것을 얻기 위해서 그는 그의 책 ‘언약에 관한
교리대전’(Summa doctrinae de foedere)에서 하나님과 그의 영원한 의
논으로부터 시작하지 않고 그의 입장을 역사와 인간과 하나님의 언
약 속에서 취하였다. 따라서 그의 교의학은 구원사이고 거기에서 성
경은 원리와 규범이 아니라 대상과 내용이었던 역사학적인 형식을
띤 성경신학이 되고 있다. 그는 그 언약, 즉 참된 종교를 역사적으로
그의 첫 시작에서부터 현재까지 추적하였다. 그리고 그는 어디에서나
다양하고 계속적인 경륜들 안에서 이 언약의 발전과 진보를 가리켰
다. 그러므로 개혁주의자들이 말하였던 대로 계시의 명료성, 즉 통찰
의 선명과 의식의 판명성에 있어서 차이가 있었다는 것이 아니다. 은
혜언약의 다양한 경륜들 아래에서 객관적 축복들에 있어서 차이가

있었다는 것이다. 즉 구약시대에 있어서 구원은 신약에서보다 객관적으로 더 빈약하였다. 구약에서 안식일은 행위의 연기 안에(cessatio operis) 있었고 이스라엘은 아직 참되고 영원한 선(vera et permanentia bona)을 가지고 있지 않았으되, 소망의 백성이었고 땅에서의 긴 생을 열망하였으며 여전히 죽음의 공포 안에 사로잡혀 있었다는 것이다. 그것은 충만한 죄용서(ἄφεσις)를 갖지 못하고 불완전 용서(πάρεσις)만 가지고 있었다. 동물 희생은 전혀 화해를 이루지 못하였기 때문에 칭의는 불완전하였다. 신자들의 위로도 약하였고 그들의 양심은 안식하지 못하였다. 마음의 할례는 참으로 없었고 다만 신약에서 선물로 주신 것이다. 율법은 천사들에 의해서 제공된 것이다. 다른 말로 말하면 구약에는 참으로 모든 것이 현존하였으나 다만 모형과 그림자로 존재하였다는 것이다. 사실 자체의 실재성은 전적으로 부정되지 않았어도 그때 대부분이 부정되었다. 주관적으로가 아니라 객관적으로도 우연에 있어서(in accidentia)뿐만 아니라 실체에 있어서(in substantia)도 구약은 신약과 다른 것이었다. 참으로 코케이우스가 은혜언약을 다만 부정적으로, 점진적으로, 그리고 역사적이며 계속적으로 발전된 행위언약의 폐지로서 파악하였을 때, 친히 언약론 전체를 근절하였다. 결과적으로 그는 언약에 대해서 아무 것도 남긴 것이 없었다. 그것은 다만 일시적이고 인간적이며 계속 스스로 변하는 종교의 형태였다.

그렇게 코케이우스는 의심할 것도 없이 개혁주의 신학의 출발점과 기본선을 잃었다. 이것이 직접 많은 사람들에 의해서 느껴졌기 때문에 역시 다소 논쟁이 되었던 것이다. 그러나 그것은 원리적인 논쟁이었다기보다는 부속적인 점들에 대한 공격이었다. 코케이우스주의는 바로 데카르트주의와 결합되어 계속 점점 더 받아들여지면서 여러 가지 교의들에 대한 반대로 인도하였고 역시 구약의 붕괴시키는 데 공헌하였다. 어디에서나 무의식적으로 구약은 단지 역사적 가치를 가지고 있고 교의학적으로 아무런 의미가 없다는 생각이 파고들어 갔다. 이런 변경된 교의학적인 직관으로부터 저절로 그의 때가 되어 특별히 스피노자(Spinoza)와 시몬(R.Simon) 이래 구약의 역사적 비판이 태어났다.” 이런 바빙크의 판단에 따르면 현대의 역사비판학적 방법의 근원과 관련하여 코케이우스가 한 역할은 개혁주의 신학 안에서의 정통신학 회복을 불가능하게 만들었다고 볼 수 있다. 그 후 이미 대학의 학문세계에 깊게 파고든 코케이우스주의와 데카르트주의로부터 극복을 위한 노력이란 분파주의를 낳게 되었을 뿐, 정통주의의 완전회복을 불가능하였던 역사가 유럽개혁주의 신학의 역사이다. 회복된 개혁주의는 온건하고 중용적이었다. 그 후 개혁주의 안에서의 보수주의란 정통개혁주의 신학의 재흥이라기보다는 분리하게 된 신학적 노선 위에 머물러 있는 보수주의가 되었다. 그러나 이렇게 유럽개혁주의에서 가장 중심되는 노선의 결정은 예정론에 대한 입장과 신구약 통일성에 대한 입장이 결정되고 있다.

이미 위에서 언급한 대로 영국에서의 개혁주의 신학의 문제들은 대륙에서 첨예화되지 않은 문제들이 영국에서는 첨예화되었다. 즉 철저한 종교개혁의 문제들이었다. 그런 개혁들은 유럽이 다른 지역들에서와 같은 종교개혁의 한 입장들일 수 있었으나 계속적인 철저한 종교개혁은 바로 철저한 칼빈주의를 의미하였다. 실제적으로 헨리 8세의 종교개혁은 전체적으로 아직도 루터주의적인 종교개혁에는 이르지 못하였고 에드워드 6세의 개혁은 루터주의적인 종교개혁 혹은 부분적 칼빈주의에 가까웠다.

예를 들어 메리 여왕 때 순교당한 죤 브래드포드의 경우 정확한 칼빈주의 사상을 가지고 있었던 반면에 죤 낙스의 친구였던 죤 폭스의 칭의론은 루터주의에 머물렀던 종교개혁자의 모습이었다.

존 브레드포드(John Bradford, 1510-1555)의 기본적인 예정론(1555년 7월 1일 순교하기 약 8개월 전에 쓴 1554년 10월 22일의 한 편지에 따라)에 대한 이해는 칼빈과 같이 실천적이다. 그의 예정론에 대한 이해는 구원의 확신에 강조를 둔 예정론이다. 그에 의하면 '하나님의 선택에 대한 신앙은 행위에 있어서 우리가 그리스도로 말미암은 하나님의 자녀라는 것을 믿는 것이요, 같은 그리스도 안에서 오직 성부 하나님의 은혜를 통해서만 (얻는) 영원히 영생의 유산자들임을 믿는 것이라' 하였다. 따라서 이 예정론에 대한 신앙이 '하나님께서 우리에게 요구하시는 모든 것 중에서 원리적인 것일 뿐만 아니라 총체'라 하였다. 하나님의 선택교리로부터 유익들은 셀 수 없다고 하면서 간추리기를, '그리스도인의 생활이 하나님과 인간과 자신에 관심을 갖는 것이고 경건하고 의롭게 살며 신실하게 사는 것이라면, 그 모든 것이 그리스도 안에 있는 예정에 근거한다'고 하였다. 이런 의미에서 그리스도는 가장 신뢰할 만한 목자였고 연약한 양과 같아도 이런 예정론에 대한 신앙에 의해서 사자와 이리로부터 지켜주실 것을 믿었고 그가 죽고 태워져도 그리스도 안에 있는 영원한 영광을 위한 것임을 확신하였다. 그에 따르면 인간의 덕이나 악도 외적인 행동에 따라, 혹은 인간의 의지와 지혜에 따라 판단될 수 없었고 오직 하나님의 뜻에 따라서 사려되었다:

1. 하나님의 선택의 원인 그분의 선한 의지로부터 나온 것이다. 우리가 거룩하고 흠이 없는 것은 그분의 사랑으로 말미암은 것이다.
2. 그 선택은 세상의 태초 전의 일이다.
3. 그 선택은 그리스도 안에 있는 일이다.
4. 그 선택은 아담의 후손 중 어떤 이들에 대한 것이고 모든 이들에 대한 것이 아니다. 모든 사람들이 택자가 아닌 것은 모든 사람이 믿는 것이 아니기 때문이다(마태복음 20장, 13장, 사도

행전 13장, 요일 5장, 살후 3장 인용).

5. 하나님은 그리스도 안에서 영생을 얻도록 택한 자들을 예정하셨다(롬 8장, 눅 10장).

6. 선택의 목적은 하나님의 영광과 은총의 찬양이다. 우리가 예정 받은 것은 그의 은혜의 영광을 위해서이다.

7. 예정은 하나님의 때 안에 소명, 칭의 없이는 없다. 즉 예정이나 선택이 보편적이지 않고 모든 이에게 속한 것이 아님은 모든 이가 의롭게 되지 않기 때문이다.

8. 선택은 그렇게 확실하고 영생을 위해서 택함을 입고 예정된 자는 최종적으로 결코 파멸하거나 정죄에 이르도록 잘못하지 않는다. 그들은 하나님의 은혜의 찬양을 위해서 예정을 입었다. 그의 의의 찬양도 아니요, 그의 지혜의 찬양도 아니며 그의 능력의 찬양도 아니다. 다만 그의 은혜의 찬양을 위해서 예정을 입었다. 머리가 없는 선택, 목적이 없는 선택에 대해서 말하지 않는다. 따라서 최종의 보존이 선택에 속한 것으로 보았다. 그런 의미에서 유다가 제자로 부름을 받았어도 영생을 위해서 택함을 입은 것이 아니라고 보았고 사울도 왕의 직책으로 택함을 입었어도 영생을 위해 택함을 입은 것이 아니라고 보았다.

이런 예정론의 성격이 바로 정경인 성경책의 전체내용과 책들 안에 세워져 있다고 보았다. 비록 리들리 밑에서 그와 가깝게 지냈고 부쩌와 친했던 그였지만 이런 예정론에 따르면 정확하게 칼빈의 사상 위에 서 있는 대표적인 인물이다. 그러나 문제가 되는 것은 교회 정치에 대한 그의 판단이다.

메리 여왕의 등극 이후 유럽으로 피신한 인물 중 죤 폭스(1517-1584)의 신학사상의 일부를 소개하면, 위의 브레드포드와 잘 비교할 수 있고 죤 낙스와 친한 신학자로서 알려졌지만 제네바로 가지 않고 바젤로 간 마음을 읽을 수 있는 그 대표적인 인물이다. 물론 교회권 징과 영국의식에 대한 죤 낙스의 프랑크푸르트 논쟁을 잘 알고 있었고 그 논쟁에 대해서 후회했던 인물이기도 하다. 그의 칭의론은 루터의 실천적 칭의론을 대표하는 인물이라고 말할 수 있다. 또한 율법에 대한 입장도 죤 낙스가 칼빈주의라고 한다면 그는 루터주의를 대표하는 자로서 사려할 수 있다. 언약의 두 방식과 두 가지 의를 강하게 대립시키고 있다. 즉 복음의 의는 행위로 말미암지 않고 율법의 준수로 말미암지 않으며 우리 편에서 어떤 의무의 수행으로 말미암지 않는 것이다. 참된 의를 옹호하지 않으면 그것에 반대하는 것이라고 생각하였다. 신적인 은총의 모든 문이 닫히는 것이요 그리스도의 은혜의 적이라고 판단하였다. 그렇게 믿음의 의와 행위의 의를 같은 것으로 보지 않고 강하게 그 차이를 강조하였다. 물론 그는 우선 인간의 전적 부패를 주장하면서 이성도 가장 맹아이고 신적 지식의 빛으로 조명되지 않으면 아무것도 보지 못한다고 생각하였다. 인간의 능력에 의해서가 아니라 하나님의 영에 의해서 신적인 것들에 대한 참된 이해에 도달한다는 사실을 강조하였다.

일반적으로 에드워드 6세의 개혁의 산물인 39개 조항에서 개혁주의의 특성을 가지고 있다. 특별히 예정론에 있어서 그렇다. 따라서 후에 Lambeth Articles이 인정되었던 것이다. 이 선언은 Mr.Barret가 케임브리지 대학의 한 설교에서 칼빈의 예정론의 교리를 반박함으로 생긴 것이다. 그는 그의 청강자들에게 칼빈의 책을 읽지 말라고 하고 다른 신학자들(P.Martyr, Beza, Zanchius)을 문제로 삼았는데, 그로 인하여 퓨리탄들의 반박을 받아 논쟁이 되었다. 마지막 가톨릭으로 전환하였던 Mr.Barret는 타협적인 고위 성직자들과 가톨릭주의자들에 의해서 지지를 받으면서 Lambeth에 있는 대주교 앞에 소환되었는데 그때 대학을 대표하는 Dr.Whitaker와 Dr.Tyndale가 도와 작성한 것이다. 이 선언서에서 관찰할 수 있는 것은, 첫째로 하나님의 영원한 예정과 유기에 대한 확고한 고백이었다는 것, 둘째로 예정의 원인을 인간의 예지된 믿음이나 행위나 기타 어떤 것들에 돌리지 않고 오직 하나님의 선한 의지와 기뻐하심에 돌렸다는 것, 셋째로 참되고 의롭게 된 신앙의 영구성, 구원에 대한 충만한 보증, 죄 용서에 대한 확신이 선언되었다는 것이다. 이런 공적인 입장들이 도르트회의에 참여하여 동의할 수 있었던 배경이었다.

특별히 일찍부터 양심의 자유를 따라 퓨리탄들의 피신처가 되었던 아일랜드 지역에서 자체의 신앙고백이 고백되었다. 여기에서 독자적인 장로교파(Presbyterian Persuasion)가 형성되었다. 그 대표적 목사들은 스코틀랜드에서 온 Mr.Edward Bryce, Mr.Robert Cunningham, Mr.Robert Blair, Mr.Hamilton, Mr.Levingston, 영국에서 Thomas Cartwright 등에 의해서 훈련받은 Mr.Ridges, Mr,Henry Calvert, Mr.Hubbard 등이었다. 여기에서는 그 관구의 주교와 화해가 이루어져 공적으로 장로교 성직자들이 임직되었다. 그런 과정에서 대주교 Dr.James Usher 때(1615년)에 자체적인 신앙고백서가 고백된 것이다. 이 고백에는 위의 Lambeth Articles가 흡수되었고 주일성수가 고백되었다는 점이 중요하다. 그러나 이 고백이 1634년까지 영향력을 행사하였으나 대주교 Laud 때에 와서 화해가 깨지고 약화되어 버렸다. 결국 이것이 가톨릭의 힘을 성장시켜 주었고 마지막에 거의 모든 신교인들이 순교당하는 일이 일어났던 것이다.

이 아일랜드 고백서에서의 일반적인 틀과 내용이 후에 웨스트민스터 신앙고백서에도 크게 영향을 끼친다고 볼 수 있다. 예정론의 경우 첫째로 Lambeth Articles과 달리 영원한 작정에 대한 고백과 예정과 유기에 대한 고백을 구별하였다는 점이다. 즉 예정과 유기는 인격체에 제한하였고 만물에 대한 영원한 작정은 먼저 고백하고 있다는 점이다. 둘째로 구원의 방식까지 예정에 대한 고백에 포함시켰다는 점이다. 셋째로 그 예정의 목적과 그 효과에 대해서도 고백하였다는 점이다. 따라서 웨스트민스터 신앙고백서의 기초들임에 틀림없다. 신구약의 통일성의 경우 첫째로 신구약의 차이는 계시의 판명성의 차이라는 것, 둘째로 신구약 모두에서 영생이 하나님과 인간 사이의 중보자이신 그리스도에 의해서 제공된다는 것, 따라서 그들 사이에 모순이 되지 않는다는 것, 셋째로 모세에게 주어진 율법 중에 의식법과 시민법을 제외하고 도덕법에 해당된 것은 그리스도인들에게 필연적이라는 고백이었다. 즉 율법의 제3 사용에 대한 확고한 고백이 들어 있었다.

① '믿고 그 신앙과 신앙의 순종 속에 견고히 하는 자들을 구원코자 하는 하나님의 뜻이 구원에 이르는 선택에 대한 완전한 결정이라는 것, 하나님의 말씀 안에는 오직 이 결정에 대해서 계시되었다'는 아르미니우스주의의 가르침에 반대하여, 도르트회의 성직자들은 대답하기를, 성경은 <u>믿을 자들을 구원하시기를 원하실 뿐만 아니라</u> 어떤 확실한 사람들을 영원 전부터 선택하셨음이 증거되었다는 대답이다(요 17:6; 행 13:48; 엡 1:4).

② 영생에 관련된 <u>하나님의 선택은 다양하여, 어떤 경우 보편적이고 명확하지 않거나</u>, 다른 경우 특별하고 명확한 것이라는 것, 다시 이 선택은 <u>불완전하고 철회할 수 있으며</u> 결정적이지 않고 조건적이거나 혹은 완전하고 철회할 수 없으며 결정적이고 완전하다는 것, 똑같이 신앙에 이르는 선택, 구원에 이르는 선택, <u>구원에 이르는 결정적인 선택 없이 의롭게 하는 신앙에 이</u>

르는 선택이 있다는 가르침에 반대하여, 도르트회의 성직자들은 대답하기를, 성경에 증거하지 않은 인간의 상상의 산물이요, 선택의 교리가 부패되고 우리의 구원의 금고리들(롬 8:30)이 파괴되고 있다.

③ 성경이 선택교리에서 언급하고 있는 하나님의 기뻐하심과 의도는 하나님께서 다른 사람들 앞에 어떤 특별한 사람들을 선택하였다는 데 있지 않고, 모든 가능한 조건들로부터 혹은 만물의 모든 질서로부터 하나님은, 은혜롭게 어떤 완전한 순종으로 여기고자 하셨고 영생의 보상에 가치가 있다고 여긴, 신앙의 기본행위와 불완전한 순종 자체를 구원의 조건으로 하여 선택하셨다는 데 있다는 주장에 반대하여, 도르트회의 성직자들은 비판하기를, 이런 해로운 오류에 의해서 하나님의 기뻐하심과 그리스도의 공로가 무가치하게 되었고 사람들이 무익한 물음을 통하여 은혜로운 칭의의 진리와 성경의 단순성으로부터 추상된 것이며 사도의 교훈(딤후 1:9)에 위배된 것이라고 하였다.

④ 신앙에 이르는 선택의 경우 이 조건이 미리 요구되었다는 것, 마치 선택이 사물들에 결코 의존하지 않는 것처럼, 인간은 자연의 빛을 정당히 사용하고 경건하며 작고 낮으며 영생에 적합하다는 주장에 반대하여 도르트회의 성직자들은 대답하기를, 이것은 펠라기우스의 견해를 기호하는 것이고 사도의 가르침(엡 2:3-9)과 충돌한다고 하였다.

⑤ 구원에 이르는 특별한 사람들의 불완전하고 비결정적인 선택은 예지된 신앙으로부터 처음 시작하였거나 계속 시간이 지남에 따라 지속하는 회심, 거룩, 하나님의 구원으로부터 일어났다는 것,

그러나 완전하고 결정적인 선택은 예지된 궁극적 견인으로부터 일어난다는 것, 이것이 그 때문에 선택된 그가 선택되지 않은 자들보다 더 가치가 있는 은혜롭고 복음적인 가치성이라는 것, 그 때문에 신앙, 신앙의 순종, 거룩, 하나님의 구원, 견인은 영화에 이르는 불변의 선택의 열매들이 아니라, 그것은 미리 요구되고 성취된 것으로서 완전히 선택되었던 자들 안에서 예지된 조건들이고 그것 없이 영화에 이르는 불변의 선택이 일어나지 않는 원인들이라는 주장에 반대하여, 도르트회의 성직자들이 대답하기를, 그것은 전 성경(롬 9:11; 행 13:48; 엡 1:4; 요 15:16; 롬 11:6; 요일 4:10)에 충돌된다는 대답이다.

⑥ 구원에 대한 모든 선택이 불변한 것이 아니라 어떤 하나님의 결정에도 불구하고 <u>어떤 선택들을 잃을 수 있으나, 영원히 잃을 수 있다</u>는 주장에 반대하여, 도르트회의 성직자들이 대답하기를, 그러한 대오류에 의해서 그들은 하나님을 가변적으로 만들고 있고 하나님의 구원의 위로를 훼파하는 것이며 성경에 상반되다(마 24:24; 요 6:39; 롬 8:30).

⑦ <u>이 삶에서 영화를 위한 불변의 선택에 대한 열매나 느낌들이 없다</u>는 주장에 반대하여, 도르트회의 성직자들이 대답하기를, 이것은 선택에 대한 느낌으로부터 사도들과 더불어 기뻐하고 하나님의 이런 기뻐하심을 찬양하는 성도들의 경험에 충돌적이다(눅 10:20; 롬 8:33).

⑧ 하나님은 그의 순수 의롭게 하시는 뜻으로부터 아담의 타락에서와 죄와 저주의 일반적인 상태에서, 신앙과 회심을 필요로 하는 은혜의 경륜 속에 <u>아무도 결정하지 않았다</u>는 가르침에

반대하여, 도르트회의 성직자들이 이것은 확고하다고 대답하였다(롬 9:18; 마 11:25).

⑨ 하나님은 다른 민족보다 어떤 한 민족에게 복음을 보내시는 원인은 하나님의 순수하고 어떤 기뻐하심이 아니라 한 민족이 복음이 전달되지 않는 다른 민족보다 더 좋고 가치 있기 때문이라는 주장에 반대하여, 도르트회의 성직자들은 이를 모세(신 10:14, 15)와 그리스도께서(마 11:21) 부정하였다고 대답하였다.

결론적으로 인간구원의 신적 기원을 가능한 한 인간론(인간의 자유)에 기초하고자 하여, 전적인 은혜의 차원에 심한 손상을 주고 있고, 그들의 민주주의 이념과 반대되게, 그들이 하나님의 민족차별성을 민족우위성에 기초하고 있다. 또한 그들의 예정론에 대한 파괴와 성도의 보존에 대한 파괴와 분리할 수 없다는 사실을 인식할 수 있다.

공동고백의 일반적인 틀에 의하면, 죄론 다음에 기독론을 언급하고 그 안에서 이루어진 구원에 대한 적용차원에서 신앙의 자리를 언급하고 있다. 이 부분에 와서 하나님의 진노와 영생의 개념을 고백하고 있다. 즉 그 복음을 믿지 않는 자는 하나님의 진노에 머물고 그것을 받아들이고 참되고 살아 있는 신앙을 가지고 구주 예수를 받아들이는 자는 그로 말미암아 하나님의 진노와 그 부패로부터 구속되며 영생을 선물로 얻는다는 고백방식이다. 칼빈처럼 여기에서 예정론에 대한 열쇠를 풀고 있다. 즉 하나님이 시간상 어떤 이들을 신앙으로 선물하셨고 어떤 이들을 선물하지 않았다는 것은 그의 영원한 결정으로부터 나왔다는 고백으로 이어지고 있다. 그리고 그에 대한 성경적 근거를 제시하고 있다(행 15:8; 엡 1:11).

비록 강퍅할지라도 이 결정에 따라서 하나님은 택자들의 마음을 은혜로부터 부드럽게 하고 굽히어 믿도록 하시고 그의 택자들이 아닌 자들을 그의 의로운 판단에 따라서 그들의 악과 강퍅케 됨으로 내버려 두신다. 여기에 그리고 이런 식으로 그들은 깊은 인간의 차이, 긍휼히 여기시고 의로우신 차이, 선택과 유기의 결정을 인식하고 고백하고 있다.

① 그 선택은 불변의 하나님의 작정이다. 하나님 자신이 지극히 지혜롭고 불변하며 전지하고 전능하시기 때문에 그 선택도 불변하고 번복되지 않으며 깨지거나 이미 택한 자들이 다시 버려지거나 수에 있어서 변경되는 것이 아니다.
② 그 선택은 세상의 기초 전에 이루어진 것이다.
③ 택자들의 수가 확실하다.
④ 그 택자들이 다른 자들보다 더 좋거나 가치가 있어서가 아니다.
⑤ 다른 사람들과 같이 곤비한 자들, 즉 처음 정직하였으나 그들 자신의 죄로 인하여 타락하여 죄와 부패 안에 있는 온 인류로부터 택하였다.
⑥ 그 선택은 하나님의 뜻의 자유롭고 기뻐하심에 따른 것이다. 그러나 그런 은혜로운 선택의 원인은 하나님께서 인간의 성향들이나 역사들을 모든 가능한 조건으로부터 구원의 조건으로 택하셨다는 점에 있는 것이 아니라 확실한 어떤 사람들을 일반 죄인들의 수로부터 자신의 소유로 삼았다는 데 있다.
⑦ 순수한 은혜로 그리스도 안에서 택함을 받았다.
⑧ 하나님은 그 그리스도를 영원 전부터 모든 택자들의 중보자와 머리로, 구원의 기초로 세우셨다.
⑨ 구원의 길 혹은 수단까지 결정하였다. 즉 택자들이 그리스도로 말미암아 구원받도록, 그가 친히 그를 주시고 능력 있게 그의

로고스와 영을 통하여 같은 교통으로 부르시며 만나시며, 혹은 그를 믿는 참된 신앙으로 선물하시고 의롭게 하시며 거룩히 하시고 그의 아들과의 교통 가운데 능력 있게 보존하여 마지막 그의 긍휼을 증명하도록 영화롭게 하시어 그의 사랑스로운 은혜의 부요성을 찬양하도록 결정하였다.

그러나 그 선택은 원인과 조건으로서 예지된 신앙과 신앙의 순종, 거룩 혹은 어떤 다른 좋은 성향이나 능력으로부터 일어나지 않았고 택함을 입을 인간 안에서 미리 요구되는 것이 아니라, 신앙과 신앙의 순종과 거룩에 이른다. 즉 선택이 구원의 모든 은택의 샘으로서 그로부터 신앙과 거룩, 다른 구원의 은사들, 마지막 영생까지 열매로서 나오는 것이다(엡 1:4).

2. 한국의 신비주의 목회자들(그들은 교인을 교육했을까)

○유명화-원산파: 1927년경부터 원산에서는 예수가 빙의하여 이런 저런 계시를 내렸다는 사건이 원산감리교회의 유명화에게 일어나고, 그녀를 에워싼 그룹이 형성되는데, 1930년경 평양신학교 졸업생 백남주, 또 한준명이 여기에 가담하고 감리교 목사 이호빈, 이용도 등도 원산파의 일원이 되었다

○유명화-원산파-이용도-예수교회: 유명화에 도취된 감리교 목사 이호빈이 친구 이용도 목사에게 보낸 편지를 보자 "주께서 스웨덴보리와 선다싱에게 직접 나타나셨지만 유명화에게는 직접 친림하셨습

니다. 주께서 우리 조선에 이렇게 친림하시니 이는 조선의 지대한 영광이외다." 1932년 10월 이용도는 나를 누구로 생각하느냐는 그녀의 물음에 무릎을 꿇고 "주여" 했다. 이 일로 장로교 평양노회가 이용도 집회 금지 조치를 취하자 이용도는 1933년 2월 "물론 명화라는 그 개인이 주도 아니요, 신도 아니다. 그를 통하여 나타나는 말씀이 곧 주시다. 그러므로 그 말씀 앞에 경배치 아니할 수 없었다"고 해명했으나 장로교와 감리교에서 활동기반을 상실하고 말았다. 이용도는 1933년 4월부터는 원산 신비주의 집단에서 도피처를 찾았으며 이 집단은 6월 예수교회를 창립하고 이용도 목사를 대표로 선임했다.

1) 《유명화의 입신현상(이용도 증언)》

① 기도하는 중에 3, 4차로 내지 10여 차 느끼다가 한숨을 크게 쉼
② 이때는 유명화 자기는 없는 무의식 상태에 들어감
③ 여러 가지로 발언을 하니 이 상태, 즉 입신상태 중에는 모든 말씀이 모두 주께서 친히 나타나심이라 함
④ 그 말에는 모든 불의와 악이 없고 또 거짓이 없고 또 과거를 알고 현재를 알고 미래를 안다 함
⑤ 다시 입신상태에서 벗어나면 평시와 같은 한 개 겸손한 자가 됨
⑥ 입신상태는 극히 평온한 상태도 있고 사랑하는 아버지가 그 자녀를 대하는 것 같은 때도 있으나 때로는 분노와 권위로써 나타남

-**유명화 예언**: "남주생 광조 준명은 6월 9일 결혼 1934년 3월 4일 생광진…… 3성자라 …… 너희는 나의 새 교회를 1933년에 세워라." 이 예언에 따라 1933년 6월 9일 이용도 주례로 한준명, 박승걸 결혼

－**유명화 재림론**: "이렇게 입류하는 것이 재림이다. 또 다른 재림이 없느니라. 내가 달리 재림할 것을 믿는 미신자가 있거든 깨달을 때까지 그대로 두어라."

－**유명화의 권위**: 유명화의 예언과는 달리 한준명 딸 출생. 이 무렵부터 유명화의 역할 약화. 동란 뒤 서울에서 거주하다 1970년대 들어와 타계했다는 설

○ **원산파−백남주−김백문**

－1933.1.3 백남주, 한준명, 박승걸의 이름으로 "새 생명의 길"이란 선언문 소책자 형태로 발표. "구약은 생명을 들려주고 신약은 생명을 보여주고 새 생명의 길은 생명을 받게 한다." 경전 외의 권위 인정

－1934년 7월경 백남주의 부인 한인자 금식기도 끝에 사망. 2개월 뒤 결혼, 2개월 뒤 딸 탄생(유명화 예언의 첫 열매). 예수교는 백남주 부부의 천국결혼의 섭리 주장에도 불구하고 그들을 징계.

－**백남주의 말년**: 해방 후 아들 하나만 데리고 월남. 1947년 이호빈, 전영택, 변종교 등이 세운 중앙 신학교에서 일하고자 했으나 변종호의 반대로 무산된 후 공주사범학교에서 백상조라는 이름으로 잠시 교편생활하다 1949년 사망. 그 후 원산 신비주의자들의 신앙을 한국교회에 전해준 인물은 김백문(1917∼1990)이었다. 그는 1930년대 초·중반 무렵 세력을 형성한 백남주, 김성도 등의 신비주의적 신앙을 이어받아 오다가 해방 후에는 그것을 서울에서 활동하고 있던 문선명, 박태선 등의 종교집단에 전승시킨 인물이다. 김백문은 1934년 17세의 나이에 예수교회의 수도원 겸 신학교인 원산 신학산에서 백남주가 한 여신도와의 동거로 원산의 신비주의 그룹에서 축출된 후 1935년 초 평안북도 철산의 신령파 지도자인 "새 主" 김성도를 찾아갈 때에도 따라가게 된다.

2) 김성도-성주교회

○**김성도-성주교회**: 새주파는 새로운 주님을 믿는 파(派)라는 뜻을 가진 이름으로서, 평안북도 철산에서 살고 있던 장로교회 권사 김성도(1882~1944)라는 여인을 구세주로 믿던 사람들을 항간에서 일컫던 호칭이었다. 김성도는 **1923년 입신하여 예수님을 만났는데 그때 예수님과 나눈 대화 속에는 죄의 뿌리가 음란이라는 이야기가 있었고 또 예수님으로부터 재림 주님이 육신을 쓴 인간으로 한반도에 온다는 말을 들었다고 한다.** 그녀의 신비체험에 대한 소문이 돌자 급기야 1925년 장로교회의 출교 처분을 받게 되었다. 그녀가 새 주님으로 고백되기 시작한 것은 1930년대 들어서였다. 1931년 2월 그녀의 딸 석현에게 신령역사가 시작되어 새 주님이 나타났으니 회개하지 않으면 안 된다는 신탁이 내렸고 가족들은 이때부터 새 주님이 이 땅에 오심을 찬양하였다는 것이다. 이리하여 이 무렵에는 항간에서는 김성도의 추종자들을 새주파로 부르기 시작하였다. 1933년에는 새주파가 예수교회에 합류하는 행사가 열리기도 하였으나 예수교회의 이호빈 측은 예수 그리스도를 주님으로 고백하는 것을 고수하고 있었으나 김성도 측에서는 새 모티브를 완전히 떨어버리지 않고 있다가 결국 김성도 측은 1935년 10월 '聖主敎會'를 창립하기에 이르렀다

○**허호빈-복중교(성주교단 평양교회)**: 1943년 신사참배 문제로 김성도 3개월 동안 투옥됐다. 1944년 4월 1일 61세 나이로 사망. 평양의 허호빈이 이어받음. 당시 평양 사람들은 이 단체를 腹中敎라고 불렀다.

-허호빈-이일덕은 새주가 사망한 후 기도, "하루는 새벽에 엎디어서 기도를 하는데 갑자기 배에서부터 움직임이 일더니 화다닥 일으켜 세우더라는 것이다. 그때부터 주님이 직접 허호빈 씨의 몸에 임하셔서 역사하기 시작했다."

-새 계시: 주님은 허호빈 씨에게 "너희들이 지금까지 철산의 김성도 할머니를 주님 재림으로 믿었지? 그러나 재림 주님은 남자다."
허호빈의 말년: 1946년 복중파 간부들 구속, 그 후 소식 없음

3) 김백문-이스라엘 수도원

○**김백문-이스라엘수도원**: 이 무렵 김백문은 신령파 집단의 분위기에 깊이 빠졌던 것 같다. 여기서 얼마 후 백남주는 종교단체들과 접촉을 삼가기 시작하여 세인들의 관심 밖으로 사라졌다가 1940년대 후반 공주에서 사망하였다. 김백문은 1930년대 후반까지 성주교회에 머물러 있다가 1940년대 초 거주지를 경기도 파주군 파평면 섭절리로 옮기는데, 1945년 해방 직후부터 이곳을 근거지로 해서 **'야소교 이스라엘 수도원'**을 세우며 서울 일원의 추종자들을 위해서는 상도동에 집회소를 마련했다. 수도원과 집회소를 통해 김백문은 서울과 경기 일원의 신령파 동지들 수십 명을 끌어 모았다.

○**문선명-성주교회**: 수도원 창설 직후 약 2개월 후 1945년 후반 20대 중반의 문선명이 찾아와 김백문을 받들면서 주로 서울 상도동 집회소에서 활동하였다. 1946년 4월경 문선명은 김백문을 떠나 해방 후 성주교단 평양교회 신도들을 찾아 평양으로 갔다. 후일 문선명은 한학자라는 여인과 재혼하는데 그녀의 어머니도 이 교회 신자였다.

○**정득은-박태선-피가름**: 1947년 초반 정득은(1897~1980년 전후)이라는 여인이 김백문을 찾아왔다.

그녀는 평양에 거주하던 신령파였는데 1946년 음력 11월(양력 11.24-12.23) 기도 중 "월남해서 포교하라"는 계시를 받고 서울에 도착한 후 서울역 앞에서 20여 명의 신도와 함께 집회를 가지면서 김백문의 집회에도 가끔 참석하곤 했다. 그 무렵의 어느 날 그녀가 독

방에서 기도하는데, "손을 잘라 그 피를 김선생에게 먹여라"는 계시를 받는다.

　-그녀는 면도칼을 구하여 김백문의 방으로 가서 그 계시 내용을 이야기하고 막 손가락을 자르려고 하였는데, 김백문이 만류하여 뜻을 이루지 못하였다. 남한사회에서는 이른바 성혈전수(피가름)의 의례가 이렇게 전수되고 있었는데, 이 의례를 일종의 구원의례로 여긴 사람 중 하나가 훗일 전도관을 창교하는 박태선이었다. 박태선이 피가름 행위에 참여한 것은 1949년이었다. 이 무렵 계시를 방호동에게 받아쓰게 함. 1958년 「생의 원리」로 출간. "천사장 루스벨이 헤와를 유린하여 불의의 씨가 생겨나게 했다." 결국 선악과를 잘못 따먹어서 천사장 루스벨로부터 더러운 피를 받은 죄악인류가 되었으니 구원을 받으려면 선악과를 다시 따먹어 새로운 피를 받아야 한다는 계시를 받는 데까지 이른다.

　-정득은은 해방 직후 평양에서 거주했는데, 이때 계시를 이유로 H씨와 성관계를 갖고 이를 '50일 기도 끝에 성신을 통해서 받은 은혜'로 해석

　-**정득은의 말년**: 1958년 전통일교 신자 엄유섭의 협조로 「생의 원리」 출간. 1963년 단군을 받드는 단체인 神檀正道會 결성. 1980년 전후 사망

　○**김백문의 신학체계−체례**: 김백문은 전쟁이 나자 경남 동래에서 피난해 있다가 1953년 가을 상경하여 종로 6가에서 다시 집회를 시작하였다. 그는 1958년 「기독교 근본원리」를 출간하여 그의 신학체계를 공개하였는데, 타락원리에서 그는 에덴동산에서 인간시조가 최초로 저지른 범죄는 '루스벨'이란 천사의 개입으로 인한 타락이었다고 기술하면서 선악과를 식물성 과수로만 생각하고는 결코 인류 타락의 문제가 해석될 수 없다고 주장하였다.

　-"에덴동산에 선악과를 배암이 해와에게 먹였다는 사실은 그것이

식물성 실과가 아니고 해와에 육체성 처녀징조를 배암에게 빼앗김으로 인류는 (가인) 그로부터 배암의 혈통성을 받고 난 가인은 배암의 자손이란 것이다."(성신신학, 1954) "먹음이란 인간 육체상 혈육에 영향을 가지게 하는 생리적 본능"이요, 인간이 선악과를 먹음으로 악화된 그 결과는 정욕의 죄악성 발생으로 이어지고 그것이 인간을 타락케 하는데, 그리스도의 성체를 먹음으로 그리스도의 성품을 느끼게 된다고 주장하였다. 그것이 종교의식에서는 성부시대의 할례, 성자시대의 세례로 대표되었다면, 20세기에는 체례(體禮)가 그렇다면서 사탄의 피를 거룩한 피로 교환하는 체례, 즉 일종의 피가름 행위를 신학화하였다. 김성도의 인간 타락론이 김백문을 통해서 체계화되고 그것이 다시 문선명의 통일교에서 교리화되고 있는 셈이다.

○'완전'의 경지에 오른 황국주

─황해도(1909~1952) 장연 출생으로 북간도 용정에 이주하여 용정중앙교회에 출석. 피어선성경학교에서 잠시 수학.

─백일기도 후 1933년? 자신을 신언의 대변자, 예수의 화신으로 자처. 부사장의 자격으로 『靈界』(1933.5) 창간

: 자유관, 영생관, 미래생활을 지도하는 동시, 우주와 인생에 대한 天啓示이며, 신앙생활에 직접 체험하여 산출한 총화적 진리성을 발휘하기를 목적

○황국주: "영계출현한 영계운동에 있어서나 그리스도와 그 경계선을 분류키 어려울 뿐 아니라 불가능하다." "그리스도는 그리스도인이 아니다.": 완성의 경지에 도달한 자들의 초율법적 행동. 남녀문제. 본처와 이혼 후 만주에서 재혼.

○신령파와의 관계: 『영계』 창간 때 축전 보냄. 창간호에 "이용도 목사는 이단인가?" 게재. "그러나 이용도 목사는 주의 사명을 다하고 오늘에는 주께서 허락하시는 안식의 나라로 간 것이다. 주여! 주

의 섭리는 알 수 없사오나 어찌 그렇게도 일 많은 강토에서 선지자를 속히 데려 가십니까. 바라옵건대 일 많은 이 강토에 계속하야 선지자를 보내줍소서.”

　-1935년 새 예루살렘 순례 입성행진.

　-1952년 대구에서 술장사 하다가 사망. 이 무렵 동래에서 김백문 접촉 시도

3. 손양원 목사의 생애를 통한 전도 교육

www.churchnet-kr.org/seongsan/index.htm

손양원목사 순교기념관

1) 손양원 목사의 생애

손양원 목사는 믿음으로, 예수 그리스도에 대한 소망으로, 사랑으로, 죽기까지 하나님께 충성한 순교자요, 사랑의 사도였다. 그는 기도를 호흡으로 삼고, 성경을 양식으로 삼고, 전도가 생활이 되어 사신 분으로 원수에게는 사랑으로, 고난 받는 개인과 민족을 향해서는 소망을 던져 주었던 하나님의 종이었다. 또한 그의 설교는 몸으로 하는 설교였으며, 그의 삶과 죽음을 통한 설교였다.

그의 사상에는 항상 민족의 정황이 문제가 되었고, 민족정신을 복음으로 승화시켰다. 그는 오직 하나님만을 섬기며 하나님만을 즐거워하며 사는 하나님 중심사상과 오직 하나님의 은혜 사상, 국가와 민족의 사랑, 순교의 각오를 가지고 살았으며, 성경으로 시작해서 성경으로 끝내겠다는 하나님의 말씀 중심 사상, 종말에의 소망 말씀과 삶의 일치 등의 사상을 가졌다. 다시 말하면 그는 웨슬리처럼 한 책의 사람으로 살다 간 사람이라고 해도 과언이 아닐 것이다.

결국 손 목사는 성경대로 하나님만을 섬겼고 나라와 민족과 교회의 아픔을 자신의 아픔으로 알고 살았으며, 가장 소외되고 버림받은 한센병자와 두 아들을 죽인 원수까지 사랑했으며, 하나님의 은혜만을 사모하다가 순교하신 한국 교회의 사랑의 화신이요, 한국 교회 120년 교회사에서 세계 교회에 내놓을 수 있는 자랑거리이다.

(1) 주님께 부름 받기까지

손양원 목사는 1902년 6월 3일, 경남 함안군 칠원면 구성리 653번지에서 손종일 장로와 김은주 집사 사이에 장남으로 출생하였다.

1908년 7세 되던 해에 부친의 입신(入信)과 함께 자신도 입신하고 같은 해에 본당(本洞)의 한문 성당에 입학했다. 이때부터 그는 부모님을 따라 새벽기도회도 열심히 참석했으며 어려서부터 기도와 신앙 생활에 힘썼다. 1914년 4월 1일, 칠원 공립 보통 학교에 입학했으나 일본의 왕이 살고 있는 동쪽을 향하여 절을 할 것을 강요하는 동방 요배(東方遙拜) 문제로 많은 어려움을 겪었다.

1910년 한일 합방과 함께 일제는 신사의 기본 정책을 수립하고 천황 사진 배례와 요배를 강요했다. 일제는 합병 직후, 관공서와 각 학교에 천황의 사진을 나누어주고 행사 때마다 거기에 최경례를 하게 함으로써 천황 숭배의 신도적 이데올로기를 주입하고자 했다.

1912년 7월 30일, 그들이 우상화하던 명치 천황이 죽자 일제는 각 지에 요배소(遙拜所)를 설치하고 본격적으로 요배를 강요했다. 이러한 요배의 강요는 일반인들에게만 그치지 않고 일제의 각종 제일, 축일마다 학생들에게까지 계속 강요되었다.

기독교 학교는 총독부의 결의에 따르지 않았으나 문제는 관공립 학교에 다니는 기독 학생들이 문제였다. 1915년에는 개정 사립 학교령을 공포하여 종교 교육을 금지시키는 등 탄압을 가중화시켜 여러 가지 문제를 야기하였다. 한편 관공립 학교에서는 보다 철저한 식민지 교육으로 천황 숭배 이데올로기 주입에 광분하였다.

「매일 아침 동경을 향하여 종교적인 경의(동방 요배)를 표함으로써 수업이 시작된다. 신도 의식이 모든 공휴일마다 개최되고 학생들은 천황 사진에 절을 하게 된다.」

손 목사는 1916년 3학년 때, 이러한 궁성 요배는 십계명 중에서 제1계명을 범하는 것이라고 하여 궁성 요배를 하지 않음으로 퇴학을 당했다. 그러나 맹호은 선교사의 도움으로 복학을 하여 계속 학업을 할 수 있게 되었고, 복학 후 주일에도 학교에 출석하라고 했으나 주일은 학교에 갈 수 없고 하나님께 예배를 해야 한다면서 출석하지 않았다. 그는 이렇게 어려움 속에서도 하나님 제일주의 신앙을 굳게 지켜 나가는 가운데 마침내 1919년 3월 24일에 졸업을 하게 되었다.

남달리 공부에 재간이 있고 배우려는 의욕이 강했던 그는 1919(18세)년 칠원 보통 공립학교 졸업과 함께 서울 중동 학교에 진학했다. 그는 낮에는 학업에 임하고 밤에는 만두장사를 하면서 고학했다. 이런 어려움 가운데서도 안국동 교회를 다니며 주일 성수와 십일조 생활을 철저하게 했다.

손 목사가 이렇게 어렵게 공부를 하고 있을 때 1920년 4월 3일 3·1운동의 여파로 아버지가 칠원 읍내에서 독립 운동을 주도하다가 징역 8개월의 실형을 받고 옥고를 치르게 되는 일이 일어났으며, 손목사 자신도 철저한 주일 성수로 해서 아르바이트 자리까지 흔들리게 되자 극심한 생활고에 빠진 그는 일단 학업을 중단하고 수중에 마지막으로 남아 있던 70전을 출석하던 안국동 교회에 헌금으로 바치고 낙향하고 말았다.

그는 고향으로 돌아와서 심신을 달랜 뒤 1921년, 다시 향학의 불꽃을 태우고자 일본에 건너가, 동경의 스가모(巢鴨)중학교 야간부에 입학한다. 이번에는 아침과 낮에는 우유와 신문 배달 등을 하고, 밤에 공부를 하였다. 이때 그는 일본 동양 선교회의 노방 전도에 큰 감명을 받고 동경의 판교(板橋)성결 교회 중전중치(中田重治) 목사의 설교에 큰 은혜를 받고 참된 신앙의 의의를 체득하게 되며 1923

년 졸업과 함께 귀국하게 된다.

손 목사는 고향 칠원 교회에서 1914년 3월 17일에 이종윤 조사로부터 학습을 받고 1917년 10월 3일에 맹호은 선교사로부터 세례를 받았다.

1924년 1월, 손 목사는 함안군 대산면 옥열리에서 자란 정양순 씨 (19세)와 결혼하고, 그해 3월 23일에 일본에 다시 건너가 학업을 계속하였다. 그러나 그는 학업에 임하는 도중 신앙의 새로운 도전과 확신에 찬 마음으로 중생하여 10월에 귀국했다.

귀국한 그해 10월 23일에는 봉사하던 교회에서 집사로 피선되어 봉직하였다.

1926년 3월, 경남 성경 학교에 입학을 하고 동인이가 한 살이 되었을 때 부산 감만동 한센병자 교회 전도사로 부임하였다. 당시 감만동 교회는 600여 명의 대부분이 한센 병자들이었다. 손 목사의 첫 사역지가 이렇게 한센병자와 연결된 것이 훗날 그에게 사랑의 순교자가 되게 하는 하나님의 섭리의 시작이었다는 것을 그는 알 리가 없었다. 손 목사는 감만동 교회에 시무 중이었던 1929년 3월 6일에 경남 성경학교를 졸업했다.

원래 감만동 교회는 1934년까지 매견시 선교사가 목회를 했으며 손 목사는 외지 전도하는 일을 하게 하기 위해서 교회로 청빙이 되었었다. 사명을 받은 손 목사는 경남 울진 방어진과 남창에 교회를 세웠고, 부산 서구 부민동에도 복음을 전파하고 교회를 개척했다. 교회 개척에 전념을 했지만 시간이 나는 대로 감만동 교회에서 설교도 하고 환우들을 보살피기도 했다.

감만동 교회에서 열심히 봉사를 하던 중 1932년, 교회를 사임하게 되었다. 손양원 목사에게 은혜를 받은 문신활이란 성도가 김교신에게 보낸 편지 가운데 손 목사가 왜 감만동 교회를 사임하게 되었는가를 밝히고 있다.

> "1932년, 감만동 교회에서 손양원 전도사님은 성조지(聖朝誌)를 가지고 사경 공부처럼 일주일간 설교한 일이 있었습니다. 그래서 비로소 그 시로부터 부산 감만동 나병원의 배후에도 복음의 꽃송이들이 드문드문 피게 되었지요. 암흑에 잠겨 있던 감만동 교회는 광명을 맞이하게 되었지요. 곪아졌던 생명들은 생생하게 소리를 쳤더이다. 아! 모든 법과 의식에 결박되어 고통과 번민으로 예수를 뜻 없이 믿는 소생은 날로 때로 생명적으로 자라는 참 진리로 해방을 받아 한없는 희열이 넘쳤나이다. 뭇 생명들이 그처럼 자비스럽게 해방을 받아 나가던 중도에 불행하게도 소위 목회자라고 하는 몇 사람의 시기로 인하여 손양원 전도사님도 감만동 교회 일을 못 보게 되었습니다."

손 목사는 당시 김교신이 발행한 성서 조선의 잡지를 가지고 사경회처럼 인도한 것이 문제가 되어 감만동 교회를 사임하게 된 것이다. 문신활의 편지 가운데 "부민정으로 떠난 뒤로"라고 한 것으로 보아 감만동 교회를 사임한 후 손 목사는 그가 개척한 부민정 교회로 옮겨 평양 신학교에 들어가기 전까지 부민정 교회에서 목회를 전념한 것으로 사료된다.

(2) 신학교에서

손 목사는 1935년 4월 5일, 33세에 평양 신학교에 입학했다. 그는 학창 시절에도 뜨거운 기도 생활과 함께 성경 연구를 깊이 하였다.

그리고 학우들을 대할 때에는 항상 사랑하는 마음과 겸손한 태도로 교제하였다. 그리고 또 한편으로는 평양 대동강변의 능라도 교회 전도사로 시무 하면서 공부하였다.

그러나 이때는 한국 교회가 일본이 강요하는 신사 참배 문제로 온통 뒤흔들리던 시기였다. 그래서 손 목사를 비롯한 신학생들은 그 어려움 속에서 공부하기에 많은 시달림을 받아야 했다. 손 목사는 이때부터 신사 참배를 강력히 반대하였다.

그러나 이 신사 참배 문제는 선교사들 사이에도 견해의 차이가 심하여 갈팡질팡하였다. 이때 평양 신학교 교장 나부열(R. L. Roberts) 목사는 끝까지 강경한 태도로 신사 참배를 반대하였다. 그래서 결국 손 목사가 1938년 3월 제33회로 졸업하고 나온 그해에 신학교는 교문이 닫혀 버리고 말았다. 따라서 33회 졸업생들은 학교가 폐쇄되어 버린 까닭에 졸업장을 우편으로 받는 일까지 생겼다.

손 목사가 애양원 교회와 인연을 맺게 된 것은 평양 신학교 2학년 때, 애양원 교회에 사경회 강사로 초청된 것이 인연의 시작이었다. 당시 애양원 교회는 외부 사람이 예배를 인도할 때나 방문했을 때는 하얀 가운을 입고 장갑을 끼고 들어가는 것이 상례였다. 그런데 손 목사는 교회에 들어가면서 흰 가운을 입는 것조차 거절하고 그렇게 했던 사람들에게 호통을 쳤다고 한다.

"호랑이를 잡으려고 호랑이 굴에 들어온 사람이 호랑이를 무서워해서야 어찌 호랑이를 잡겠느냐. 이곳에서 일을 한다는 사람들이 병을 무서워해서야 어떻게 일을 하겠느냐!"라고 하면서 호통을 치고 그냥 들어갔다고 했다.

이때 애양원 성도들은 손 목사의 설교에도 은혜를 받았지만 그의 이러한 모습에 더 큰 감동을 받게 되었다. 이것이 후에 그를 애양원 교회로 청빙하게 된 동기가 되었다.

(3) 신사참배 반대와 옥고

1938년 신학교를 졸업한 후 1년간 부산 지방 선교사 대리로 지방 순회 전도를 하면서 신사 참배 반대 운동을 펼치던 중 1939년 7월 14일에 여수 애양원 교회로 부임하였다. 손 목사는 신학교 시절부터 신사 참배를 반대해 왔으며 특히 그가 졸업하던 해에 신사 참배가 총회에서 가결되는 것을 직접 목격하면서 눈물을 흘렸다. 그러므로 그는 신학교 졸업 후 1년간 부산 지방에서 신사 참배 반대를 외쳤고 이로 인하여 경남 노회에서 순회 강도사 사역을 못하게 되었다.

손 목사는 애양원 교회에 부임해서도 설교 때마다 신사 참배반대를 외쳤으며 손 목사가 가는 곳곳마다 신사 참배에 대한 부당성이 카랑카랑한 검사의 논고와도 같이 지적되었다. 손 목사이 이러한 외침, 어쩌면 와락 터져 나오는 벌 떼와도 같이 신앙의 저 깊은 저변에서 용솟음치는 회개를 역설하는 설교로 인하여 가는 곳곳마다 회개의 눈물바다를 이루는 역사가 있었다.

그는 시간이 있을 때마다 주님의 뜻이 아닌 신사 참배를 강요하는 일본은 망한다고 주장하였던 것이다. 따라서 일본 경찰에게 있어서 손 목사는 눈에 깊이 박힌 가시와도 같은 존재였다. 그러나 손 목사가 시무하고 있는 교회가 보통 교회가 아니라 한센병자들이 모여 있다는 특수성 때문에 쉽게 건드릴 수 있는 처지 또한 못 되었다.

그러나 그런 세월이 오래 계속될 수는 없었다. 1940년 9월 25일, 손 목사는 수요 예배를 드리고 집으로 돌아오자마자 여수 경찰서에서 나온 형사 두 명에 의해서 연행되고 말았다. 처음에는 1년 6개월 형을 받았으나 구속 기간까지 하여 거의 3년의 세월이 흘러갔다. 그때 손 목사에게 적용된 죄는 신사 참배 거부와 백성들을 선동했다는 것이었다.

1943년 5월 17일, 만기 출옥할 날이 가까이 왔을 때 담당 검사는 손 목사를 불러 놓고 사상의 전환을 시도한 적이 있었다고 한다. 담당 검사는 손 목사에게 "덴꼬(轉向)"해야 나간다는 위협을 하였다. 그러나 손 목사는 그 검사에게 전혀 굴하지 않고 "당신은 덴꼬가 문제이지만 나에게는 신꼬(信仰)가 문제이다."라는 유명한 말을 남겼다.

손 목사는 끝내 그들의 신사 참배의 유혹과 핍박의 손길을 뿌리치고 거부하여 광주 형무소에서 경성 구금소, 청주 구금소로 옮겨 다니면서 해방이 될 때까지 6년간의 옥고를 치렀다. 그러나 그는 옥중에서도 기도, 찬송, 성경 읽기를 게을리 하지 않았고 옥중에서도 사랑을 실천하여 옥중 성자로 그 이름이 높았으며 간수들까지도 전도하여 많은 사람들을 주 앞으로 인도하였다

(4) 한센병자의 영원한 벗

애양원 교회는 전남 여수시 율촌면 신풍리에 위치한 교회로 한센병자들이 모여 사는 곳이다. 애양원 한센병자 수용소는 미국 남장로교회 선교회의 전도 사업의 일부분으로 1909년 광주 양림에서 시작했으나 1925년 이곳으로 이전 확장되었다.

처음에는 9명으로 시작하였으나 시간이 흐름에 따라 1천 명 이상을 수용하는 대규모의 한센병자 수용소가 되었다. 손 목사는 신학교를 졸업한 후 36세의 젊은 나이로 이곳에 와서 순교할 때까지 목회를 하셨는데 그는 환우들과 함께 음식을 먹었으며 잠자리도 같이할 만큼 사랑을 말로써가 아니라 몸과 마음을 다하여 실천하면서 살아간 목자였다.

애양원에 부임한 손 목사의 하루는 한센병자들과 함께 하는 생활 이외에는 없었다. 당시 애양원에 있는 분들 중에는 병에서 완쾌된 상태의 분들도 많았지만 그동안 심한 병마와 투병 과정에서 눈을 잃어버린 사람, 손이 꼬부라진 사람, 걸음걸이가 부자유한 사람, 얼굴이 알아볼 수 없을 형태로 일그러진 분들이 많았다. 그들은 부모 형제가 없는 고아들도 아니었다. 그러나 이 세상 어디에서도 그들을 따스한 사랑으로 감싸주면서 인간다운 대접을 해 주는 곳이 없었기 때문에 이곳 애양원에서 일생을 보내려는 분들이 많았다.

설사 그들이 자유롭게 밖에 나간다 할지라도 나가는 그 순간부터 만나는 사람들이 자신을 피해 다니기가 일쑤였고 차를 탄다거나 사람이 모이는 장소인 식당, 다방, 극장, 목욕탕이나 이발소에 간다는 것은 상상도 못하는 일이었다. 아무도 그들을 사람으로 대접해 주지 않았고 심지어는 가족들에게까지도 철저하게 외면된 삶을 사는 분들이 대부분이었다.

손 목사는 그들에게 있어서 신체적인 병을 치료해 주는 의사 못지않은 희망의 상징이었다. 그들이 비록 육체는 말할 수 없을 정도로 일그러졌지만, 그들의 영혼은 찬송과 감사와 기도의 옷을 입혀서 아름다운 성도로 만들어야 한다는 결심이 손 목사에게는 힘이 되어 주었다.

당시 애양원에는 병으로부터 완치된 상태에 있는 분들과 함께 병이 악성으로 진행되고 있는 분들이 많았다. 그중에서도 14호실은 애양원 전체에서 가장 상태가 심한 중환자들이 모여 있는 병실이었다. 14호 중환자실에는 같은 환우들도 가기를 꺼리는 곳인데 손 목사는 그곳에 들어가서 중환자의 얼굴을 어루만지며 안아 주면서 기도를 해 주었다.

"당시 우리가 살고 있던 애양원에 딸린 병실로 쓴 가옥은 모두 17호실로 되어 있는데 1호실부터 10호실까지는 비교적 건강한 사람들이 지내고 있었고 11호실부터 13호실은 경환자실, 14호실은 중환자실로 되어 있었습니다. 이 중환자실에 거주하는 몇 명은 차마 눈뜨고 볼 수 없을 만큼 흉악한 모습으로 병마와 싸우고 있었습니다. 이들의 상처를 한 번 치료하려면 간호원 둘이 매달려도 두 세 시간이 소요되었습니다.

온 방안에 진물과 핏자국, 땀들이 엉겨 붙어 도저히 그냥 들어갈 수 없으므로 상처를 보려면 방바닥에 신문지 세 장 정도를 깔고 들어가야 했습니다. 그래서 신문을 깔고 들어가려고 하면 그 환우들이 목침을 던지면서 같은 환자끼리 차별을 한다 하여 화를 내곤 했습니다. 이러한 방을 손 목사님은 서슴지 않고 들어가서 맨손으로 방바닥을 치우고 그곳에 앉아서 그 흉한 환자의 목을 껴안고 이마를 대고 기도를 해 주었습니다. 그리고 기도 후에 그곳에서 음식을 나누어 먹기도 했습니다.

이러한 손 목사를 누구나 할 것 없이 사랑하게 되었다. 따라서 모든 교인들이 손 목사님을 너무나 좋아하고 따르니까 그것을 시기해서 손 목사를 지독스럽게 미워하고 헐뜯는 부인이 한 명 생겼다. 그 부인은 폐병 환자였는데 손 목사는 새벽 기도를 드린 후, 자기를 가장 미워하는 그 부인의 집에 매일 들러서 그의 머리에 안수 기도를 해 주었고 좋은 음식이 생기면 그 집에 가지고 가서 그를 대접했다.

이러한 손 목사님의 모습을 교인들이 보고 "목사님을 그렇게도 미워하는데 무엇하러 가느냐?"고 묻자 손 목사는 "사랑으로 녹여 내야 합니다."라고 대답했다고 한다. 결국 손 목사는 그러한 사람들을 사랑으로 녹여 낸 사랑의 목회자였다.

그리하여 세상에서 버림받아 의지할 곳 없이 외로이 지내던 한센병자들이 이와 같은 언행이 일치된 사랑이 넘친 신앙 지도를 받으면서 소망으로 살고 기쁨으로 넘치는 찬송을 부르는 신앙의 소유자들로 변화되게 되었다. 손 목사는 그들의 신앙의 아버지가 된 것이다.

그는 8·15해방과 함께 감옥에서 나오자 곧장 이 사랑의 보금자리인 애양원 교회를 다시 찾았고 그리하여 교우들의 신앙은 더욱 불타오르게 되었다.

(5) 원수를 사랑한 목자

그가 1946년 3월 경남 노회에서 목사 안수를 받고 더욱더 심혈을 기울여 한센병자들과 생사를 같이하면서 그들을 위하여 일하고 있을 때 한 커다란 사건이 터졌는데 그것이 바로 여순 사건이었다.

1948년 10월 19일이었다. 당시 제주 폭동 사태를 진압하기 위해서 여수에 집결했던 군인들 중 공산주의 사상에 물든 남로당 계열의 군인 일부가 반란을 일으켜 무고한 양민을 학살하는 반란군이 된 것이다. 이 세력에 동조했던 반란군들은 불과 4시간 만에 여수 시내의 경찰서와 각 파출소, 군청, 역 등 주요 기관을 장악할 정도로 기세가 등등했다.

순천까지도 반란군에 의해서 점령되면서 두 도시는 삽시간에 무법 천지가 되고 공산 폭도들의 세상이 되어 버렸다. 반란군들은 그동안의 불만 세력과 좌익 추종 세력을 한데 묶어 인민위원회를 만들어 자기들에게 동조하지 않는 사람이나 단체는 무조건 잡아 죽이는 천인공노할 민족 대학살의 광란극을 벌였다.

어제까지는 친구를 원수로 만들었고 이웃이 적이 되어 고발하고 보복하는 인민재판이 열리는가 하면 계속해서 인민대회를 열어 공포의 분위기를 고조시켜 나갔다.

이때에 손 목사의 두 아들 동인과 동신은 각각 순천 사범학교와 순천중학교에 다니고 있었다. 신앙과 민족정신에 불타는 이 두 형제는 학교 안에서 기독교 복음을 전하며 기회가 있을 때마다 공산주의의 잘못을 폭로하였다. 그러기 때문에 자연히 학교의 공산 프락치들은 가장 먼저 그들을 색출하여 체포하였다. 그리하여 두 형제는 인민재판에 회부되었다. 이때에 두 형제는 서로 대신하여 죽기를 자원하였다. 그러자 잔인한 폭도들은 형제를 한꺼번에 무자비하게 총살하고 말았다.

애양원 교회에 손 목사의 두 아들이 반란군에 의해서 순교되었다는 소식이 전해진 것은 사고가 발생한 나흘 뒤인 10월 25일이었다. 두 아들이 한꺼번에 변을 당했다는 급보를 전해들은 손 목사 내외는 물론 애양원 식구들도 엄청난 충격을 받았다.

반란군이 어느 정도 진압된 26일에 애양원 성도들은 손 목사의 두 아들의 시신을 거두어 교회 앞에 시신을 안치한 후 다음날 27일, 애양원 성도들이 보는 앞에서 장례식을 치른 후 지금의 애양원 동산에 묻히게 되었다.

손 목사의 두 아들이 순교될 때 애양원 교회에서는 이인재 전도사를 초청하여 부흥회를 열고 있을 때였다. 부흥회 도중에 이런 변을 당하게 되자 부흥 강사는 장례식의 주례까지 맡게 되었다.

장례식은 간단했으나 이 땅에서 하나님께 드리는 최고의 산 제사를 올리는 엄숙한 순간이었다. 그날 손 목사가 장례식 끝 부분에 고백했던 마지막 인사는 또 한 번 그 자리에 참석한 모든 사람의 심금을 울리는 한 편의 복음과도 같은 것이었다.

"여러분, 내 어찌 긴 말의 답사를 드리리오. 내가 아들들의 순교를 접하고 느낀 몇 가지 은혜로운 감사의 조건을 이야기함으로 대신할까 합니다.

첫째, 나 같은 죄인의 혈통에서 순교의 자식들을 나오게 하였으니 하나님께 감사합니다.

둘째, 허다한 많은 성도들 중에 어찌 이런 보배들을 주께서 하필 내게 주셨는지 그 점 또한 주께 감사합니다.

셋째, 3남 3녀 중에서 가장 아름다운 두 아들 장자와 차자를 바치게 된 나의 축복을 하나님께 감사합니다.

넷째, 한 아들의 순교도 귀하다 하거늘 하물며 두 아들의 순교이리오. 하나님 감사합니다.

다섯째, 예수 믿다가 누워 죽는 것도 큰 복이라 하거늘 하물며 전도하다 총살 순교 당함이리오. 하나님 감사합니다.

여섯째, 미국 유학 가려고 준비하던 내 아들, 미국보다 더 좋은 천국 갔으니 내 마음 안심되어 하나님 감사합니다.

일곱째, 나의 사랑하는 두 아들을 총살한 원수를 회개시켜 내

아들로 삼고자 하는 사랑의 마음을 주신 하나님께 감사합니다.

여덟째, 내 두 아들의 순교로 말미암아 무수한 천국의 아들들이 생길 것이 믿어지니 우리 아버지 하나님께 감사합니다.

아홉째, 이 같은 역경 중에서 이상 여덟 가지 진리와 하나님의 사랑을 찾는 기쁜 마음, 여유 있는 믿음 주신 우리 주 예수 그리스도께 감사 감사합니다.

끝으로 나에게 분수에 넘치는 과분한 큰 복을 내려 주신 하나님께 모든 영광을 돌립니다. 이 일들이 옛날 내 아버지, 어머니가 새벽마다 부르짖던 수십 년간의 눈물로 이루어진 기도의 결정이요, 나의 사랑하는 한센병자 형제자매들이 23년간 나와 내 가족을 위해 기도해 준 그 성의의 열매로 믿어 의심치 않으며 여러분께도 감사드립니다.”

사랑하는 두 아들을 떠나보내는 장례식장에서 억장이 무너지는 쓰린 가슴을 부둥켜안고서는 사랑하는 두 아들을 총살한 원수를 찾아서 아들로 삼겠다는 그 뜨거운 사랑은, 활활 타오르는 예수 사랑의 용광로가 되어서 참석한 사람의 마음은 물론, 손 목사를 대하는 모든 분들의 마음을 녹일 수 있는 힘의 원천이 되었다.

여수, 순천 반란이 진압된 후 정세는 바뀌었고 동인, 동신 형제를 죽인 자들 중의 하나인 ‘안재선’이라는 학생도 체포되어 총살을 당하게 되었다. 그 소식을 들은 손 목사는 계엄 사령관에게 찾아가서 “나의 죽은 아들들은 결코 자기들 때문에 친구가 죽는 것을 원치 않습니다. 그 애들은 친구의 죄 때문에 이미 죽었습니다. 만일 이 학생을 죽인다면 그것은 동인, 동신 형제의 죽음을 값없이 만드는 것이라고 하면서 그 학생의 석방을 간청하였다.

그리하여 그의 간청은 받아들여지게 되었고 손 목사는 그 학생을 손재선이라 하여 자신의 아들로 삼았다. 손 목사는 재선이를 부산의 고려 성경 고등학교에 수학하도록 하여 전도사로 키워 내는 놀라운 사랑의 역사를 보여 주었다.

양아들로 삼았던 안재선 씨는 성경 학교 졸업 후 잠시 부산의 어느 교회 전도사로 있다가 말년에는 제주도에서 어물 도매 사업을 하다 1979년 12월 서울에서 별세했다. 손 목사님은 실로 주님이 주신 계명을 말씀 그대로 순종하고 복종하여 실천한 20세기 사랑의 사도요, 성자였던 것이다.

(6) 순교자로서의 최후의 영광

1950년 뜻하지 않는 6·25동란이 이 땅 위에 발발했다. 파죽지세로 38선을 넘어 서울로 쳐들어 온 북한군은 한강을 넘어 수원을 점령하고 대전을 빼앗고 대구로 진격하는 한편, 일부는 호남으로 진격하여 호남 일대도 점령하게 되었다. 이때 교회도 문을 닫고 피난을 하게 되었다. 그러나 손 목사는 피난하지 않고 교회에 남아 계속 교회 종을 치게 했으며 자신이 강사가 되어 계속하여 교회에서 특별 집회를 했다. 집회의 주요 내용은 '잘 죽자'라는 것이었다.

이때 애양원 교회의 교인들은 손 목사를 피난시키려고 갖은 노력을 했으나 허락을 하지 않자 결국은 교회의 제직들과 교역자들 모두 함께 떠나자고 간청을 하였다. 우선 몸부터 피하고 보자는 제직들의 간청한 부탁을 거절할 수 없었던 손 목사는 함께 송별 예배를 드리고 배에 올라가 마지막 찬송을 부른 후 갑자기 혼자만 배에서 가방을 들고 뛰어 내려오는 것이다.

교인들이 "목사님, 왜 피난을 가지 않고 다시 배에서 내려가시는 겁니까?"라고 묻자, 손 목사는 "나는 원래 피난을 가지 않는다고 했지 않습니까? 주의 이름으로 죽는다면 얼마나 영광스럽겠습니까? 그리고 만일 내가 피신한다면 일천 명이나 되는 양떼들은 어떻게 합니까? 내가 만일 피신을 한다면 그들을 자살시키는 것이나 다를 것이 무엇입니까? 하며 피신하기를 완강히 거부하고 제직들만 보냈다고 한다.

그리하여 손 목사는 마침내 1950년 9월 13일 공산군에게 체포되어 1950년 9월 28일 저녁 11시 여수 근교 미평에서 총살당하여 순교의 영광을 간직하였다.

당시 손 목사의 나이는 48세였다. 그는 마지막까지 양들을 보호하고 자기를 죽이려는 자들에게 그리스도의 복음을 전하다가 총의 개머리판으로 입을 맞아 얼굴이 피투성이 되었으며 마지막 죽음의 자리에서 두 손 모아 하나님께 간절히 기도하시다가 공산군의 총에 순교를 하셨다.

2) 나병의 이해

(1) 나병사업의 목표

나환자를 조기 발견, 조기 치료하여 나병의 전염방지와 유병률을 감소시킴과 동시에 불구를 사전에 예방하여 사회에 복귀 정착시키고 무의, 무탁 노약자와 불구 환자를 보호함으로써 나병의 조기 퇴치를 기함에 있다.

(2) 나병의 정의

나병은 인간의 가장 오랜 질병의 하나로 만성 감염성 면역질환이며 1874년 노르웨이의 Hansen 박사에 의해 사람의 병원체로는 최초로 발견된 나균이 원인균이다.

나균이 호흡기나 피부를 통해 체내에 감염되면 대부분의 사람들은 나병에 걸리지 않고 불현성감염 상태로 나균이 소멸되어 버리나 신체의 면역이 저하되거나 불량한 환경상태에 놓이면 3-7년의 잠복기를 거쳐서 임상적으로 발병하게 된다.

나균은 1차적으로 표제성 말초신경을 침범하고 2차적으로 피부를 때로는 눈, 상기도점막, 근육, 골 및 고환을 침범하기도 한다.

(3) 나환자의 개념

나환자의 개념은 두 가지로 사용되는데 첫째는 사회적 개념을 무시한 단순 의학적인 개념의 환자와 둘째는 사회, 경제적 측면까지 고려한 개념으로 과거나 현재에 나병력을 가진 전원을 포함하는 것으로 우리나라의 통계는 후자의 개념을 사용한다.

(4) 나균의 특성

나병의 원인균은 항산성의 마이코 박테리아인 나균(Mycobacterium Leprae)이며 그 모양은 결핵균과 매우 비슷하다. 나균은 생검이나 조직도 말에서 한 개씩 또는 응집하여 또는 군체로 나타나 있는 것을 볼 수 있다.

나균은 결핵균과 더불어 항산성균인 동시에 항알코올균으로서 인공적으로 배양 증식되지 못하고 생체의 일부에서만 자란다. 나균의 증식기간은 매우 느려서 1세대 기간이 2주에서 수십 주로 매우 불규칙적이다.

나균 자체는 매우 약하며 주위 환경에 매우 불안정하나 일정한 조건이 주어지면 전염력이 강해지고 좋은 조건이 만약 주어진다면 우리가 생각한 이상으로 생존한다는 보고가 있다. 나균이 생체에 침입하여 해를 주는 적절한 수로 증식되기 전에 생체의 방어작용에 의해 죽여 버리기 때문이다. 또한 치료 중인 대다수의 사람들은 그들의 구강과 비강 등의 나균을 신속히 죽여 비전염성으로 되고 지속적이고 규칙적인 치료를 하면 전염은 되지 않는다.

마지막으로 나병에 대해서는 누구나 노출될 수 있으며 감염될 수 있는 확률을 가지고 있다는 것을 부인할 사람은 아무도 없을 것이다.

(5) 성경에서 본 나병

성경에서 <나병>이라고 한 병은 오늘날 무슨 병일까? 오늘날 우리가 나병이라고 부르는 질병과 성경상의 나병은 같은 병일까? 더 나아가서 왜 성경에서 특별한 언급으로 이 병을 취급했을까? 나병이라 불리는 이 특별한 병이 어떤 종교적 또는 신학적 중요성을 가지고 있을까?

결론적으로 말하면 오늘날의 나병(오늘날 나병이라 불리는 증상과 증후의 임상적 특징을 가지며 레프라 간균이 원인균이 되는)은 의심할 여지없이, 명확히 성경에서는 나타난 예가 없다는 것이다. 비록 나병이라는 단어와 나병의 동족 語系의 단어가 原語에서부터 로마어로 번역되는 데서 발생하였지만 이것은 의학적 의미의 나병은 아니다.

나병이 원본 성경에 언급되지 않았다는 주요한 근거는 1947(Danielessen and Boeck)이 되어서야 나병이 다른 많은 상태로부터 임상적 실체로서 명백하고 확정적으로 분리되었으며, 그때까지는 종종 나병과 혼동되었다는 것이다. 그 후 좀 있다가 한센(Hansen)은 1974년에 그의 연구의 초기 결과를 출판했고, 임상적 정의로 나병인 모든 병소의 종류에 지속적으로 존재하는 세균으로서 레프라간균을 확인했다.

일반적으로 성경에 있는 나병은 대개 신체의 허약과 고통과 질병을 타나내는 문맥상에 위치한 질병으로 병리적 상태를 뜻한다.(삼하 3:29, 마10:8, 마11:5)

이것은 더럽힘. 不淨을 의미하는 종교적 용어이며, 표면의 흠, 치욕, 타부를 암시한다.

4. 초대교회 부흥의 원인

1) 말씀의 왕성입니다

사도행전에는 초대교회가 얼마나 급속하게 부흥하고 성장했는지 기록되어 있지만 그 어디에도 "교회가 부흥되었다"는 직접적인 표현은 없습니다. 그러면 사도행전은 교회의 성장을 어떻게 표현했겠습니까? 그것은 바로 "말씀의 왕성", "말씀의 흥왕"입니다.

사도행전 6:7에 보면 "하나님의 말씀이 점점 왕성하여 예루살렘에 있는 제자의 수가 더 심히 많아지고"라는 말씀이 있습니다. 즉 하나님의 말씀이 왕성하여짐으로 인해 믿는 사람이 많아졌다는 것입니다.

또 사도행전 12:24에 보면 "하나님의 말씀은 흥왕하여 더하더라"

라는 말씀이 있습니다. 사도행전 19:20에는 "이와 같이 주의 말씀이 힘이 있어 흥왕하여 세력을 얻느니라" 하는 말씀이 있습니다.

이처럼 초대교회는 "말씀의 왕성" 또는 "말씀의 흥왕"으로 부흥했다고 할 수 있습니다.

2) 기도의 불길입니다

우리가 사도행전을 읽어보면 초대교회 부흥의 진원지는 마가의 다락방임을 발견할 수 있습니다. 마가의 다락방은 예수님의 승천 후 120명에 이르는 제자들이 모여서 기도를 드린 곳이었습니다.

120명의 제자들이 마가의 다락방에 모여서 열심히 기도를 드렸더니 오순절 날에 성령이 그들에게 강림하여 방언을 하고 복음을 세상 사람들에게 담대히 증거하게 되었습니다.

그래서 제자들의 복음을 들은 많은 사람들이 주님 앞으로 돌아오는 놀라운 역사가 일어났던 것입니다. 만일 제자들이 마가의 다락방에 모여 간절히 기도를 하지 않았다면 이 같은 성령의 역사가 일어나기 어려웠을 것입니다.

예수님은 사도행전 1:4에서 제자들에게 "예루살렘을 떠나지 말고 내게 들은 바 아버지의 약속하신 것을 기다리라" 하고 말씀하셨습니다. 이 말씀에서 '아버지의 약속하신 것'은 바로 성령입니다. 하나님은 예수님의 제자들에게 성령을 약속하셨습니다.

하나님의 이 약속은 바로 기도를 통해서 성취되었습니다. 제자들이 마가의 다락방에 모여 간절히 기도했더니 하나님은 그들에게 약속하신 성령을 보내주셨습니다. 그래서 초대교회의 폭발적인 부흥이 일어났던 것입니다.

3) 성령의 바람입니다

사도행전은 초대교회가 어떻게 부흥하고 성장했으며, 복음이 어떤 경로로 세상 만민에게 전파되었는지 기록하고 있는 성경입니다. 이 사도행전은 "성령행전"이라는 별명을 가지고 있습니다. 우리가 사도행전을 읽어보면 초대교회 부흥과 복음 전파의 배후에는 성령이 계시다는 것을 발견할 수 있습니다.

오순절에 성령이 제자들에게 강림하심으로 말미암아 제자들은 권능을 얻어서 복음을 세상 사람들에게 담대하게 증거하게 되었고, 성령의 역사로 말미암아 많은 사람들이 예수님을 믿고 교회에 나오게 되었습니다.

사도행전 9:31에는 "그리하여 온 유대와 갈릴리와 사마리아 교회가 평안하여 든든히 서 가고 주를 경외함과 성령의 위로로 진행하여 수가 더 많아지니라" 하는 말씀이 있는데 여기서 성령의 위로란 성령의 격려와 권면을 뜻합니다. 성령의 위로로 진행하여 수가 더 많아졌다는 것은 성령의 역사를 통해 교회가 크게 부흥했다는 말씀입니다.

성령의 주요한 특성은 바로 '바람'입니다. 오순절에 제자들에게 임한 성령은 바로 바람 같은 성령입니다. 성령의 강림을 기록하고 있는 사도행전 2:2에는 "홀연히 하늘로부터 급하고 강한 바람 같은 소리가 있어 저희 앉은 온 집에 가득하며"라는 말씀이 나옵니다. 이것은 오순절 성령이 바람같이 제자들에게 임했다는 것을 증거해 주고 있습니다.

바람은 놀라운 폭발력과 파괴력을 지니고 있습니다. 산이나 들에 불이 났을 때 강한 바람이 동반되면 어떻게 됩니까? 그 불은 겉잡을 수 없는 속도로 사방으로 번져가서 나무나 풀을 순식간에 태워버리게 됩니다. 그리고 비가 올 때 강한 바람이 함께 불면 비는 사나운 폭풍우가 되어 나무나 건물을 무너뜨립니다.

초대교회가 부흥한 것은 이 성령의 바람이 휘몰아쳤기 때문입니다. 즉 성령의 역사를 통해서 초대교회의 부흥이 일어났다는 것입니다.

이상으로 초대교회가 부흥한 이유에 대해 말씀을 드렸습니다. 요약하면 ① 말씀의 왕성, ② 기도의 불길, ③ 성령의 바람 이 세 가지가 초대교회 부흥의 주요 원인입니다.

5. 새들백 교회 부흥

새들백 교회는 캘리포니아 로스앤젤레스에서 남쪽 방향으로 100마일 정도 떨어진 새들백이라는 지역인 레이크 포레스트(Lack Forest, California)에 위치하고 있다.

새들백 교회는 15년 전에 릭 워렌(Rick Warren) 목사 부부가 개척하여 현재 만 명 이상의 출석 교인과 3만 명 이상의 재적 교인 수를 가지고 있다. 지난 수십 년 동안 미국의 교회들이 생물학적인 전이성장(Biological and transfer growth) 중심의 사역을 해오고 있었지만, 새들백 교회는 회심 성장(Conversion growth) 중심의 사역을 통해서 교회가 크게 성장한 것이다.

다시 말하면, 21세기 교회성장은 회심 성장이라는 것이다. 릭 워렌은 세상 사람들의 사상과 세계관을 잘 이해하고 있다. 교회가 불신자 전도 중심의 회심 성장을 원한다면 목회자는 반드시 불신자들이 무엇을 생각하며 무엇을 원하고 있는가를 잘 알고 그들에게 맞는 목회 철학과 방법을 시도해야 한다는 것이다.

릭 워렌 목사가 하나님의 복음을 전하는 전도자로 부름을 받은 것은 1970년 고등학생 시절이다. 그는 19세의 학생으로 이미 50개 이상의 교회에서 부흥전도집회를 인도하였다. 그러나 그는 하나님께서 자신을 과연 한 교회에서 목회하는 목회자로 부르셨는가에 대한 확신이 없었다. 그러던 중 1973년 샌프란시스코의 침례교 총회에서 당시 달라스 제일침례교회에서 목회하고 있던 크리스웰(W.A.Criswell) 목사가 설교한다는 소식을 듣고 그의 설교를 듣기 위해 350마일을 운전하여 달려갔다. 그는 이 집회에서 하나님께서 자신을 한 교회에서 평생 목회하는 목회자로 부르셨다는 것을 확신하게 되었다.

1974년 릭 워렌은 일본에 잠시 학생 선교사로 사역하는 동안에 교회 성장학의 아버지로 불리는 도날드 맥가브란(McGavran) 목사의 글을 읽게 되었다. 맥가브란의 인도 선교사의 삶과 교회성장의 열정과 운동에 관한 글이 릭 워렌의 목회 철학과 방향을 결정하는 데 중요한 역할을 하였다고 릭 워렌은 말하고 있다.

크리스웰 목사와의 만남이 그들 목회자의 소명을 확신시켜 주었다고 하면 맥가브란의 선교와 교회 성장의 삶에 관한 글이 그의 교회 개척과 목회 철학을 결정지었다고 고백하고 있다. 그는 맥가브란의 글에서 교회 개척과 성장에 관한 중요한 원리들을 발견하였다. 즉 성서적인 원리와 문화적인 원리와 지도력의 원리들이 바로 교회에 적용될 때에 건강하고 성장하는 교회를 만든다는 것이다.

1979년 신학교 졸업반에 있을 때에 미국에서 성장하는 교회 100교회를 연구하는 독립적으로 공부하는 과목을 택하여 연구하게 되었다. 그는 이 연구에서 성장하는 교회마다 전략과 구조와 스타일이 다 다르지만 한 가지 공통된 사실은 한 교회에서 장기적으로 목회하는 목회자가 있는 교회가 건강하게 성장하고 있다는 사실이다.

1979년 12월 릭 워렌 목사가 신학교를 졸업하고 25세의 나이로 사모와 4개월 된 첫 아기와 함께 텍사스에서 남가주 새들백으로 이주하게 되었다. 릭 워렌 목사 부부와 아파트를 소개한 부동산 업자 가족과 함께 새들백 교회를 시작하게 되었다. 도착한 지 이 주일 후에 7명이 모여 첫 성경공부를 시작한 것이 새들백 교회의 목회의 시작이라고 말할 수 있다. 처음의 목회에 재정적인 어려움이 많았으나 하나님께서 인도하시는 곳은 어디를 가든지 하나님께서 공급하신다는 중요한 원리를 배우면서 개척교회를 시작하였다. 개척교회를 시작한 다음 릭 워렌은 과연 어떤 교회를 세워나가야 할 것인가를 고민하게 되었다. 릭 워렌 목사는 기존 신자보다는 불신자들로 교회를 시작하기로 결심한 것이다.

그는 계속, 교회는 불신자들을 전도하고 믿음이 없는 사람들을 그리스도에게로 인도하는 것이 사명이라고 설교하였다. 그리고 남가주 지역에 살고 있는 사람들의 마음을 알기 위해 릭 워렌 목사는 12주 동안 자신이 가가호호를 방문하며 전도도 하지 않고 그들이 무엇을 원하고 있고 필요로 하는지 먼저 듣기만 한 것이다. 릭 워렌은 이러한 자신의 개인 방문에서 복음을 전하기 전에 먼저 사람들의 말을 듣는 것이 중요하는 것을 배웠다고 한다.

새들백 교회는 57회의 이사를 거듭하며 교회가 성장하였다. 즉 고등학교 강당, 초등학교, 은행건물, 극장, 식당, 대형 개인 주택, 사무실, 스타디움 등을 빌려서 사역을 하다가 지난해 대지를 준비하고 임시 2300석의 텐트 건물을 세웠다. 교회가 건물 없이 어디까지 성장할 수 있는가는 질문에 그는 현재 15년간에 교회 건물 없이 만 명까지 성장하였으니 어디까지 성장할 수 있는지는 잘 모른다고 대답한다. 릭 워렌 목사는 건물이 있고 없음과 건물의 크고 작음이 문제가 아니라 문제는 사람에게 관심을 가지고 전도하고 있는 교회가 되느냐 하는 것이라고 강조하여 말한다. 새들백 교회는 만 명 출석 교인 중에 7000명이 모두 전도를 통해서 그리스도를 영접한 자들이라고 한다.

1) 새들백 교회의 2개의 사역

새들백 교회는 목적 추진의 교회(Purpuse Driven Church)로 불린다. 릭 워렌은 여기서 추진은 인도한다, 조정한다, 지도한다(to goguide, control, direct)의 의미로 사용하고 있는데 모든 교회는 그 무엇인가에 의해 인도되고, 조정되고, 지도된다고 말한다. 이러한 관점에서 현대의 교회들을 7개 유형으로 나눌 수 있다고 말하고 있다.

(1) 전통에 의해 움직여 나가는 교회(Churches Driven by Tradition)
(2) 지도자에 의해 추진되어 나가는 교회(Churches Driven by Personlity)
(3) 교회재정에 따라 움직여 나가는 교회(Churches Driven by Finances)
(4) 프로그램 중심으로 나가는 교회(Churches Driven by Program)
(5) 건물 중심으로 움직여 나가는 교회(Churches Driven by Building)
(6) 행사중심으로 움직여 나가는 교회(Churches Driven by Events)
(7) 구도자 중심으로 사역하는 교회(Churches Driven by Seekers)

릭 워렌 목사는 이 모든 것들이 현대 교회의 사역에 중요하다고 생각하지만 이보다 더 중요한 것은 새로운 목회 사역의 파라다임(Pradigm)이라 말한다. 즉 이 새로운 파라라다임은 성경에서 말하고 있는 목적 추진의 교회(the purpose-driven church)라는 것이다. 이 새로운 파라다임에는 두 가지 중요한 내용이 있다. 첫째는 신약성경에서 말하고 있는 교회의 다섯 가지 목적에 비추어 모든 현재목회의 목표를 정하는 전망(Perspective)이고 둘째는 이 목적을 성취해 나가는 과정(Process)이다. 성경적인 교회는 목적 추진의 교회가 되어야 한다는 것이다.

2) 새들백 교회의 5대 사역 목적

릭 워렌 목사는 신약 성경에서 말하고 있는 교회의 5대 목적을 다음과 같이 말하고 있다. 예배(worship), 즉 하나님을 온 마음을 다해 사랑하는 것이다. 봉사(ministri), 즉 이웃을 자신과 같이 사랑하는 것이다. 전도(evangelism), 즉 나가서 복음을 전하고 제자를 삼는 일이다. 교제(fellowship), 즉 교회 안에서 세례를 베풀고 교회 안의 같은 성도로 신앙의 삶을 살아가는 것이다. 제자훈련(discipleship), 즉 말씀을 지켜 행해 나가며 주님을 닮아가는 '영적 성숙'의 삶이다.

새들백 교회에서는 교회의 다섯 가지 목적을 영어로 간단히 다음과 같이 표현하고 있다.

Magnifi(경배: 예배를 통해서 하나님을 높이 찬양하며),
Mision(선교: 전도를 통해 하나님의 말씀을 나누며),
Membership(교회원: 하나님의 가족으로 함께 교제하며),

Maturity(성숙: 제자훈련을 통해 하나님의 백성들을 양육하고),
Ministri(사역: 봉사를 통해 하나님의 사랑을 실현한다.)

이 다섯 가지 교회의 목적을 어떻게 추진해 나갈 것인가에 관해 릭 워렌 목사는 먼저 이 다섯 가지의 목적을 균형 있게 추진해 나갈 수 있는 제도와 조직이 있어야 한다고 말하고 있다. 릭 워렌 목사는 먼저 역사적으로 교회는 다섯 가지 종류의 교회가 존재해 왔다고 말한다.

(1) 영혼구원의 교회(The Soul WINNING Church): 이러한 교회에서는 주로 전도, 간증, 구원, 결신, 세례, 불신자 초청 전도 집회 등을 강조한다.

(2) 하나님을 체험하는 교회(The Experiencing God Church): 이 교회는 주로 예배 중심으로 하나님의 임재와 능력을 체험하는 교회로 찬양, 기도, 예배, 영적은사, 부흥, 능력 등을 강조하는 교회이다.

(3) 가족 재회 교회(The Family Reunion Church): 이 교회는 교제를 중요시하여 사랑과 돌봄과 관계와 소그룹 등을 강조하는 교회이다. 이러한 교회는 미국의 경우 전체 교회의 80%정도가 되고 전 교 인수가 200명을 넘지 못하는 것이 특징이다.

(4) 강의실 교회(The Classroom Church): 이 교회는 목회자를 교사로 보고 있으며 강해설교, 교리, 성경공부, 제자훈련 등을 강조하는 교회이다.

(5) 사회 참여 교회(The Social Conscience Church): 이 교회는 목회자를 사회에 적극 참여하는 선지자적이고 개혁자적인 지도자들로 본다. 이러한 교회는 말씀의 실천을 강조하고 봉사, 희생, 사역, 담대함, 섬김, 개혁, 등을 강조하는 교회이다.

3) 새들백 교회의 균형 목회 방법론

새들백 교회는 이 모든 교회의 특징들을 종합하여 균형 있는 목회 사역을 할 때 교회가 건강하게 성장할 수 있다고 주장하고 있다. 교회가 어느 특정한 사역 하나만을 강조하면 교회는 건강할 수 없고, 성장하지 못한다고 말한다. 그러므로 릭 워렌 목사는 이 균형의 문제를 해결하기 위해 두 가지 간단한 개념을 창안하고 새들백 교회에 적용했다.

이 두 가지 개념을 헌신의 원형(Ci-rciles of Commitment)과 삶의 발전 과정(Life Developement Pross)이라고 부른다. 이 두 개념을 간단히 설명하면 다음과 같다. 교회 안에는 신앙정도와 헌신에 따라 다섯 종류의 교인으로 분리된다. 헌신의 5개의 원형에서 가장 밖에 있는 원형으로부터 시작해서 내적으로 들어오면서 교인들을 헌신도가 높아지는 것으로 설명하고 있다.

(1) 지역주민(The Community)이 있다. 이 사람들은 교회에 나올 수 있는 같은 지역에 살고 있는 주민들로, 전도해야 할 대상자들이다.
(2) 마당교인(The Crowd)이다. 이들은 교회에 소속감과 부담감 없이 예배에 출석하는 명목상의 교인들이다.
(3) 교회원(Congregation)이 있다. 이들은 교회에서 세례를 받고, 교회원이 되고, 교회의 모든 예배와 행사에 참여하며 교회에 소속감을 가지고 있는 자들이다.
(4) 헌신자(The Committed)들이 있다. 이들은 교회의 사역과 봉사에 적극적으로 참여하며 제자훈련을 통해 헌신된 자들이다
(5) 핵심교인(The Core)이 있다. 이들은 주로 교회의 영적 지도자들

과 교사들로서 가르치고 훈련시키는 교회의 중추적인 역할을 하는 자들이다.

새들백 교회는 이러한 외부지역 주민들에게 복음을 전하는 일로 시작해서 전도대상에서 마당교인으로, 마당교인에서 교회원으로, 교회원에서 헌신자로, 헌신자에서 핵심교인으로 변화시켜 나가는 사역을 통해 교회가 양적으로 질적으로 성장해 나가는 것이다. 이러한 헌신의 도를 높여가기 위한 개념이 바로 '삶의 발전 과정'이다.

이것은 야구 경기장 모양의 다이아몬드형의 그림으로 설명되고 있다. 즉 첫째, 홈베이스에서 1루까지는 그리스도를 아는 단계(Knowing Christ)라고 한다. 다음 1루에서 2루까지를 그리스도 안에서 성장하는 단계(Growing in Christ)라고 하는데, 영적 성숙에 관해서 배우게 된다.

훈련된 교인으로 인정을 받게 된다. 다음 2루에서 3루까지를 그리스도를 섬기는 단계(Serving Christ)라고 하는데 교회 사역에 관해 배우고 교회 평신도 사역자가 될 수 있다. 3루에서 다시 홈베이스까지를 그리스도를 나누는 단계(Sharing Christ)라고 하여 전도와 선교에 관한 훈련을 받아 불신자에게 전도할 수 있는 자들을 모집하고 훈련시킬 수 있는 능력을 갖추게 한다.

4) 한국교회가 배울 점

릭 워렌 목사의 목회와 사역에서 우리 한국교회 목회자들이 배울 것이 있다면 크게 두 가지가 될 것이다. 한국교회 목회자들은 먼저 나를 개척교회 목회자로 하나님이 부르셨는가 하는 질문에 확신을 얻고 교회를 개척해야 한다. 그리고 개척 목회로 하나님이 부르셨다고 하여도 어느 곳에서 개척할 것인가에 대한 확신도 함께 따라야 한다.

한국교회 목회자들은 준비와 계획 없는 목회를 많이 하는 것 같다. 기도만으로 응답받을 것이 아니라 주위 사회 환경으로부터의 하나님의 응답도 확인되어야 할 것이다. 릭 워렌 목사는 개척교회에서 평생 헌신하고 있다. 목회자가 한 교회에서 장기간 또는 평생 목회하지 않으면 교회는 결코 성장하지 않는다. 목회자가 한 교회에서 오래 목회한다고 반드시 성장하는 것은 아니지만 목회자가 자주 바뀌는 교회는 결코 성장할 수 없다.

한국 교회의 성장의 정체는 개척목회를 시작한 목회자들이 평생 목회하지 않고 사역지를 임의로 옮기고 있고 개척목회의 소망과 확신이 없고 장기적 계획과 비전이 없는 데 있다고 본다. 이제 한국에서의 개척교회 시대는 이미 저물었다고 말하고 있다. 현재 개척하여 목회하기 시작한 목회자들은 하나님께서 현지 장소로 부르시고 평생 목회하게 하셨다는 확신을 가지고 목장을 바꾸지 말아야 한다. 그리고 앞으로의 장기 목회의 비전과 꿈을 가지고 치밀한 목회 계획을 세워나가야 할 것이다. 이것이 새들백 교회의 릭 워렌 목사로부터 배울 교훈이다.

5) 목회의 철학문제이다

한국교회는 목회를 지나치게 영적화하고 있다. 기도와 말씀이면 목회의 모든 문제를 해결할 수 있다고 믿고 목회하는 목회자들이 많이 있다. 그래서 신학교에 가서 특강을 듣고 세미나에 참가하기보다는 기도원을 즐겨 찾는 목회자들이 많이 있다. 목회자의 영성을 위해 반드시 기도원을 가까이하고 기도와 말씀 준비에 전력할 것은 두말 할 것도 없다. 그러나 현재 우리가 살아가고 있는 세상의 불신자들이 사역의 대상과 전도의 대상이 된다고 하면 세상과의 관계를 가지고 신자 중심과 교회 중심의 목회 사역에서보다 불신자 중심 또는 세상을 아는 목회를 하여야 할 것이다.

그러기 위해서는 일반대학 도서관도 찾아야 하고, 목회자 연장 교육을 통해 시대에 맞는 목회 방법론도 강구해 보아야 한다. 한국교회 목회자들은 불신자들을 많이 만나야 목회의 도전을 받을 수 있고 소명감에 불탈 수 있다. 목회는 불신자로부터 시작해야 한다.

6. 7만 교인 교육비법

교회가 부흥하지 않는 것은 기존 신자로 시작하고 기존 신자들을 위한 프로그램을 개발하기 때문이다. 여기에 한국교회에 큰 문제가 있는 것이다. 즉 목회자와 기존 신자들이 불신자들과 어떤 관계가 형성되어 있지 않고, 불신자들이 어떻게 신앙을 가지게 되고 어떻게 교인이 되어 성장되는가에 대한 확실한 개념이 없기 때문에 교회가 교회병으로 어려움을 겪게 되는 것이다. 한국교회는 릭 워렌 목사가 물은 물음을 다시 한 번 생각해 보며 교회의 목적을 재정의해 볼 필요가 있는 시기에 와 있다고 생각한다. 왜 교회가 이 세상에 존재하는가? 이것을 인식하게 하고 교인을 교육하여야 한다. 교육은 콩나물에 물을 주는 것과 같다.

교육에 대한 투자는 당장의 작은 변화가 아닌

후에 큰 성과를 가져오게 될 것이다. 교육에 대한 투자 성과를
꼼꼼히 챙기는 경향이 커지고 있습니다.

이는 작은 투자라 하더라도 반드시 성과 평가를 해서

투자 효과를 높이자는 긍정적 측면과 함께,

당장의 성과 창출이 어려운 교육 투자를 줄이게 되는

부정적 측면을 동시에 가지고 있습니다.

교육 투자는 콩나물에 물 붓듯이,

즉 당장의 효과가 보이지 않더라도

지속적으로 투자하면 언젠가는 크게 자랄 것이라는

믿음을 가지고 행해져야 합니다.

교육은 콩나물에 물을 주는 것과 같다. 콩나물에 물을 부으면 전부 콩나물시루 밑으로 빠져 나가는 것 같지만 그 속에서 콩나물이 서서히 자라난다. 교육도 마찬가지다. 따라서 교육을 그저 비용이라 생각하지 말고 투자라는 생각을 가져야 한다. 교육에 대한 투자는 당장의 작은 변화가 아닌 후에 큰 성과를 가져오게 될 것이다. 신앙교육도 마찬가지이다. 매일 매일 점진적인 관계가 정립되어야 한다.

교육의 본질은 레오나르도 다빈치가 적시한 것처럼 "인간 심성의 완전한 개발(development of a complete mind)"을 지향하는 일체의 활동이나 노력이라고 할 수 있다. 인간 심성의 발달은 과학(the science of art)과 예술(the art of science)의 균형적 연마와 아울러 인간 감성(senses)의 발달, 즉 세상과 사물을 인식하는 방법(how to see)의 개발에 의하여 이루어진다. 예술은 일상적이고 유사한 사물이나 현상 속에서 그 현상이나 사물만이 지니고 있는 특이성(uniqueness)을 발견할 수 있는 능력인 반면, 과학은 서로 상이한 사물이나 현상 가운데서 이에 공히 적용되거나 변하지 않는 법칙들(laws)을 발견할 수 있는 능력을 의미한다. 사물의 인식능력은 상황의 변화 방향이나 그 변화의 원리를 파악할 수 있는 능력이라고 할 수 있다. 결국 교육이 추구하는 궁극적인 본질은 변화에 대한 바른 인식과 이를 관통하는 진(眞)·선(善)·미(美)의 추구라고 요약할 수 있게 된다. 교육의 본질은 변화하지 않을지 모르나, 시대의 변화·사회 전체의 변화에 따라 인간이 지녀야 할 상대적 능력이나 교육의 방법, 교육에 대한 인식, 교육에 필요한 도구나 환경은 획기적으로 변화해 왔다. 20세기를 마감하고 21세기를 눈앞에 둔 지금이 바로 또 획기적인 교육의 변화가 일어나고 또 요구받고 있는 시기이기도 하다. 그렇다면 산업사회에서 지식 정보시대로 근본적이고도 빠른 속도로 전환되고 있는 시점에서 교육은 어떤 면이 어떻게 변화하고 있는가를 알아야 한다. 디지털기술에 의하여 초래된 지식 정보시대에는 물질(matter), 공간(space), 시간(time), 사람(people), 가치(value), 성장(growth), 능률성(efficiency), 시장(markets), 거래(transactions)는 물론 인간의 욕구나 충동(impulse)까지도 근본적으로 달라지게 하고 있다.

예를 들면, 물질의 중요성은 상대적으로 약화되는 반면, 사람의 중요성과 아이디어와 전략의 중요성이 더욱 커지고 있다는 것이다. 그리고 산업사회의 경쟁력의 가장 큰 걸림돌임과 동시에 경쟁력의 결정요인의 하나이기도 했던 거리 개념은 이제 위치에 관계없이 동시에 일과 접촉이 가능한 상태에까지 이르고 있으며 시간 역시 일방향형에서 쌍방향형으로 변모하고 있음과 아울러 실시간 처리가 가능한 형태로 바뀌고 있는 것이다. 사람의 가치, 특히 창의력과 행동력을 갖춘 인간의 가치는 이 모든 요소 중에서도 가장 으뜸에 속한다고 할 수 있다. 이제는 성장의 가장 중요한 기반은 네트워크이다. 특히 정보통신네트워크의 중요성은 아무리 강조해도 지나치지 않을 것이다. 그 밖의 네트워크, 예를 들면, 인간 네트워크, 신뢰 관계 등도 성장의 가속 요인이 됨은 익히 알고 있는 일이다. 정보통신기술의 발달은 수요자와 생산자의 관계도 수요자 중심으로 전환시키고 있고 거래 또한 불특정 다수나 특정한 대상이 아닌 일대일(one-to-one) 거래 또는 커뮤니케이션이 가능해지고 있다. 산업화 시대의 모습과 형태가 근본적으로 달라지고 있는 것이다. 다시 말해서 인류는 이제 수렵, 농업, 공업 시대를 거쳐서 지식과 정보의 생산과 유통이 개인, 기업, 국가의 경쟁력을 좌우하는 핵심 요소이자 가치 창출의 원동력이 되는 지식 기반사회에 진입하고 있다. 인류 문명사의 대전환이 이 원리들의 힘에 의하여 일어나고 있는 것이다. 다시 말해서 인류는 이제 수렵, 농업, 공업 시대를 거쳐서 지식과 정보의 생산과 유통이 개인, 기업, 국가의 경쟁력을 좌우하는 핵심 요소이자 가치 창출의 원동력이 되는 지식 기반사회에 진입하고 있다. 우리나라의 교육에 대한 투자는 1997년도에 GNP 5%에 해당하는 투자를 정점으로 하여 그 투자가 급속히 줄어들고 있는 현실이다. 2000년도 교육 예산도 GNP의 4.2% 정도로만 편성되어 있는 정도이다. 이는 물론 2년 전 국가 위기로 맞은 IMF사태로 인한 불가피한 면도 없지 않다. 그러나 국가가 재정 위기가 교육 투자의 획기적 축소를 정당화해 주지도 않을 뿐만 아니라, 교육재정의 축소가 현명한 정책 선택이라고 할 수도 없을 것이다. 왜냐 하면 21세기 지식 정보사회의 경제 경쟁력은 교육받은 인재로부터만 얻을 수 있기 때문이다. 노르웨이, 스웨덴, 핀란드 등 북유럽 3국이 지나친 사회보장제도에 의한 심대한 경제적 침체를 당했을 때, 사회보장제도에 대한 과감한 예산의 삭감보다는 정보산업으로의 대대적인 산업재편과 이 산업재편을 가능하게 하기 위하여 학교 정보화에 대한 대대적인 투자 정책을 채택함으로써 산업 재편과 교육 개혁을 함께 이루어 낸 사례를 우리는 잊어서는 안 될 것이다. 대통령도 교육에 GNP의 6% 투자를 약속한 바 있다. 교육 투자는 여유 예산이 있기 때문에 투자할 수 있는 분야가 아니라, 국가의 장래 생존과 국민의 개인적 행복을 위해서도 최우선적으로 투자해야 할 분야이다.[112] 교육은 국가, 기업, 개인의 생존과 번영의 문제와 직결되는 국가적 최우선 과제다. 그리고 나라가 어려울수록, 또 사회의 근본적인 변화가 요구되는 때일수록 교육에 대한 우리의 대응이나 처방은 정확해야 하고, 또 그에 대한 투자도 과감하게 이루어져야 한다. 창의적 인재의 역할이 어느 때보다도 중요한 21세기 지식 정보시대에는 인재양성만큼 중요한 투자가 있을 수 없다. 그리고 교육에 대한 기적적인 처방이나 대책이 따로 있는 것은 더더욱 아니라는 평범한 사실을 인식할 필요가 있다고 본다. 교육을 국가 정책의 최우선 정책으로 선언하고 투자하는 것, 교사를 교육개혁의 핵심 세력화하는 것, 시대의 요구에 맞는 교육프로그램의 획기적 변화를 일으키는 일, 그리고 지식 정보화에 맞는 인재 양성을 위하여 교육 정보화에 대한 투자와 교육의 보편적 기반으로 만드는 일은 국가를 비롯하여 국민 모두가 함께 꾸준히 추진하는 것만이 미래 교육을 위한 바른 선택이라고 할 것이다.

교인 교육에 있어서 편견 또한 버려야 할 것 중의 하나이다. 우리

---

112) 서삼영, 21세기 교육의 변화와 전망, 한국교육학술 정보원.

는 과연 얼마나 많은 편견을 가지고 있는가?

(1) 장애인은 일도 잘 못하고 성격도 이상하다는 편견을 갖는다.
장애인은 단지 신체나 정신의 일부분이 불편한 사람들이며 오히려
비장애인보다 열심히 일하고 선량한 사람들도 많습니다. 하지만 비
장애인의 비뚤어진 편견 때문에 취업도 힘들고 사회생활을 하기도
힘든 경우가 많다.

(2) 남자는 씩씩하고 능력이 있어야 한다.
남자라고 다 씩씩하란 법 있나요? 남자도 섬세하고 조용하고 얌전
할 수 있다. 요즘은 집에서 주부역할을 하는 남편들도 많아졌습니다.

(3) 여자는 얌전하고 상냥하고 가정적이어야 한다.
여자들 중에도 씩씩하고 집안일보다 사회활동에 더 적성이 맞는
여자들이 많답니다.

(4) 감옥에 들어갔다가 나온 전과자들은 조심해야 한다.
죄를 짓고 감옥에서 죗값을 치르고 나온 사람들을 전과자라고 합
니다. 그런데 전과자들은 죄를 뉘우치고 나와도 세상에서 살기가 힘
들어요. 이미 한 번 죄를 지은 사람이니 아직 나쁜 마음을 갖고 있
다고 생각하는 사람이 많죠. 물론 그런 사람도 있겠지만 많은 전과
자들이 죄를 다 뉘우치고 바르게 살려고 애써도 취직하기도 힘들고
옛날 친구들마저도 고운 눈으로 봐주지 않아서 오히려 다시 죄를 짓
게 되는 경우가 많다고 한다.

(5) 부모 없는 아이들은 버릇도 없고 못됐다.
부모님이 안 계시는 아이들과 자기 자식들이 못 놀게 하는 사람

들도 있다.

하지만 부모님이 안 계시는 아이들은 스스로 살림을 꾸려 나가고 어려운 환경에서도 열심히 노력하는 씩씩하고 착한 아이들이 더 많다.

(6) 문제아들은 다 나쁜 아이들이다.

흔히 문제아라고 불리는 아이들, 가출을 하거나 술담배를 하는 아이들을 모두 나쁜 아이들이라고 생각해 버리는 경우가 많다. 하지만 그런 친구들은 나름대로 많은 고민과 어려움을 지닌 아이들이다. 실제로 나쁜 행동을 하고 있어도 그것 때문에 더 괴로워하는 친구들이 많다. 그 친구들이 바른 삶을 살도록 도와주는 게 어른들과 친구들이 할 일이다. 우리 기독교인이 해야 할 일이구요. 사회적 편견은 좋은 게 아니다. 남들이 '이건 이래'라고 말한다고 해서 다 그럴 거라고 생각하면 안 된다. 그렇지 않을 수도 있다는 걸 항상 생각해야 한다. 7만 교인 교육을 위해서는 기본적으로 편견을 버려야 한다. 그리고 21세기 글로벌 리더로서 교육해야 한다. 웰치 전 제너럴 일렉트릭(GE) 회장은 21세기 교육에 있어서 중요한 것은 '에너지, 비전, 타인을 열광케 만드는 열정'을 꼽았다. 미국에서 최고의 여성 파이낸셜 플래너로 각광받고 있는 수즈 올만은 "생각이 운명을 만든다"고 강조하기도 하였다. 또한 미국 부동산업계의 황제 도널드 트럼프는 성공하기 위해서는 '관계'를 잘 맺는 것이 가장 중요하다고 강조한다. 신앙교육에 있어서도 관계가 중요하다. 성도와 성도 간의 관계, 직분자와 비직분자와의 관계, 목회자와 교역자 간의 관계 등이다. 그리고 신앙의 견인분발을 만들어야 한다. 그것은 문제해결 능력과도 상통한다. 지도자는 문제 해결능력이 있어야 한다. 교인 교육도 마찬가지이고 전도, 선교도 마찬가지이다.

어려운 문제 상황에서 교회 리더가 제일 먼저 할 일은 편협한 자기 생각에서 벗어나는 일이다. 그런 후에야 문제의 핵심을 볼 수가 있다. 그리고 그 다음 모두에게 도움이 되는 방법을 찾는 일이다. 모두를 위한 방법은 대상에 대한 사랑에서 비롯된다. 그것은 편 가르기와는 다른 일이다. 모두를 위한 일, 모두에게 이익이 되는 일, 그렇지만 함께 해결할 수 있는 일을 찾아야 한다. 이런 과정을 거쳐 정해진 방법을 실행하는 동안에는 뒤돌아보지 말아야 한다. 리더는 어쩌면 문제 해결능력의 있고 없음으로 평가되고 있는지도 모른다. 탁월한 리더들의 평판에 포함된 '어려움 극복 경력'을 봐도 그렇다. 사람들이 리더를 따르고 존경하는 이유도 문제의 핵심을 정확하게 찾아내어 방법을 제시하고 문제를 해결하는 리더의 능력 때문인 경우가 많았다. 누구라도 급박한 상황하에서 의연하게 문제의 핵심을 꿰뚫는다는 것이 쉬운 일은 아니다. 많은 학자들이 얘기하는 "리더십은 훈련을 통하기보다는 어려움을 극복하는 가운데 생겨난다."는 말이 내포하고 있는 의미를 되새겨 볼 필요가 있다. 리더들은 어려운 문제들과 만나면서 그것들을 극복하는 방법을 학습하는 것이다. 예수님에게 바리새인들이 다가와서 질문한다. "로마의 황제에게 세금을 내야 합니까?" 그러자 예수님은 "가이사의 것은 가이사에게로 돌려주라"고 한다. 아무도 그에 대항하지 않는다. 또 다른 문제 하나, 이번에는 간음한 여자를 돌로 쳐 죽이려 한다. 그때도 예수님은 "죄 없는 자가 먼저 돌로 칠" 것을 명한다. 누구도 돌을 들지 않았다. 예수님은 문제의 핵심을 정확히 알고 계셨다. 문제의 핵심에 접근하기 위해서는 편협한 자기 생각에 갇혀 있지 말아야 한다는 사실도 교훈하신 것이다. '간음한 여자를 돌로 치는 것이 당연한' 사회에서 예수님은 간음한 여자를 구하신 것이다. 보이지 않는 사회적 규범조차 벗어나신 것이다. 그렇다고 사회적 규범을 엉망으로 만들지도 않으셨다. 간음한 여인도 살리고 사회적 규범도 지키신 것이다. 인류를 위해 무엇을 할 수 있을지를 늘 고민하는 모습이 참 리더의 모습이다. 리더의 자리에 있는 교역자라면 한 번 고민해 볼 일이다. 나는 문제를 만나면 누구를 먼저 떠올리는가? 혹시 나의 이익을 위해 밤을 새고 있지는 않은지 곰곰이 생각해 보아야 한다.

그리고 해야 할 일과 하지 말아야 할 일을 제대로 분별하고 있어야 한다. 우선 하지마라를 한 번 알아보자.

(1) 무관심 하지 말라

교인들과 비신앙인에 대해서 무관심하여서는 안 된다. 교회 밖에 있는 평범한 사람들까지 관심을 가져야 한다. 지나가는 나그네도 관심의 대상에 두어라. 집안이 망하는 집은 남편이 들어오든 밖에 나갔든 아내가 들어오든 무관심한 집안은 망한다. 밥을 먹으면 먹나보다, 옷을 입으면 입나보다, 들어오면 들어왔나보다, 나가면 나갔나보다 …… 이것도 모르는 사람들도 있긴 하다. 나가는지 들어오는지도 모르고 사는 사람들도 있는 모양인데 이건 무관심이 지나쳐 망조가 들은 것이다. 무관심이 깊어지면 싸움이 생기고 사소한 것들도 논쟁의 대상이 된다.

(2) 비교하지 마라

어느 큰 교회 교인들은 어떻더라, 누구네 목회자는 어떻더라 등 비교하면서 교육하면 성공할 수 없다. 옆집 302호 아저씨는 설거지도 잘해준다던데, 옆집 201호 아줌마는 상냥하고 사글사글하던데 등 비교는 발전과 성장이 있기보단 장애를 일으킨다.

(3) 탓을 하지 마라

많은 교인을 교육하다 보면 맘이 안 맞아 불평하는 성도들이 있을 수 있다. 그때마다 탓을 하여서는 안 된다. 여기서 탓은 인간에게 국한 하는 것이 아니다. 신에게도 마찬가지이다. 신에 대한 불평불만 탓을 하는 사람들이 있는데 절대로 탓을 하여서는 안 된다.

(4) 포기하지 말아야 한다

현대인은 쉽게 포기한다. 목회자도 마찬가지이다. 끈기가 부족하다. 쉽게 포기하지 말아야 한다. 인내로써 경주하면 반드시 성공한다는 믿음을 가지고 전진해야 한다. 이것은 긍정적인 신호라고도 할 수 있다. 빅터 프랭클이 말한 로고데라피인 것이다.

그러나 여기서 주의해야 될 것이 있다. 무조건적이거나 비이성적인 긍정은 때로는 이단화될 가능성이 있다.

예를 들면 아래와 같습니다.

(1) 우리 교회가 이번에 성전을 이사하려고 하는데, 돈이 부족하다. 여러분들의 살림살이와 고충은 잘 안다.

그러나 우리 긍정적으로 생각하고 믿음을 가지고 이 일을 해 나가자. 우리가 결코 돈 달라고 하는 거 아니다.

믿음으로 이사를 가자는 것뿐이니……

각자 대출을 받을 수 있는 한도부터 조사해 오도록 해라 ……

(2) 이상해요. 남들이 우리 단체를 자꾸 이단이래요.

저도 생각해 보니 그들 말이 한편 맞는 것도 같습니다.

뭐라고?! 너 그게 말이 된다고 생각하니?

너도 세뇌된 거야?

왜 부정적으로 생각해?

하나님께서는 긍정적으로 생각하라고 하셨잖아!!

이와 같은 사례는 이 땅에 수도 없이 많을 것입니다.

궁정의 힘이 무슨 마법사의 지팡이는 아니라는 사실을 기억해야 한다. 즉 현명한 긍정적인 사상을 이해해야 할 것이다.

왜곡된 긍정의 힘은 파멸로 이끌 수 있다. 어떤 맹신도들이 집단 자살하고 살아날 것이라는 강한 긍정의 힘을 모두에게 주입한다든지 로또복권을 사놓고 일등이 될 거라는 긍정으로 아무 일도 안 하고 로또만 기다리는 우매함은 긍정적인 힘과는 다른 변질되고 왜곡된 사상인 것이다.

유능한 목회자, 유능한 선교자, 유능한 사역자의 리더십은 헌신과 지극한 관심으로부터 시작된다. 리더십은 준비와 이해를 포함한다. 오늘날 교회에 가장 필요한 것은 열심을 다해 준비하여 전심으로 가르치고 삶 자체가 본이 될 수 있는 훈련된 목회자들이다. 7만 교인을 제대로 교육하려면 타인을 우선 배려하는 마음을 가지고 목회를 하여야 한다. 작은 일이라도 타인에게 상처를 주거나 타인을 이용하려고 하거나 타인을 짓밟고 올라가려 하거나 명예심을 발현시키려고 눈이 멀었거나 정치하려고 마음먹거나 권위주의에 우쭐하거나 하여서는 안 된다. 7만 교인 만들려면 무엇보다도 신의 마음을 가져야 한다.

그것을 위해서 우선 낮아져야 한다. 죽이고 싶도록 미운 사람까지도 포용할 수 있는 사랑이 있어야 한다.

목회를 하다 보면 별의별 사람들을 다 만난다. 목회자를 이용하려는 사람에게서부터 신앙을 장사의 수단으로 만들려는 사람들까지 다양하다. 때로는 화가 나기도 하고 때로는 슬픔이 밀려와 모두 포기하고 싶을 때도 있게 된다. 더 악화되면 상대를 죽이고 싶을 만큼 증오감과 혐오감이 밀려오기도 한다.

이럴 때는 어떻게 하는가? 단지 성전에 올라가 기도만 하고 해결해 달라고 하는가? 아니면 그것의 해결을 위해 노력하는가? 목회자도 인간이다. 똑같이 먹고, 똑같이 싼다 …… 그런데 성도들은 목회자가 신이 되기를 원한다. 자기들보다 다른 사람으로 말이다. 그러면 그걸 어떻게 할까. 이것에 대한 깊은 명상이 있고 자기 정리가 있어야 한다. 그래야만 7만 교인을 교육할 수 있다. 그리고 교육을 자기 혼자만이 하려고 해서는 안 된다. 때로는 목회자들이 능력 있는 사람을 쓰기를 두려워한다. 나보다 더 인기 있어서 교인을 모두 데리고 나갈 것을 두려워하기도 한다. 이건 엄청 어리석은 생각이다. 능력 있는 7만 교인 성공 목회를 이루는 사람들은 절대로 능력 있는 인적 자원을 허비하지 않는다. 능력 있는 사람을 잘 쓰면 수천 배의 효과를 거둘 수 있게 된다. 예배도 단순하게 하지 말고 영어예배, 외국인 예배 등으로 확대해 세계적으로 나아가야 한다. 요즘은 젊은 청, 장년에게 영어예배를 시행하면 엄청난 효과를 거두는 것을 종종 본다. 외국어 학원 보내는 부모들이 서둘러서 자녀들을 보내기 때문이다.

현시대 문화를 이해하고 대처해야 한다. 그래야 7만 교인이 확장된다. 기존의 고정관념식 예배를 탈피하여야 한다.

•저자•

한만봉
(韓萬奉)

•약 력•

1994. U.S.A. Midwest College(M.Div, Hon, D)
2002. 고려대학교(교육정책학 석사 – 수석장학생)
2005. 성균관대학교 대학원 박사Candidate(교육행정학 전공)
1995. 한국어린이선교원신학교 캠퍼스 분교 학장
2002. 고려교육정책학회 상임회장(학진 학회검색가능)
2002. 고구려대학교 설립추진위원회 법인이사
2003. 한주신학 학술원 설립이사(교수)
2004. U.S.A. Cohen University 정책학과 cross–appointed professor
2005. U.S.A Holy People University Campus 유학담당 지도교수
2005. PHILIPPINE PRESBYTERIAN THEOLOGICAL COLLEGE 객원교수
2005. 혜전대학 adjunct professor 교수
2005. 지방분권신문사 사장(대표 이사)

•주요논저•

우리나라의 복지행정제도에 관한 고찰 연구(1988)
Kal Barth 의 신관 연구(1988)
한국 민중문화와 민중 신학 연구(1992)
Rein hold Niebuhr & Marx 에 대한 상관관계 연구(1993)
A CHRONOLOGICAL HARMONY OF THE RESURRECTION
APPEARANCES OF JESUS THE MESSIAH(1994)
북한종교의 변화 전망 연구(2002)
교육위원회와 지방의회간의 갈등 현상에 관한 연구(2001)
조선조 과거시험 방식의 정책적 분석(공동, 2005)
조선의 과거제도에 대한 정책적 연구(공동, 2005)
조선왕조 과거제도 인사정책 연구(공동, 2005)
조선왕조 과거시험주기 정책적 주장 분석연구(공동, 2005)
조선왕조 과거제도가 현대 정책에 주는 의미(공동, 2005)
과거제도 시험주기의 정책 분석연구(공동, 2005)
북한 종교지형 변천 정책 분석연구(공동, 2005)

『대학생활영어 ENGLISH LANGUAGE』(공저)

『행정경제교육』(저술)	『행정정책기획론』(저술)
『의원학』(저술)	『국회의원학』(저술)
『교육정책학 상』(저술)	『교육정책학 하』(저술)
『산학협동교육학』(저술)	『현대교육학실기론』(저술)
『현대환경행정론』(공저)	『행정사무관리론』(공저)
『영재교육심리』(저술)	『인사행정학』(저술)
『행정복지론』(저술)	『조직신학』(공저)
『아다르마 성공비법』(저술)	『교육학과 비서행정』(저술)
『동양환경행정』(저술)	『직업과 경제』(저술)
『교육학 개론』(저술)	『지방자치발전론』(저술)
『경영행정학』(저술)	외 다수

•연락처•
doctor@skku.edu 010–4432–8561 041–633–8561, 633–5741, 631–2094

7만교인
교육론

• 초판 인쇄	2007년 11월 10일
• 초판 발행	2007년 11월 10일
• 지 은 이	한만봉
• 펴 낸 이	채종준
• 펴 낸 곳	한국학술정보㈜
	경기도 파주시 교하읍 문발리 513-5
	파주출판문화정보산업단지
	전화 031) 908-3181(대표) · 팩스 031) 908-3189
	홈페이지 http://www.kstudy.com
	e-mail(출판사업부) publish@kstudy.com
• 등 록	제일산-115호(2000. 6. 19)
• 가 격	15,000원

ISBN   978-89-534-7583-0 93230 (Paper Book)
       978-89-534-7584-7 98230 (e-Book)